AF275155

Disfrute gratuitamente **DURANTE UN AÑO** del eBook de esta obra

⊛ Acceda a la página web de la editorial **www.colex.es**

⊛ Identifíquese con su usuario y contraseña. En caso de no disponer de una cuenta regístrese.

⊛ Acceda en el menú de usuario a la pestaña «Mis códigos» e introduzca el que aparece a continuación:

RASCAR PARA VISUALIZAR EL CÓDIGO

⊛ Una vez se valide el código, aparecerá una ventana de confirmación y su eBook estará disponible **durante 1 año desde su activación** en la pestaña «Mis libros» en el menú de usuario.

¡Gracias por confiar en Colex!

La obra que acaba de adquirir incluye de forma gratuita la versión electrónica. Acceda a nuestra página web para aprovechar todas las funcionalidades de las que dispone en nuestro lector.

Funcionalidades eBook

**Acceso desde
cualquier dispositivo**

**Idéntica visualización
a la edición de papel**

Navegación intuitiva

Tamaño del texto adaptable

Síguenos en:

FISCALIDAD DE LAS HERENCIAS Y DONACIONES
(NAVARRA Y PAÍS VASCO)

Tratamiento fiscal de las herencias y donaciones en las comunidades forales de Navarra y País Vasco

FISCALIDAD DE LAS HERENCIAS Y DONACIONES

(NAVARRA Y PAÍS VASCO)

Tratamiento fiscal de las herencias y donaciones en las comunidades forales de Navarra y País Vasco

2.ª EDICIÓN 2024

Obra realizada por el Departamento de Documentación de Iberley

COLEX 2024

© Editorial Colex, S.L.
Calle Costa Rica, número 5, 3.º B (local comercial)
A Coruña, 15004, A Coruña (Galicia)
info@colex.es
www.colex.es

I.S.B.N.: 978-84-1194-463-2
Depósito legal: 655-2024

SUMARIO

ANEXO.
CASOS PRÁCTICOS

1.
IMPUESTO SOBRE SUCESIONES Y DONACIONES EN EL PAÍS VASCO

Impuesto sobre Sucesiones y Donaciones en el País Vasco

El Impuesto sobre Sucesiones y Donaciones en el País Vasco goza de una regulación autónoma respecto del resto del Estado. Así mismo, dentro de esta comunidad, cada uno de los territorios históricos que lo conforman poseen facultades legislativas independientes respecto a la regulación del Impuesto sobre Sucesiones y Donaciones, tal y como establece el artículo 25 de la Ley 12/2002, de 23 de mayo, por la que se aprueba el Concierto Económico con la Comunidad Autónoma del País Vasco.

Así la legislación aplicable a cada una de las Diputaciones Forales es la siguiente:

- La normativa aplicable al Impuesto sobre Sucesiones y Donaciones en **Álava** se regula en la Norma Foral 11/2005, de 16 de mayo, del Impuesto sobre Sucesiones y Donaciones, y en el Decreto Foral 74/2006, del Consejo de Diputados de 29 de noviembre, que aprueba el Reglamento del Impuesto sobre Sucesiones y Donaciones. De esta manera podemos afirmar que el Impuesto sobre Sucesiones y Donaciones en los territorios históricos de Álava es un impuesto concertado de normativa autónoma.

- La normativa aplicable al Impuesto sobre Sucesiones y Donaciones en **Bizkaia** se regula en la Norma Foral 4/2015, de 25 de marzo, del Impuesto sobre Sucesiones y Donaciones, y en el Decreto Foral de la Diputación Foral de Bizkaia 58/2015, de 21 de abril, por el que se aprueba el Reglamento del Impuesto sobre Sucesiones y Donaciones.

- La normativa aplicable al Impuesto sobre Sucesiones y Donaciones en **Gipuzkoa** se regula en la Norma Foral 2/2022 de 10 de marzo del Impuesto sobre Sucesiones y Donaciones, y en el Decreto Foral 1/2023, de 17 de enero, por el que se aprueba el Reglamento del Impuesto sobre Sucesiones y Donaciones.

Así, los actos jurídicos de herencia o donación funcionan como el hecho imponible del impuesto de forma que, se considera una sola figura impositiva que abarca las transmisiones a título gratuito, *mortis causa* en el caso de la sucesión, e *inter vivos* en el de la donación, y cuyo nexo está en el carácter gratuito de la adquisición que realiza el sujeto pasivo. Además, se configura como hecho imponible la percepción de cantidades relacionadas con los seguros de vida cuando el contratante sea persona distinta del beneficiario, que tributarán conforme a una serie de reglas especiales, pero siguiendo el mismo esquema liquidatorio.

El Impuesto sobre Sucesiones y Donaciones es un impuesto:

- Directo: recae sobre la adquisición de bienes y derechos.

- Personal: se establece en relación a una persona determinada. Se tendrá en cuenta el grado de parentesco y el patrimonio previo del adquirente.

- Subjetivo: en la determinación de las cuotas tributarias se tienen en cuenta algunas circunstancias que caracterizan a la persona obligada al pago.

- Progresivo: el tipo de gravamen será mayor cuanto mayor sea la base gravada.

- Instantáneo: el hecho imponible es un caso aislado que se devenga por la ocurrencia de un acto preciso y no periódico.

Esquema de liquidación del ISD

Para la comprensión de los distintos conceptos a desarrollar sobre el Impuesto sobre Sucesiones y Donaciones hemos de tener presente siempre el siguiente esquema para su liquidación.

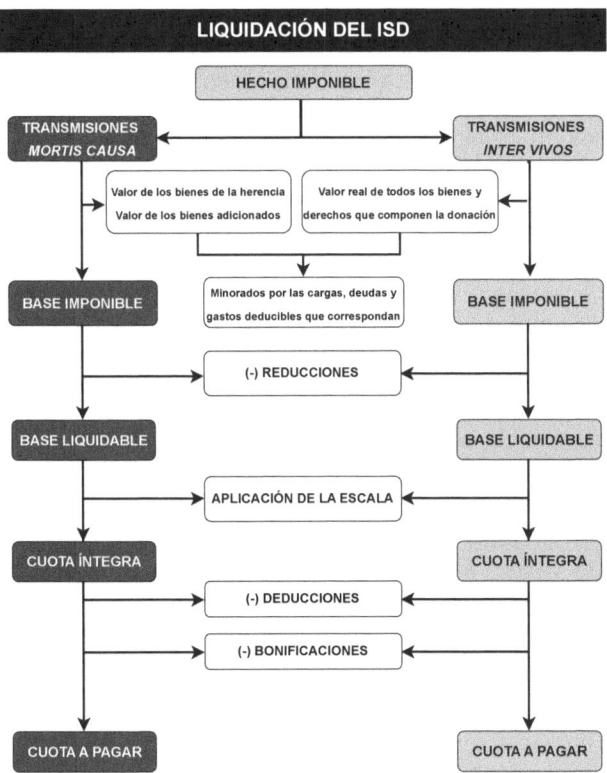

1.1. Hecho imponible

Ámbito de aplicación de la normativa foral y exacción del ISD en cada Diputación Foral del País Vasco

En virtud de lo dispuesto en el artículo 25 de la Ley 12/2002, de 23 de mayo, por la que se aprueba el Concierto Económico con la Comunidad Autónoma del País Vasco el Impuesto de Sucesiones y Donaciones es un tributo concertado de normativa autónoma, por ello corresponde su exacción a la diputación foral competente en los siguientes supuestos:

- En las adquisiciones *mortis causa* y las cantidades percibidas por los beneficiarios de seguros sobre la vida para caso de fallecimiento, cuando el causante tenga su residencia habitual en el País Vasco a la fecha del devengo. En el caso de que el causante tuviera su residencia en el extranjero cuando los contribuyentes tuvieran su residencia en el País Vasco. Teniendo en cuenta que, si el causante o donatario hubiera permanecido en territorio común un mayor número de días del periodo de los cinco años inmediatos anteriores, contados desde la fecha de devengo del impuesto, salvo que conserven la condición política de vascos, se aplicarán las normas de territorio común.

- En las donaciones de bienes inmuebles y derechos sobre los mismos, cuando estos bienes radiquen en territorio vasco. Si los bienes inmuebles radican en el extranjero, cuando el donatario tenga su residencia habitual en el País Vasco a la fecha del devengo. Teniendo la consideración de donación de bienes inmuebles aquellas transmisiones a título gratuito de los valores a que se refiere el artículo 338 de la Ley 6/2023, de 17 de marzo.

- En las donaciones de los demás bienes y derechos, cuando el donatario tenga su residencia habitual en el País Vasco a la fecha del devengo. Teniendo en cuenta que, si el causante o donatario hubiera permanecido en territorio común un mayor número de días del periodo de los cinco años inmediatos anteriores, contados desde la fecha de devengo del impuesto, salvo que conserven la condición política de vascos se aplicarán las normas de territorio común.

- En el supuesto en el que el contribuyente tenga su residencia en el extranjero, cuando el mayor valor de los bienes o derechos radique en territorio vasco, así como por la percepción de cantidades derivadas de contratos de seguros sobre la vida, cuando el contrato haya sido realizado con entidades aseguradoras residentes en el territorio vasco, o se hayan celebrado en el País Vasco con entidades extranjeras que operen en él. Entendiéndose que radican en el mismo los bienes y derechos que se encuentren situados, puedan ejercitarse o deban cumplirse en el territorio.

A estos efectos, se entiende que las personas físicas tienen su residencia habitual en alguna de las diputaciones forales, cuando se cumplan determinados requisitos que se exponen a continuación:

- Cuando permaneciendo en el País Vasco un mayor número de días del año inmediato anterior, contado de fecha a fecha, que finalice el día anterior al de devengo del Impuesto, el período de permanencia en el Territorio Histórico de Álava, Bizkaia o Gipuzkoa sea mayor que en el de cada uno de los otros dos Territorios Históricos. Para determinar el período de permanencia en cada uno de los territorios históricos se computarán las ausencias temporales. Salvo prueba en contrario, se considerará que una persona física permanece en el Territorio Histórico correspondiente cuando radique en él su vivienda habitual.

- Cuando tenga en el Territorio Histórico su principal centro de intereses. Se considerará que se produce tal circunstancia cuando obteniendo una persona física en el País Vasco la mayor parte de la base imponible del Impuesto sobre la Renta de las Personas Físicas obtenga en Álava más parte de la base imponible que la obtenida en cada uno de los otros dos Territorios Históricos, excluyéndose, a ambos efectos, las rentas y ganancias patrimoniales derivadas del capital mobiliario y las bases imponibles imputadas.

- El territorio de su última residencia declarada a efectos del Impuesto sobre la Renta de las Personas Físicas será considerado como su lugar de residencia habitual.

> **A TENER EN CUENTA.** La aplicación de las estas reglas se realizará de la siguiente manera: la regla segunda se aplicará cuando, de conformidad con lo dispuesto en la primera, no haya sido posible determinar la residencia habitual en ningún territorio, común o foral. La regla tercera se aplicará cuando se produzca la misma circunstancia, tras la aplicación de lo dispuesto en las reglas primera y segunda.

Se establece una presunción de residencia, que admite prueba en contrario, cuando radique el núcleo principal o la base de sus actividades empresariales o profesionales o de sus intereses económicos en algún Territorio Histórico y no se hayan pasado más de 183 días en su territorio. De igual modo, cuando residan en algún territorio histórico, el cónyuge no separado legalmente y los hijos menores de edad que dependan económicamente del contribuyente se entenderá que éste tiene su residencia efectiva en dicho territorio; admitiendo de nuevo esta presunción o prueba en contrario.

Para determinar qué diputación foral tiene la competencia de la exacción del impuesto, se debe atender a los criterios de obligación personal y real, regulados en la normativa foral de cada provincia vasca, concretamente el artículo 2 de la Norma Foral 2/2022, de 10 de marzo, el artículo 2 de la Normal Foral 11/2005, de 16 de mayo y el 2 de la Norma Foral 4/2015, de 25 de marzo

La **obligación personal** nace cuando el contribuyente tiene su residencia habitual en España y en caso de que concurra alguno de los siguientes supuestos:

- En las adquisiciones *mortis causa* cuando la persona causante tenga su residencia habitual en la provincia vasca a la fecha del devengo.

- En los casos de percepción de cantidades por las personas beneficiarias de seguros sobre la vida para caso de fallecimiento, cuando la persona asegurada tenga su residencia habitual en la provincia vasca a la fecha del devengo.

- En las donaciones de bienes inmuebles y en los derechos que recaigan sobre los mismos, cuando éstos radiquen en la provincia vasca. Si los bienes inmuebles radican en el extranjero, cuando la persona donataria tenga su residencia habitual en la provincia vasca a la fecha de devengo. A estos efectos, en caso de tratarse de la provincia de

Gipuzkoa, tendrán la consideración de donaciones de bienes inmuebles las transmisiones a título gratuito de los valores a que se refiere el artículo 314 del Real Decreto Legislativo 4/2015, 23 de octubre, por el que se aprueba el texto refundido de la Ley del Mercado de Valores, en cambio en el caso de **Bizkaia**, serán aquellos valores a los que se refiere el Decreto Foral Normativo 6/2012, de 4 de diciembre, por el que se establece el tratamiento tributario de la transmisión de valores en el ITPyAJD y en el IVA, por último, en el caso de **Álava**, los valores serán aquellos a los que se refiere el Decreto Normativo de Urgencia Fiscal 12/2012, de 4 de diciembre, que modifica la Norma Foral 11/2003, de 31 de marzo, del Impuesto sobre Transmisiones Patrimoniales y Actos Jurídicos Documentados.

- En las donaciones de los demás bienes y derechos, cuando la persona donataria tenga su residencia habitual en provincia vasca a la fecha del devengo.

En los supuestos previstos en las letras a) y b) anteriores, cuando la persona causante tuviera su residencia en el extranjero, será de aplicación lo dispuesto en la presente norma foral cuando el contribuyente tuviera su residencia en Gipuzkoa.

No obstante, lo establecido en las letras a), b) y d) anteriores, serán de aplicación las normas del impuesto sobre sucesiones y donaciones vigentes en territorio común cuando la persona causante, asegurada o donataria hubiera permanecido en territorio común un mayor número de días del período de los 5 años inmediatos anteriores, contados desde la fecha del devengo del impuesto. Esta norma no será aplicable a quienes hayan conservado la condición política de vascos con arreglo al artículo 7.º.2 del Estatuto de Autonomía del País Vasco.

Por otro lado, la **obligación real** nace del contribuyente con residencia en el extranjero en los siguientes supuestos:

- En las adquisiciones de bienes y derechos situados en territorio español cualquiera que sea su naturaleza, cuando siendo el valor de los bienes y derechos radicados en el País Vasco mayor que el de los radicados en territorio común, el valor de los radicados en un Territorio Histórico sea mayor que el de los radicados en cualquiera de los otros dos territorios históricos. En Gipuzkoa se entiende que los bienes y derechos radican en un determinado territorio cuando estuvieran situados, pudieran ejercitarse o hubieran de cumplirse en dicho territorio.

- En la percepción de cantidades derivadas de contratos de seguros sobre la vida cuando el contrato haya sido realizado con entidades aseguradoras residentes en territorio guipuzcoano o se hayan celebrado en el territorio histórico con entidades extranjeras que operen en este territorio.

- Se consideran situados en las provincias de Álava y Bizkaia, los bienes inmuebles que radiquen allí y los bienes muebles afectados permanentemente a viviendas, fincas, explotaciones o establecimientos industriales situados en territorio vasco y, en general, los que habitualmente se encuentren en este territorio, aunque en el momento del devengo del impuesto estén fuera del mismo por circunstancias coyunturales o transitorias.

Corresponderá a la Diputación Foral en la que se cumplan los requisitos previamente expuestos la exacción del impuesto. Además, existen los siguientes criterios especiales en relación con la obligación real:

- Cuando en un documento se donasen por una misma donante a favor de una misma donataria bienes o derechos y, por aplicación de los apartados anteriores, el rendimiento deba entenderse producido en el Territorio Histórico de alguna de las provincias y en el correspondiente a cualquier otra Administración tributaria, corresponderá a la Diputación Foral de la primera la cuota que resulte de aplicar al valor de los donados cuyo rendimiento se le atribuye el tipo medio que, según la presente norma foral, correspondería al valor de la totalidad de los transmitidos.

- Cuando proceda acumular donaciones, corresponderá al Territorio Histórico la cuota que resulte de aplicar, al valor de los bienes y derechos actualmente transmitidos, el tipo medio que, según la presente norma foral, correspondería al valor de la totalidad de los acumulados. A estos efectos se entenderá por totalidad de los bienes y derechos acumulados, los procedentes de donaciones anteriores y los que son objeto de la transmisión actual.

- Las y los representantes y personal funcionario de la Administración Pública Vasca y de las demás instituciones del Estado español en el extranjero quedarán sujetos a este impuesto por obligación personal, atendiendo a idénticas circunstancias y condiciones que las establecidas para tales contribuyentes en la normativa reguladora del impuesto sobre la renta de las personas físicas.

¿Cuál es el hecho imponible del Impuesto sobre Sucesiones y Donaciones?

El hecho imponible es el presupuesto fijado por la norma foral para configurar cada tributo y cuya realización origina el nacimiento de la obligación tributaria principal. Asimismo, se establece que la norma foral podrá completar la delimitación del hecho imponible con supuestos de no sujeción.

En el ámbito del Impuesto sobre Sucesiones y Donaciones, el nacimiento de la obligación tributaria se configura por la transmisión a título gratuito de bienes y/o derechos de una persona a otra, produciéndose una alteración patrimonial en esta segunda que será la obligada al pago del impuesto.

El hecho imponible del ISD en el País Vasco

(Artículo 7 de la Norma Foral 11/2005, de 16 de mayo; artículo 4 de la Norma Foral 4/2015, de 25 de marzo; y artículo 4 de la Norma Foral 2/2022, de 10 de marzo)

Constituye el hecho imponible del impuesto:

1. La adquisición de bienes y derechos por herencia, legado o cualquier otro título sucesorio

Entre otros, son títulos sucesorios a los efectos de este impuesto, además de la herencia y el legado, los siguientes:

- La donación *mortis causa*.

- Los contratos o pactos sucesorios, independientemente del momento en que opere su eficacia. A este respecto, las distintas normas forales puntualizan lo siguiente:

  - **Álava.** La designación sucesoria con transmisión de presente de bienes y derechos, para que sea considerada como título sucesorio a efectos tributarios, requerirá la constatación de la voluntad de la o del titular de los bienes y derechos de ordenar su sucesión. En el supuesto que no conste la voluntad de ordenar la sucesión, el pacto sucesorio con eficacia de presente tendrá la consideración de negocio jurídico gratuito e *inter vivos*. A estos efectos, se considera que consta la voluntad de ordenar la sucesión, cuando la persona causante proceda a designar heredero sobre la totalidad de sus bienes y derechos, aunque únicamente se transmitan de presente determinados bienes y derechos. Igualmente, se requerirá que el instrumento en que se materialice la ordenación sucesoria sea de la misma naturaleza, esto es, debe constar dicha voluntad en pacto sucesorio. En el supuesto de que la designación con transmisión de presente de bienes y derechos no abarque la totalidad de los bienes y derechos, se calificará como negocio jurídico a título gratuito e *inter vivos*. Igualmente, tendrá la calificación de negocio jurídico a título gratuito e *inter vivos* la designación con transmisión de presente de bienes y derechos en que se establezcan condiciones o se prevea la reversión del bien o derecho a la persona transmitente o a otra persona o entidad.

  - **Bizkaia y Gipuzkoa.** A estos efectos, solo tendrá carácter de título sucesorio el pacto sucesorio con eficacia de presente que suponga la atribución de la titularidad de un bien singular en el supuesto en que esa atribución sea parte de una disposición más amplia en la que, al menos, debe concurrir otro elemento vinculado con la designación hereditaria en un instrumento paccionado respecto de otros elementos patrimoniales diferentes; en otro caso, tendrá el carácter de negocio jurídico gratuito e *inter vivos*. No obstante, no se exigirá el contenido adicional a que se refiere el párrafo anterior para que un pacto sucesorio con eficacia de presente tenga carácter de título sucesorio en el caso de que el bien singular cuya titularidad se atribuya sea el único elemento integrante del patrimonio del instituyente.

- Los pactos sucesorios de renuncia regulados en el primer inciso del artículo 100.2 de la Ley 5/2015, de 25 de junio, de Derecho civil vasco. Con respecto a este supuesto, las normas forales precisan lo siguiente:

  - **Álava.** Su normativa considera como título sucesorio a efectos del ISD los pactos sucesorios de renuncia a la totalidad de los derechos sucesorios de una herencia, en vida del causante de la misma, regulados en el primer inciso del artículo 100.2 de la Ley 5/2015, de 25 de junio. En estos supuestos de pactos de renuncia a la totalidad de los derechos sucesorios, las adquisiciones de bienes y derechos por el renunciante, incluso con posterioridad al fallecimiento del instituyente, tendrán la consideración de negocios jurídicos a título gratuito e *inter vivos*, sin perjuicio de la tributación que corresponda a los sucesores. La adquisición de bienes y derechos por el renunciante como consecuencia de un pacto de renuncia a parte de los derechos sucesorios únicamente tendrá el carácter de título sucesorio en los mismos supuestos a que se refiere el pacto sucesorio con eficacia de presente a que hace referencia el segundo anterior; en otro caso, tendrá la consideración de negocios jurídicos a título gratuito e *inter vivos*.

  - **Bizkaia y Gipuzkoa.** Consideran como títulos sucesorios a los efectos del impuesto los pactos sucesorios de renuncia regulados en el primer inciso del artículo 100.2 de la Ley 5/2015, de 25 de junio. No obstante, la adquisición de bienes y derechos por el renunciante como consecuencia de un pacto de renuncia a parte de los derechos sucesorios solamente tendrá el carácter de título sucesorio cuando la atribución de los bienes y derechos sea parte de una disposición más amplia en la que, al menos debe concurrir otro elemento vinculado con la designación hereditaria en un instrumento paccionado respecto a otros elementos patrimoniales diferentes; en otro caso, tendrá el carácter de negocio jurídico gratuito e *inter vivos*. En los supuestos de pactos sucesorios de renuncia a la totalidad de los derechos sucesorios, las adquisiciones de bienes y derechos por el renunciante con posterioridad al fallecimiento del instituyente tendrán la consideración de negocios jurídicos gratuitos e *inter vivos*, sin perjuicio de la tributación que corresponda a los sucesores.

- Los actos que resulten de la utilización del poder testatorio por el comisario, cualquiera que sea la forma que adopten.

- Los que atribuyan el derecho a la percepción de las cantidades que, cualquiera que sea su modalidad o denominación, las empresas y entidades en general entreguen a las personas familiares de miembros o personas empleadas fallecidas, siempre que no esté dispuesto expresamente que estas percepciones deban tributar por la vía de la percepción de cantidades por los beneficiarios de contratos de seguro sobre la vida del siguiente apartado tercero o en el IRPF.

- En **Álava** y **Gipuzkoa**, los que atribuyan el derecho a la percepción de las cantidades asignadas por las personas testadoras a los albaceas por la realización de sus trabajos como tales, en cuanto excedan del 10 % del valor comprobado del caudal hereditario.

- En **Bizkaia** y **Gipuzkoa**, la designación de persona sucesora en capitulaciones matrimoniales.

2. La adquisición de bienes y derechos por donación o cualquier otro negocio jurídico a título gratuito e *inter vivos*

Entre otros, según la normativa foral de cada territorio, tienen la consideración de negocios jurídicos gratuitos e *inter vivos* a los efectos de este impuesto, además de la donación, los siguientes:

- La adquisición de bienes y derechos por el renunciante como consecuencia de la disposición de los derechos sucesorios pertenecientes a la herencia de un tercero, de acuerdo con el segundo inciso del artículo 100.2 de la Ley 5/2015, de 25 de junio, de Derecho civil vasco.

- La condonación de deuda, total o parcial, realizada con ánimo de liberalidad.

- La renuncia de derechos a favor de persona determinada.

- La asunción liberatoria de la deuda de otro sin contraprestación, salvo en el caso previsto en el artículo 20 de la Norma Foral 11/2005, de 16 de mayo, el artículo 35 de la Norma Foral 4/2015, de 25 de marzo, o el artículo 36 de la Norma Foral 2/2022, de 10 de marzo (preceptos que en cada territorio regulan las deudas deducibles).

- El desistimiento o el allanamiento en juicio o arbitraje en favor de la otra parte, realizados con ánimo de liberalidad, así como la transacción de la que resulte una renuncia, un desistimiento o un allanamiento realizados con el mismo ánimo.

- El contrato de seguro sobre la vida, para caso de supervivencia del asegurado y el contrato individual de seguro para caso de fallecimiento del asegurado que sea persona distinta del contratante, cuando en uno y otro caso el beneficiario sea persona distinta del contratante.

3. La percepción de cantidades por los beneficiarios de contratos de seguro sobre la vida, cuando el contratante sea persona distinta del beneficiario, salvo en los supuestos expresamente regulados en el IRPF que constituyen hecho imponible del impuesto

La percepción de cantidades por el beneficiario de un seguro de accidentes estará incluida en el hecho imponible definido en este apartado, cuanto tenga su causa en el fallecimiento de la persona asegurada.

> **A TENER EN CUENTA.** Los bienes y derechos transmitidos quedarán afectos, cualquiera que sea su poseedor, a la responsabilidad del pago del impuesto, liquidado o no, que grave su adquisición, salvo que aquel resulte ser un tercero protegido por la fe pública registral o se justifique la adquisición

de los bienes con buena fe y justo título en establecimiento mercantil o industrial en el caso de bienes muebles no inscribibles. Siempre que la definitiva efectividad de un beneficio fiscal dependa del ulterior cumplimiento por el contribuyente de cualquier requisito, la oficina liquidadora hará constar esta circunstancia en el documento antes de su devolución al presentador; los registradores de la propiedad o mercantiles harán constar, por nota marginal, la afección de los bienes transmitidos, cualquiera que fuese su titular, al pago de las liquidaciones que procedan para el caso de incumplimiento del requisito al que se subordinaba el beneficio fiscal, con arreglo a lo dispuesto en la normativa foral.

‖ Prestaciones periódicas

(Artículo 9 del Decreto Foral 74/2006, de 29 de noviembre; artículo 3 del Decreto Foral de la Diputación Foral de Bizkaia 58/2015, de 21 de abril; y artículo 7 de la Norma Foral 2/2022 de 10 de marzo)

En las tres provincias se recoge una previsión específica para los supuestos en los que las percepciones de cantidades en virtud de seguros tengan un carácter periódico. Así, la percepción de cantidades en virtud de seguros estará sujeta al impuesto, por las vías ya indicadas en cada caso, tanto si se reciben de una sola vez como si se reciben en forma de prestaciones periódicas, vitalicias o temporales.

La percepción de prestaciones periódicas, vitalicias o temporales se regirá por lo dispuesto en cada normativa foral en relación con el devengo del impuesto.

La Administración podrá acudir para determinar la base imponible al cálculo actuarial del valor actual de la pensión a través del dictamen de sus peritos.

CUESTIONES

1. Se produce el fallecimiento de Aitor en enero de 2024 y los bienes y derechos que en su patrimonio existían se han transmitido de manera íntegra a su hijo a causa del fallecimiento. ¿Está obligado el hijo a la presentación del impuesto?

La adquisición de bienes y derechos a título gratuito derivados del fallecimiento de una persona determina el nacimiento de la obligación tributaria del adquirente (en este caso, el hijo) de presentar la liquidación correspondiente al ISD. Por tanto, deberá presentar la declaración del mismo en el plazo y forma que determine la normativa de aplicación.

2. La hermana de Aitor decide ceder a título gratuito, con fecha del día siguiente al fallecimiento de su hermano, un apartamento en favor de su sobrino. ¿Genera dicha cesión la obligación de presentar declaración por el impuesto?

Al igual que sucedía con los bienes y derechos adquiridos por el hijo como consecuencia del fallecimiento de su padre, la cesión a título gratuito de bienes, en este caso de un inmueble, por parte de la tía, determinará que el sobrino deba presentar declaración por el impuesto en la modalidad de donaciones.

3. ¿Podrá presentar el hijo y sobrino declaración conjunta por los bienes y derechos de su padre y por el apartamento recibido de su tía?

El modelo de presentación para cada uno de los hechos imponibles será diferente: uno será el correspondiente a las adquisiciones *mortis causa* y el otro el referido a las adquisiciones *inter vivos* lucrativas. Tendrá que presentar el que proceda por cada uno de ellos, en los plazos y formas que establece la correspondiente normativa.

4. Una madre transmite ciertos bienes a su hijo en virtud de un pacto sucesorio. ¿El hijo tendrá que contribuir por el ISD?

Sí, los pactos sucesorios son títulos sucesorios a los efectos del ISD, en los términos antes indicados, constituyendo hecho imponible de ese impuesto.

RESOLUCIÓN ADMINISTRATIVA

Resolución del Organismo Jurídico Administrativo de Álava de 29 de marzo de 2022

Asunto: elementos a considerar para determinar si un pacto sucesorio constituye o no un título sucesorio a los efectos del ISD en Álava.

«(...) en la citada cláusula se hace constar que la donación tiene por objeto ordenar la sucesión mortis causa de la donante que tendrá carácter de legado no colacionable y, además, se hace constar que la instituyente podrá revocar la designación por las causas previstas en el art. 108 de la LDCV, que es el precepto que regula la revocación de los pactos sucesorios.

Por tanto, se evidencia la voluntad de la madre de la interesada de ordenar su sucesión y de entregar a su hija el legado a través de un pacto sucesorio de presente.

A este respecto, hay que señalar, por una parte, que lo definitorio en el pacto sucesorio no es que el flujo patrimonial se refiera a todos los bienes del instituyente sino que conste la voluntad del causante de ordenar su sucesión y, por otra, que la normativa fiscal vigente en el momento de devengo del Impuesto (10 de noviembre de 2017) no recoge la exigencia de que se disponga de todos los bienes, ya que dicho requisito ha sido introducido posteriormente mediante la modificación realizada por el Decreto Foral 41/2018, del Consejo de Diputados de 3 de agosto, del art. 6 del Reglamento del Impuesto sobre Sucesiones y Donaciones, con entrada en vigor el 10 de agosto de 2018, día de su publicación en el BOTHA.

Por tanto, ha de concluirse que el negocio jurídico otorgado en la escritura constituye un pacto sucesorio que debe considerarse como título sucesorio a efectos del ISD y que la transmisión realizada se encuentra sometida al Impuesto por el concepto de sucesión y no de donación».

|| Ineficacia jurídica del hecho imponible

(Artículo 10 del Decreto Foral 74/2006, de 29 de noviembre; artículo 72.5 de la Norma Foral 4/2015, de 25 de marzo; y artículo 72.5 de la Norma Foral 2/2022, de 10 de marzo)

Si el contrato queda sin efecto por mutuo acuerdo de las partes contratantes, no procederá la devolución del impuesto satisfecho y se considerará como un acto nuevo sujeto a tributación. Como tal mutuo acuerdo se estimarán la avenencia en acto de conciliación y el simple allanamiento a la demanda. Y, en el caso de Álava, también la confesión judicial del demandado que implique reconocimiento de los hechos determinantes de la ineficacia del contrato.

1.1.1. Supuestos de no sujeción y exención

¿Cuáles son las operaciones que no están sujetas al ISD?

(Artículo 3 del Decreto Foral 74/2006, del consejo de Diputados de 29 de noviembre; artículo 7 bis de la Norma Foral 11/2005, de 16 de mayo; artículo 7 de la Norma Foral 4/2015, de 25 de marzo y artículo 8 de la Norma Foral 2/2022, de 10 de marzo)

Para **Álava** y **Bizkaia**:

Se introducen como cláusula de cierre al hecho imponible determinados supuestos de no sujeción al disponer que no estarán sujetos a este impuesto las adjudicaciones que, al disolverse la comunicación foral, se hagan en favor del cónyuge viudo o pareja de hecho constituida conforme a lo dispuesto en la Ley del Parlamento Vasco 2/2003, de 7 de mayo, en pago de su mitad de los bienes comunicados.

Además, en **Álava** no estarán sujetos al impuesto los incrementos patrimoniales derivados de:

- Los premios obtenidos en juegos autorizados.
- Los demás premios y las indemnizaciones sujetas al Impuesto sobre la Renta de las Personas Físicas.
- Las subvenciones, becas, premios, primas, gratificaciones y auxilios que se concedan por entidades públicas o privadas con fines benéficos, docentes, culturales, deportivos o de acción social.
- Las cantidades, prestaciones o utilidades entregadas por corporaciones, asociaciones, fundaciones, sociedades, empresas y demás entidades a sus trabajadores, empleados y asalariados, cuando deriven directa o indirectamente de un contrato de trabajo, aunque se satisfagan a través de un seguro concertado por aquéllas.
- Las cantidades que en concepto de prestaciones se perciban por los beneficiarios de Entidades de Previsión Social Voluntaria y de los Planes y Fondos de Pensiones, siempre que esté dispuesto que estas prestaciones se integren en la base imponible del Impuesto sobre la Renta de las Personas Físicas correspondiente al perceptor.
- Las cantidades percibidas por un acreedor, en cuanto beneficiario de un contrato de seguro sobre la vida celebrado con el objeto de garantizar el pago de una deuda anterior, siempre que resulten debidamente probadas estas circunstancias.

Por su parte, en **Bizkaia** no estarán sujetas:

- Las siguientes prestaciones, siempre que estén sujetas al Impuesto sobre la Renta de las Personas Físicas correspondiente al perceptor, recibidas por los beneficiarios de:
  - Planes de pensiones regulados en el Texto Refundido de la Ley de Regulación de los Planes y fondos de pensiones.

– Entidades de previsión social voluntaria a las que resulte de aplicación el tipo de gravamen establecido en el apartado 5 del artículo 56 de la Norma Foral del Impuesto sobre Sociedades.

– Planes de previsión asegurados y los planes de previsión social empresarial a que se refiere la Norma Foral del Impuesto sobre la Renta de las Personas Físicas.

– Planes de pensiones regulados en la Directiva (UE) 2016/2341 del Parlamento Europeo y del Consejo, de 14 de diciembre de 2006, relativa a las actividades y la supervisión de los fondos de pensiones de empleo (FPE).

> **A TENER EN CUENTA.** El artículo 7 de la Norma Foral 4/2015, de 25 de marzo hace mención a los planes de pensiones regulados en la Directiva 2003/41/CE del Parlamento Europeo y del Consejo, de 3 de junio de 2003, relativa a las actividades y la supervisión de fondos de pensiones de empleo, pero esta norma se encuentra en la actualidad derogada, siendo de aplicación la Directiva (UE) 2016/2341 del Parlamento Europeo y del Consejo, de 14 de diciembre de 2006, relativa a las actividades y la supervisión de los fondos de pensiones de empleo (FPE).

• Las primas satisfechas a los seguros privados que cubran exclusivamente el riesgo de dependencia severa o de gran dependencia, suscritos por personas que tengan con la persona contribuyente una relación de parentesco en línea directa o colateral hasta el cuarto grado inclusive, o por su cónyuge o pareja de hecho o por aquéllas personas que tuviesen a la persona contribuyente a su cargo en régimen de tutela o acogimiento o quienes ejerzan respecto del mismo la curatela con facultades de representación, y cumplan los requisitos enumerados en el número 7 del apartado 1 del artículo 70 de la Norma Foral del Impuesto sobre la Renta de las Personas Físicas.

• Las aportaciones realizadas a los sistemas de previsión social de los que sea socio, partícipe, mutualista o titular el cónyuge o pareja de hecho del contribuyente y cumplan los requisitos enumerados en el apartado 3 del artículo 70 de la Norma Foral del Impuesto sobre la Renta de las Personas Físicas.

• Las aportaciones realizadas a sistemas de previsión social a favor de personas con discapacidad, que cumplan los requisitos enumerados en el artículo 72 de la Norma Foral del Impuesto sobre la Renta de las Personas Físicas.

En cambio, en **Gipuzkoa**, no estarán sujetas a este impuesto:

• Al igual que en los otros dos territorios, las adjudicaciones que, al disolverse la comunicación foral, se hagan en favor del cónyuge viudo o pareja de hecho, en pago de su mitad de los bienes comunicados.

• Las cantidades percibidas por una persona acreedora, en cuanto beneficiaria de un contrato de seguro sobre la vida celebrado con el objeto de garantizar el pago de una deuda anterior, siempre que resulten debidamente probadas estas circunstancias.

Operaciones exentas del ISD en las tres provincias vascas

(Artículo 9 de la Norma Foral 11/2005, de 16 de mayo; artículo 12 de la Norma Foral 4/2015, de 25 de marzo y artículo 13 de la Norma Foral 2/2022, de 10 de marzo)

Se determina para **Álava,** en el artículo 9 de la Norma Foral 11/2005, de 16 de mayo, que estarán exentas en el impuesto:

- Los sueldos y demás emolumentos que dejen devengados y no percibidos a su fallecimiento los funcionarios activos y pasivos y los trabajadores, así como las cantidades percibidas del empleador para atender los gastos de sepelio.

- Las cantidades recibidas con motivo de los contratos de seguros sobre la vida cuando se concierten para actuar de cobertura de una operación principal de carácter civil o mercantil. Esta exención tendrá como límite el importe de la cantidad debida.

- Las adquisiciones por herencia o legado de participaciones en fondos europeos para el impulso de la financiación de la actividad económica o en Fondos europeos para el impulso de la capitalización productiva, que cumplan los requisitos previstos en los artículos 11 o 12 de la Norma Foral 2/2018, de 7 de marzo, según corresponda, que hubieran permanecido en el patrimonio de la persona causante durante el período mínimo de un año inmediatamente anterior a la fecha de devengo del impuesto.

- Las adquisiciones por herencia o cualquier otro título sucesorio de acciones o participaciones en entidades respecto de las que se hubiera podido aplicar la deducción establecida en el artículo 90 de la Norma Foral del Impuesto sobre la Renta de las Personas Físicas, sin que se tenga en cuenta a estos efectos lo dispuesto en los apartados 3 y 7 del mencionado precepto. Para la aplicación de esta exención, el contribuyente deberá aportar una certificación expedida por la entidad cuyas acciones o participaciones se hayan suscrito o adquirido, indicando el cumplimiento de los requisitos exigidos a dicha entidad para tener derecho a la correspondiente deducción en el período impositivo en el que se produjo su adquisición.

Por su parte, en **Bizkaia** estarán exentas, conforme a lo establecido en el artículo 12 de la Norma Foral 4/2015, de 25 de marzo, las siguientes operaciones:

- Las transmisiones a título lucrativo del pleno dominio o del usufructo vitalicio de la casería y sus pertenecidos que se verifiquen a favor de parientes tronqueros, siempre que la finca estuviese destinada a su explotación agrícola, forestal o ganadera y que el transmitente la lleve a cabo de manera personal. La exención estará condicionada a que, durante el plazo mínimo de seis años, el adquirente se ocupe de manera personal de la explotación de la casería y sus pertenecidos, figurando de alta en el Régimen Especial Agrario de la Seguridad Social y en situación de agricultor activo.

- Las cantidades percibidas por razón de contratos de seguros sobre la vida cuando se concierten para actuar de cobertura de una operación principal de carácter civil o mercantil, con el límite de la cantidad debida, debiendo tributar, en su caso, respecto del exceso.

- La adquisición lucrativa, *inter vivos* o *mortis causa* de terrenos, que se realice para completar bajo una sola linde la superficie suficiente para constituir una explotación prioritaria, definida como tal en los artículos 4 a 6 de la Ley 19/1995, de 4 de julio, de Modernización de las Explotaciones Agrarias, siempre que en el documento público de adquisición se haga constar la indivisibilidad de la finca resultante durante el plazo de cinco años salvo supuestos de fuerza mayor.

- La transmisión lucrativa, *inter vivos* o *mortis causa*, del pleno dominio o del usufructo vitalicio de una explotación agraria o de parte de la misma o de una finca rústica, en favor de un agricultor joven o un asalariado agrario, que reúna las características y requisitos contemplados en la Ley 19/1995, de 4 de julio, de Modernización de las Explotaciones Agrarias, para su primera instalación en una explotación prioritaria, siempre que se haga constar en la escritura pública de adquisición, y en el registro de la propiedad, en su caso, que si las fincas adquiridas fuesen enajenadas, arrendadas o cedidas durante el plazo de los cinco años siguientes, deberá justificarse previamente el pago del Impuesto, o de la parte del mismo, que se hubiese dejado de ingresar como consecuencia de la presente exención y los intereses de demora, excepción hecha de los supuestos de fuerza mayor.

- Las adquisiciones de bienes y derechos que correspondan a las aportaciones al patrimonio protegido de la persona con discapacidad a que se refiere el artículo 85 de la Norma Foral del Impuesto sobre la Renta de las Personas Físicas.

- La percepción de cantidades por los beneficiarios de contratos de seguros sobre la vida que traigan causa en actos de terrorismo, así como en servicios prestados en misiones internacionales humanitarias o de paz de carácter público. Esta exención será aplicable a todos los posibles beneficiarios.

- Las adquisiciones por herencia o legado de participaciones en Fondos europeos para el impulso de la financiación de la actividad económica o en Fondos europeos para el impulso de la capitalización productiva, que cumplan los requisitos previstos en los artículos 5 ó 6 de la Norma Foral 2/2018, de 21 de marzo, según corresponda, que hubieran permanecido en el patrimonio de la persona causante durante el período mínimo de un año inmediatamente anterior a la fecha de devengo del impuesto.

- Las adquisiciones por herencia o cualquier otro título sucesorio de acciones o participaciones en entidades respecto de las que se hubiera podido aplicar la deducción establecida en el artículo 90 de la Norma Foral del Impuesto sobre la Renta de las Personas Físicas, sin que se tenga en cuenta a estos efectos lo dispuesto en los apartados 3 y 7 del mencionado precepto. Para la aplicación de esta exención, será necesario obtener una certificación expedida por la entidad cuyas acciones o participaciones se hayan suscrito o adquirido, indicando el cumplimiento de los requisitos exigidos a dicha entidad.

- Las adquisiciones por herencia o cualquier otro título sucesorio de acciones, participaciones o derechos de contenido económico a que se refiere el artículo 56 quater de la Norma Foral del Impuesto sobre la Renta de las Personas Físicas.

En particular, regula el artículo 13 de la Norma Foral 2/2022, de 10 de marzo, que para **Gipuzkoa** se encontrarán exentas del impuesto:

- Las transmisiones a título lucrativo del caserío y sus pertenecidos, otorgadas por los ascendientes a favor de sus descendientes, siempre que la finca estuviera destinada a su explotación agrícola, forestal o ganadera y que la persona transmitente la lleve a cabo de manera personal. La exención estará condicionada a que, durante el plazo mínimo de 5 años, la persona adquirente se ocupe de manera personal de la explotación del caserío y sus pertenecidos.

- Los sueldos y demás emolumentos que dejen devengados y no percibidos a su fallecimiento los funcionarios activos y pasivos, y los trabajadores.

- La percepción de cantidades por las personas beneficiarias de contratos de seguros sobre la vida que traigan causa en actos de terrorismo, así como en servicios prestados en misiones internacionales humanitarias o de paz de carácter público. Esta exención será aplicable a todas las posibles personas beneficiarias.

- Las adquisiciones por herencia o cualquier otro título sucesorio de opciones sobre acciones o participaciones que fueron recibidas por el causante de su entidad empleadora, siempre que, en el momento de su concesión, la misma tuviera la consideración de entidad innovadora de nueva creación en virtud de lo dispuesto en el apartado 1 del artículo 89 ter de la Norma Foral 3/2014, de 17 de enero, del Impuesto sobre la Renta de las Personas Físicas del Territorio Histórico de Gipuzkoa, y cumpliera los requisitos a que se refiere el apartado 4 del mismo.

1.1.2. Presunción de hechos imponibles

Presunción de hechos imponibles en el ISD según la legislación de las tres provincias vascas

(Artículo 8 de la Norma Foral 11/2005, de 16 de mayo; artículo 11 de la Norma Foral 4/2015, de 25 de marzo y artículo 12 de la Norma Foral 2/2022, de 10 de marzo)

La presunción de hechos imponibles, u otras cuestiones, es algo común a la mayoría de los impuestos. Estos supuestos se configuran para evitar, en su mayoría, el fraude que pudiese desprenderse de la ambigüedad que pudiera existir en la regulación o como cláusula de cierre a raíz de actuaciones comunes a los sujetos pasivos infractores.

Las presunciones que se lleven a cabo por la Administración tributaria correspondiente se pondrán en conocimiento de los interesados para que puedan formular cuantas alegaciones y pruebas estimen convenientes a su derecho, antes de girar, en su caso, las liquidaciones correspondientes.

Alteración patrimonial de cónyuges, ascendientes, descendientes, herederos y legatarios

Se presumirá la existencia de una transmisión lucrativa cuando de los registros fiscales o de los datos que obren en la Administración resultare la disminución del patrimonio de una persona y simultáneamente o con posterioridad, pero siempre dentro del plazo de prescripción, el incremento patrimonial correspondiente en el cónyuge, miembro de la pareja de hecho constituida conforme a lo dispuesto en la Ley del Parlamento Vasco 2/2003, de 7 de mayo, ascendientes, descendientes, adoptantes, adoptados, herederos o legatarios.

A TENER EN CUENTA. A diferencia de las otras dos provincias, en la provincia de Bizkaia el artículo 11 de la Norma Foral 4/2015, de 25 de marzo no incluye a los herederos y legatarios

---

CUESTIONES

1. Un contribuyente presenta declaración por el IRPF donde imputa una pérdida patrimonial mínima por la venta de un inmueble. Dos años después, su cónyuge da de alta dicho inmueble en su patrimonio. La Administración tributaria notifica al interesado esta situación, anunciando que debió haber presentado autoliquidación por el impuesto y que se le girará liquidación por la correspondiente donación no declarada, dando el plazo de alegaciones que corresponda. ¿Es correcta esta manera de actuar por parte de la Administración?

Parece que el contribuyente, por ahorrarse el pago del ISD y, además, rebajar su factura fiscal en el IRPF, ha llevado a cabo una operación por la cual dio de baja de su patrimonio el bien inmueble de manera ficticia para terminar adicionándolo al patrimonio de su cónyuge dos años después. Así, la Administración tributaria ha actuado de la manera correcta al avisar a los interesados de su intención de girar liquidación por la declaración no presentada del impuesto y dando el plazo de alegaciones pertinente.

2. En caso de que la Administración tributaria hubiese girado directamente la liquidación, ¿sería correcto su actuar?

En ese caso, la Administración habría negado un derecho reconocido de manera expresa por ley al obligado tributario, lo que determinaría un menoscabo en la posibilidad de hacer frente de manera correcta a sus obligaciones tributarias.

Adquisiciones a título oneroso por ascendientes

De igual modo, en las adquisiciones a título oneroso realizadas por los ascendientes como representantes de los descendientes menores de edad, se presumirá la existencia de una transmisión lucrativa a favor de estos por el valor de los bienes o derechos transmitidos, a menos que se pruebe la previa existencia en el patrimonio del menor de bienes o medios suficientes para realizarla y su aplicación a este fin.

CUESTIONES

1. Una persona, a fecha de enero de 2023, lleva a cabo la transmisión a título oneroso de un paquete de acciones de una compañía cotizada en bolsa a su hijo menor de edad. Con posterioridad, siempre dentro del plazo de prescripción, y derivado de los datos que obran en poder de la Administración, se notifica al hijo del cambio en la calificación jurídica que se da por parte de la Administración tributaria en la operación que tuvo lugar en la transmisión de las acciones y de la intención de liquidarlas como transmisión lucrativa en el ISD. ¿Es correcto el actuar de la Administración?

Sí, la Administración tiene la potestad para exigir, dentro del plazo de prescripción que la ley determine para ello, los tributos que no se hubiesen satisfecho. En particular, se exige que, ante la aplicación de la presunción, se lleve a cabo una notificación al contribuyente con indicación del plazo para la presentación de alegaciones y documentos que él considere relevantes para justificar su actuación ante la Administración.

2. Una vez finalizado el plazo para alegaciones pertinente, sin que el hijo obligado hubiese presentado ningún tipo de alegación o documento, la Administración gira liquidación de la cual resulta una cuota a pagar positiva. ¿Está obligado al pago de dicha liquidación el hijo?

Sí, como sucedería con cualquier otra liquidación girada por la Administración.

Donaciones entre cónyuges o pareja de hecho, ascendientes y descendientes o adoptantes y adoptados (a excepción de Gipuzkoa)

Por el contrario, las donaciones entre cónyuges, miembros de la pareja de hecho constituida conforme a lo dispuesto en la Ley del Parlamento Vasco 2/2003, de 7 de mayo, ascendientes y descendientes o adoptantes y adoptados, se tendrán por no realizadas si no puede acreditarse que el incremento de patrimonio del donatario es simultáneo a una disminución patrimonial equivalente del donante.

CUESTIÓN

Una persona lleva a cabo una donación a su cónyuge de un inmueble situado a pocos metros de su actual vivienda. Ni el donante ni donatario realizan ninguna otra acción más que el acuerdo privado entre ellos, es decir, no llevan a cabo el cambio de titularidad en el registro público correspondiente ni el pago de ningún tributo que determine que esta transmisión se ha realizado. A fecha del fallecimiento del donante, su hijo y único heredero se lleva una sorpresa al recibir notificación por parte de la Administración tributaria de Álava en donde se le informa de que el piso que creía propiedad de su madre no es tal y sigue constando como propietario su padre y, ahora, él. ¿Es correcta la presunción que hace la Administración tributaria?

Sí, las donaciones entre cónyuges se entenderán como no realizadas si no puede acreditarse que el aumento del patrimonio del donatario se dio de manera simultánea a la disminución del patrimonio del donante. Para su acreditación bastará el cambio de inscripción el registro público competente en la materia.

Donaciones entre ascendientes o adoptantes y descendientes o adoptados (especialidad en Gipuzkoa)

La adquisición de bienes o derechos por donación o cualquier otro negocio jurídico a título gratuito e *inter vivos* a favor de descendientes o adoptados, precedida de otra adquisición de los mismos bienes o derechos, realizada dentro de los últimos cuatro años inmediatamente anteriores a la citada adquisición, por donación o negocio jurídico a título gratuito e *inter vivos* a favor del ascendiente o adoptante y realizada por otro descendiente o adoptado del mismo, tributará teniendo en cuenta el parentesco de la primera donante con respecto a la última donataria, descontándose, en su caso, la cuota ingresada correspondiente a la primera donación.

1.2. Contribuyentes en el ISD

¿Quiénes son los contribuyentes en el ISD de Álava, Bizkaia y Gipuzkoa?

(Artículos 10 y 11 de la Norma Foral 11/2005, de 16 de mayo; artículos 13 y 14 de la Norma Foral 4/2015, de 25 de marzo; artículos 14 y 15 de la Norma Foral 2/2022, de 10 de marzo)

El contribuyente es el sujeto pasivo que realiza el hecho imponible. A estos efectos, se entenderá como sujeto pasivo al obligado tributario que debe cumplir la obligación tributaria principal, así como las obligaciones formales inherentes a la misma, sea como contribuyente o como sustituto del mismo.

De esta manera, están obligados al pago del impuesto a título de contribuyentes:

- En las adquisiciones *mortis causa*, los causahabientes.
- En las donaciones y demás transmisiones lucrativas *inter vivos* equiparables, el donatario o el favorecido por ellas.
- En los seguros sobre la vida, los beneficiarios.

De igual manera, se establece un régimen de imputación para las sociedades civiles, herencias yacentes y cualquiera otra entidad que, carente de personalidad jurídica, constituyan una unidad económica o un patrimonio separado, susceptible de imputación, al determinar que se atribuirán a los socios, herederos, comuneros y partícipes, respectivamente, las transmisiones de los bienes y derechos objeto de este impuesto según las normas o pactos aplicables en cada caso. En el supuesto de que estos no constaran a la Administración en forma fehaciente, se atribuirán por partes iguales a los mismos.

1.2.1. Responsable subsidiario del pago del ISD

¿Quiénes serán los responsables subsidiarios del pago del ISD en Álava, Bizkaia y Gipuzkoa?

(Artículo 12 de la Norma Foral 11/2005, de 16 de mayo; artículos 15 y 16 de la Norma Foral 4/2015, de 25 de marzo y artículos 16 y 17 de la Norma Foral 2/2022)

Se establece, además, que serán subsidiariamente responsables del pago del impuesto, en la parte de la cuota que corresponda al bien entregado, salvo que resultaren de aplicación las normas sobre responsabilidad solidaria contenidas en la Norma Foral General Tributaria de la Diputación Foral que corresponda:

- Los intermediarios financieros y demás entidades, sociedades o personas que en las transmisiones *mortis causa* de depósitos, garantías o cuentas corrientes, hubieren entregado el metálico o valores depositados o devuelto las garantías constituidas. A estos efectos no se considerará entrega de metálico o de valores depositados, ni devolución de garantías, el libramiento de cheques bancarios con cargo a los depósitos, garantías o al resultado de la venta de los valores que sea necesario, que tenga como exclusivo fin el pago del propio Impuesto sobre Sucesiones y Donaciones que grave la transmisión *mortis causa*, siempre que el cheque sea expedido a nombre de la Diputación Foral que corresponda.

- Las compañías o entidades aseguradoras que entreguen las cantidades estipuladas en las pólizas de seguro sobre la vida. A estos efectos, no se considerará entrega de cantidades de contratos de seguro el pago a cuenta de la prestación que tenga como exclusivo fin el pago del propio Impuesto sobre Sucesiones y Donaciones que grave la percepción de dicha prestación, siempre que se realice mediante la entrega a los beneficiarios de cheque bancario expedido a nombre de la Diputación Foral que corresponda.

- Los mediadores en la transmisión de títulos valores que formen parte de la herencia. A estos efectos, no se considerará que estos mediadores son responsables del tributo cuando se limiten a realizar, por orden de los herederos, la venta de los valores necesarios que tenga como exclusivo fin el pago del propio Impuesto sobre Sucesiones y Donaciones que grave la transmisión *mortis causa*, siempre que contra el precio obtenido en dicha venta se realice la entrega a los beneficiarios de cheque bancario expedido a nombre de la Diputación Foral que corresponda.

En **Bizkaia se establece una limitación a esta responsabilidad**, al determinarse que:

- La responsabilidad subsidiaria se limitará a la porción del impuesto que corresponda a la adquisición de los bienes que la originen, entendiéndose como tal el resultado de aplicar al valor de los bienes el tipo medio efectivo de gravamen. A estos efectos, el tipo medio efectivo de gravamen será el que resulte de dividir la cuota íntegra entre la base liquidable, multiplicando el resultado por 100. El tipo medio efectivo de gravamen se expresará incluyendo dos decimales.

- El importe de la liquidación o el de la autoliquidación parciales constituirá el límite de la posible responsabilidad subsidiaria, si fuese menor que el que resulte de aplicar lo dispuesto en el punto anterior.

- El ingreso del importe de la liquidación parcial, o el de la autoliquidación parcial practicada, extinguirá la responsabilidad subsidiaria que pudiera derivar del impago del impuesto correspondiente a la transmisión hereditaria de los bienes de que se trate.

En **Gipuzkoa también se establece una limitación**, ya que:

- La responsabilidad subsidiaria estará limitada a la porción de impuesto que corresponda a la adquisición de los bienes que la originen, entendiéndose como tal el resultado de aplicar al valor comprobado de los bienes el tipo medio gravamen. El tipo medio de gravamen será el que resulte de dividir la cuota tributaria por la base liquidable, multiplicando el resultado por 100. El tipo medio se expresará incluyendo dos decimales.

- El importe de la o de las autoliquidaciones parciales constituirá el límite de la posible responsabilidad subsidiaria, si fuese menor que el que resulte de aplicar el tipo medio de gravamen al valor de los bienes transmitidos.

- El ingreso del importe de la autoliquidación parcial extinguirá la responsabilidad subsidiaria que pudiera derivar del impago de la deuda tributaria correspondiente a la transmisión hereditaria de los bienes incluidos en la autoliquidación parcial de que se trate.

CUESTIONES

1. Una persona fallece en Bizkaia en marzo de 2024 dejando una serie de bienes y derechos a su único hijo y heredero. Entre ellos, se encuentra una cuenta corriente con saldo de 200.000 euros. El hijo, al día siguiente de su fallecimiento, va a la oficina bancaria correspondiente y aportando documentación que acredita la muerte de su padre, retira los 200.000 euros y posteriormente se va de España. La Administración tributaria intenta notificarle propuesta de liquidación en la última dirección conocida, pero al no poder realizarse tal notificación de manera efectiva, se declara responsable subsidiaria a la entidad bancaria, que le permitió retirar los fondos con anterioridad a la efectiva aceptación de la herencia y tributación por el ISD. ¿Es correcto el actuar de la Administración?

Sí, la entidad bancaria permitió la retirada de fondos de una cuenta corriente de titularidad del fallecido por parte de su hijo cuando aún no había sido liquidado el ISD. Esto permitió al hijo evadir el pago del impuesto y fugarse con el capital de su padre retirado de la cuenta corriente. Por tanto, se lleva a cabo la derivación de responsabilidad a la entidad bancaria que permitió la retirada de los fondos para proceder al efectivo pago del tributo pendiente.

2. La persona de la cuestión también poseía, a fecha de su muerte, acciones de la empresa Cotizada S.A. por valor de 125.000 euros, que fueron vendidas, a través de mediador, por su hijo en la misma fecha en que se efectuó la retirada del efectivo de su cuenta corriente. El hijo de la persona informó al mediador de que, efectivamente, era para realizar el pago del impuesto, pero que el cheque fuese emitido a su nombre para evitar retrasos en el cobro. Con posterioridad, en misma fecha e idéntica situación que la entidad bancaria, el mediador recibe notificación de declaración de responsabilidad derivado de la enajenación de las acciones con finalidad distinta al pago efectivo del tributo. ¿Es correcto el actuar de la Administración respecto del mediador?

Efectivamente, al igual que ocurría con la entidad bancaria, la enajenación de las acciones por parte del mediador y el posterior cobro por parte del hijo del precio, sin intención de llevar a cabo el efectivo pago del tributo, determina que el mediador sea designado como responsable subsidiario al pago del tributo.

1.3. Devengo y obligaciones formales del ISD

Devengo del ISD según la normativa foral del P. Vasco

(Artículo 26 de la Norma Foral 11/2005, de 16 de mayo; artículo 17 de la Norma Foral 4/2015, de 25 de marzo; artículo 49 de la Norma Foral 2/2022, de 10 de marzo)

Se determina el devengo de los diferentes hechos imponibles que configuran el ISD de la manera que sigue:

- En las adquisiciones por causa de muerte y en los seguros sobre la vida, el impuesto se devengará el día del fallecimiento del causante o del asegurado o cuando adquiera firmeza la declaración de fallecimiento de la persona ausente conforme al artículo 196 del Código Civil. En el supuesto de pactos sucesorios con eficacia de presente y de pactos sucesorios de renuncia, se devengará el impuesto en vida del instituyente, cuando tenga lugar la transmisión.

- En las adquisiciones lucrativas *inter vivos* el impuesto se devengará el día en que se cause o celebre el acto o contrato. En las adquisiciones de bienes y derechos que tengan la consideración de negocios jurídicos *inter vivos* de acuerdo con las salvedades que en cada caso se establezcan, el impuesto se devengará el día en que tenga lugar la transmisión.

- Toda adquisición de bienes cuya efectividad se halle suspendida por la existencia de una condición, un término, un fideicomiso o cualquier otra limitación, se entenderá siempre realizada el día en que dichas limitaciones desaparezcan.

- En el caso de **Álava**, en las herencias que se defieran por usufructo poderoso o por poder testatorio, el impuesto se devengará:
  - Para las adquisiciones de bienes y derechos no afectados por el usufructo poderoso o por el poder testatorio, de acuerdo con la regla general relativa al devengo del impuesto contenida en los apartados anteriores.
  - Por lo que se refiere a los bienes y derechos afectados por un usufructo poderoso o por el poder testatorio, para determinar el momento en que se devengará el impuesto, es preciso distinguir los siguientes supuestos:
    - » En las adquisiciones de bienes o derechos que traigan su causa del ejercicio de la facultad de disponer o del poder testatorio atribuidos al usufructuario poderoso o al comisario o, en su caso, del ejercicio de cualquier otra facultad que pudieran tener atribuida y que determine el nacimiento del hecho imponible de este impuesto, el día en que se haga uso del poder o de la facultad de disponer con carácter irrevocable en todo o en parte.
    - » En las adquisiciones de bienes o derechos afectados por un usufructo poderoso o por un poder testatorio, en los supuestos en que la facultad de disposición o el poder testatorio se hubiesen extinguido antes de haber sido ejercitados en todo o en parte, el día en que se produzca la circunstancia que determina la extinción de la facultad o del poder.
    - » En el usufructo poderoso y en aquellos casos en que en el poder testatorio exista o se otorgue a favor de persona determinada, el derecho a usufructuar todos o parte de los bienes o derechos de la herencia, mientras no se haga uso del poder o de la facultad de disponer, el impuesto correspondiente al derecho de usufructo se devengará el día del fallecimiento del constituyente del usufructo o aquél en que adquiera firmeza la declaración de fallecimiento de la persona ausente conforme al artículo 196 del Código Civil.
- En **Bizkaia**, se establecen también las siguientes reglas en cuento al devengo:
  - En las herencias que se defieran por «alkar-poderoso» o poder testatorio, el impuesto se devengará cuando se haga uso del poder con carácter irrevocable o se produzca alguna de las causas de extinción del mismo.
  - En los supuestos de adquisiciones *mortis causa* en las que de acuerdo con lo previsto en el artículo 1006 del Código Civil, el transmisario sucede directamente al causante, el impuesto se devengará el día del fallecimiento del transmitente.
  - Cuando se trate de la adquisición de cantidades por el beneficiario de un seguro sobre la vida para caso de supervivencia del contratante o del asegurado, se entiende que el acto o contrato se causa aquel día en que la primera o única cantidad a percibir sea exigible por el beneficiario.

- Para **Gipuzkoa**, se prevé lo siguiente:
  - En los supuestos de adquisiciones *mortis causa* en las que de acuerdo con lo previsto en el artículo 1006 del Código Civil la persona transmisaria sucede directamente a la causante, el impuesto se devengará el día del fallecimiento de la persona transmitente.
  - Cuando se trate de la adquisición de cantidades por la persona beneficiaria de un seguro de vida para caso de supervivencia de la persona contratante o de la asegurada, se entiende que el acto o contrato se realiza aquel día en que la primera o única cantidad a percibir sea exigible por la persona beneficiaria.
- En la disposición a título gratuito, por actos *inter vivos* o *mortis causa*, de los derechos sucesorios del instituido en vida del instituyente, de acuerdo con lo dispuesto en el artículo 106 de la Ley 5/2015, de 25 de junio, de Derecho civil vasco, el impuesto no se devengará hasta el día del fallecimiento del instituyente.

CUESTIÓN

Una persona física fallece a 31 de noviembre de 2022, se lleva a cabo la presentación del impuesto el 1 de abril de 2023, ¿a qué fecha debe valorarse el caudal relicto?

La valoración se realizará a fecha de devengo del impuesto. Esta fecha es el día del fallecimiento del causante, en este caso, 31 de noviembre de 2022, siempre que sobre dichos bienes no pese algún tipo de contrato o pacto sucesorio que determine una fecha de devengo diferente.

Prescripción del ISD según la normativa foral del P. Vasco

(Artículo 27 de la Norma Foral 11/2005, de 16 de mayo; artículo 18 de la Norma Foral 4/2015, de 25 de marzo y artículo 50 de la Norma Foral 2/2022, de 10 de marzo)

En **Gipuzkoa** y **Bizkaia**, el derecho de la Administración tributaria para determinar la deuda tributaria mediante la oportuna liquidación y la acción para imponer sanciones tributarias prescribirá a los cuatro años, mientras que en **Álava** prescribirá a los cinco.

En particular, el plazo comenzará a contarse:

- En **Gipuzkoa**, desde el día en el que finalice el plazo establecido para la presentación de la oportuna autoliquidación.

- En **Álava**, en el caso de las transmisiones lucrativas *inter vivos*, desde el día en que finalice el plazo reglamentario para presentar la correspondiente autoliquidación.

- En **Gipuzkoa** y **Bizkaia**, en el caso de que las adquisiciones tengan su causa en una donación o en otros negocios jurídicos a título lucrativo e *inter vivos* incorporados a incorporados a un documento privado, los plazos de prescripción comenzarán a contarse a partir del momento en que, conforme al artículo 1227 del Código Civil, la fecha del documento surta efectos frente a terceros. Presumiéndose que la fecha de los documentos privados es la de su presentación junto con la autoliquidación (o liquidación en el caso de **Bizkaia**) de este impuesto, a menos que con anterioridad haya ocurrido alguna de las circunstancias previstas en el artículo 1227 del Código Civil, en cuyo caso habrá que estar a la fecha de la incorporación, inscripción, fallecimiento o entrega, respectivamente

- En **Álava**, en el caso de las transmisiones *mortis causa*, desde el día en que finalice el plazo ordinario de prórroga establecido para la presentación de la oportuna autoliquidación.

- En el caso de la acción para imponer sanciones, desde que se cometiera la infracción.

- En el supuesto de escrituras autorizadas por funcionarios extranjeros, el plazo de prescripción se computará desde la fecha de su presentación ante cualquier Administración española, salvo que un tratado, convenio o acuerdo internacional, suscrito por España, fije otra fecha para el inicio de dicho plazo.

- En **Álava** y **Gipuzkoa**, el plazo de prescripción en caso de las adquisiciones derivadas de la renuncia y repudiación de la herencia comenzará a contarse desde la fecha en la que se produzcan.

CUESTIONES

1. Una mujer presenta la declaración por ISD en Gipuzkoa una vez recibe la herencia de su padre fallecido. Su padre falleció en el año 2018 y, por diversas cuestiones relativas al reparto de la herencia, la adjudicación a cada causahabiente de su parte se retrasó hasta enero de 2023. Esta dilación determina un período superior al de los cuatro años que se establece para considerar como prescrito el derecho de la Administración para exigir el pago de las deudas tributarias liquidadas y autoliquidadas, ¿produce algún efecto tributario la presentación de la autoliquidación del impuesto a tal fecha?

No, la potestad de la Administración tributaria para exigir el pago del tributo se encuentra ya prescrito y la presentación e ingreso de la autoliquidación no supondrá nunca que se pueda reanudar ese plazo para poder llevar a cabo el cobro del impuesto.

2. Con posterioridad a la presentación de la autoliquidación, la mujer recibe una notificación de Hacienda comunicándole el inicio de un procedimiento sancionador por presentación fuera de plazo de una autoliquidación con resultado a ingresar. ¿Debe la mujer atender la notificación? ¿Debe pagar la sanción?

Sí, debe atender la notificación y alegar prescripción contra la sanción. Una vez transcurrido el plazo del que dispone la Administración para determinar la deuda tributaria ya no puede practicarse comprobación ni liquidación alguna. Y tampoco sanciones.

Obligaciones formales del ISD según la normativa foral del ISD

(Artículo 38 y ss. de la Norma Foral 11/2005, de 16 de mayo; artículo 73 y ss. de la Norma Foral 4/2015, de 25 de marzo; artículo 65 y ss. de la Norma Foral 2/2022 de 10 de marzo)

Existen en el ISD, como para el resto de los impuestos, una serie de obligaciones formales que se le imponen a los contribuyentes como deberes inherentes a la obligación tributaria principal.

Obligación de presentar autoliquidación o declaración por el impuesto

Para las Diputaciones Forales de Álava y Gipuzkoa los sujetos pasivos vendrán obligados a presentar una autoliquidación, comprensiva de los hechos imponibles y a ingresar, en su caso, la correspondiente deuda tributaria en las condiciones que reglamentariamente se fijen.

Concretamente en **Álava**, las herencias sometidas a usufructo poderoso o a poder testatorio, el usufructuario o el comisario de la herencia deberá presentar una declaración tributaria en la que se haga constar el fallecimiento del causante. En la misma el comisario deberá dar cumplimiento a lo previsto para los usufructos poderosos y herencias bajo poder testatorio. De igual manera, no podrá presentarse autoliquidación por los contribuyentes, distintos al propio usufructuario poderoso o comisario por el derecho de usufructo y, además, por los bienes afectados por el poder testatorio o usufructo poderoso, en tanto no se haya ejercitado la facultad de disponer o el poder testatorio con carácter irrevocable, de manera parcial o total, o se produzca alguna de las demás causas de extinción del mismo.

En el ámbito de **Bizkaia,** los contribuyentes deberán presentar la declaración tributaria que comprenda los hechos imponibles del ISD.

Por un lado, podrán presentar la autoliquidación en aquellos supuestos de incrementos de patrimonio a título lucrativo obtenidos por personas físicas que adquieran bienes y derechos por herencia, legado o cualquier otro título sucesorio, esta opción exigirá que las autoliquidaciones presentadas se incluya el valor de la totalidad de los bienes y derechos transmitidos y que todos los adquirentes interesados en la sucesión estén incluidos en el mismo documento o declaración y exista la conformidad de todos para la práctica de la auto liquidación.

Por otro lado, existirá la obligación de presentar la autoliquidación por los incrementos de patrimonio obtenidos a título lucrativo por personas físicas por la adquisición de bienes y derechos por donación o cualquier otro negocio a título gratuito e *inter vivos* o la percepción de cantidades por los beneficiarios de contratos de seguro sobre la vida cuando el contratante sea persona distinta del beneficiario, salvo en los supuestos expresamente regulados en el apartado a) del artículo 18 de la Norma Foral del Impuesto sobre la Renta de las Personas Física, exigiéndose, en el supuesto de percepciones correspondientes a contratos de seguro sobre la vida para causa de muerte del asegurado, que todos los adquirentes interesados en el seguro estén incluidos en el mismo documento o declaración.

CUESTIÓN

¿Puede una persona con residencia habitual en Álava, que hereda bienes y derechos de su padre fallecido en el mismo territorio, presentar declaración por el impuesto o está obligada a la presentación de autoliquidación?

La Norma Foral es clara en este sentido, es obligatorio la presentación de autoliquidación por el impuesto con la única excepción de aquellas liquidaciones sobre las que pese usufructo poderoso o poder testatorio, que deberán seguir las peculiaridades recogidas para ellas en la Norma Foral.

|| Efectos de la falta de presentación del ISD

En principio, ningún documento que contenga actos o contratos sujetos a este impuesto se admitirá ni surtirá efecto en oficina o registro público sin que se justifique el pago de la deuda tributaria, a favor de la Administración competente para exigirlo, conste declarada la exención por la misma, o, cuando menos, la presentación en ella del referido documento. De las incidencias que se produzcan se dará cuenta inmediata a la Administración interesada.

Los juzgados y tribunales remitirán a la Administración competente para exigir la liquidación del impuesto, copia autorizada de los documentos que admitan en los que no conste la nota de haber sido presentados a liquidación en dicha Administración.

A los efectos previstos en este apartado, se considerará acreditado el pago del impuesto siempre que el documento se presente acompañado de la correspondiente declaración o autoliquidación en la que conste el pago del tributo.

El registrador hará constar, mediante nota al margen de la inscripción, que el bien o derecho transmitido queda afecto al pago de la liquidación o liquidación complementaria que, en su caso, proceda practicar.

La nota marginal se extenderá de oficio, quedando sin efecto y debiendo ser cancelada cuando se presente la carta de pago de la liquidación practicada y, en todo caso, transcurridos cuatro años desde la fecha en que se hubiese extendido.

Obligaciones del comisario en las herencias bajo poder testatorio, usufructo poderoso o «alkar-poderoso»

En las herencias bajo poder testatorio, usufructo poderoso o «alkarpoderoso», el comisario, en el plazo de seis meses a contar desde la fecha de fallecimiento del causante o desde la fecha en que gane firmeza la declaración de fallecimiento de la persona ausente según lo dispuesto en el artículo 196 del Código Civil, estará obligado a presentar un inventario de los bienes de la herencia así como la justificación documental del poder, sin perjuicio de que la Administración tributaria le pueda requerir la presentación de cualesquiera otros documentos que se estimen pertinentes.

El comisario deberá comunicar a la Administración tributaria las alteraciones producidas en el inventario de los elementos patrimoniales que formen parte de la herencia que se halle pendiente del ejercicio de un poder testatorio, siempre que las correspondientes alteraciones patrimoniales no impliquen el devengo del Impuesto sobre Sucesiones y Donaciones. La citada comunicación se deberá presentar en el plazo que se determine y con el contenido y documentación que especifique cada norma.

El comisario, en el plazo de un mes contado a partir de la fecha en que se haga uso parcial o total del poder testatorio con carácter irrevocable o se produzca alguna de las demás causas de extinción del mismo, deberá comunicar tales extremos y presentar ante la Administración tributaria la documentación acreditativa de dicha utilización o justificar de otro modo su extinción.

Lo ahora dispuesto será de aplicación al usufructuario poderoso.

Plazos de presentación del ISD en el P. Vasco

(Artículo 38 de la Norma Foral 11/2005, de 16 de mayo; artículo 69 de la Norma Foral 4/2015, de 25 de marzo, y artículo 69 de la Norma Foral 2/2022, de 10 de marzo)

En el caso de **Álava**:

• Cuando se trate de transmisiones por causa de muerte o en los supuestos de seguros sobre la vida, el plazo para la presentación de la autoliquidación será de seis meses, a contar desde el día siguiente al del fallecimiento del causante, se hayan formalizado o no las operaciones de testamentaría y cualquiera que sea la fecha de su otorgamiento. Cuando la sucesión dependa del nacimiento de un póstumo o de la declaración de fallecimiento del ausente, el plazo anterior se empezará a contar, en el primer caso, desde el día siguiente al de su nacimiento o, en su caso, desde aquel en el que tenga lugar alguno de los hechos a que se refiere el artículo 966 del Código Civil, y, en el segundo supuesto, desde el día siguiente a aquel que adquiera firmeza la declaración de fallecimiento del ausente. El párrafo de seis meses a que se refiere este punto se ampliará a diez meses cuando el fallecimiento del causante o los hechos a que se refiere el artículo 966 del Código Civil, hubiesen ocurrido en el extranjero.

- El plazo para la presentación de las autoliquidaciones de donaciones y demás transmisiones lucrativas será de 30 días hábiles a contar desde el día siguiente al momento en que se produzca el hecho imponible.

- En las adquisiciones de bienes o derechos cuya efectividad se halle suspendida de acuerdo con el artículo 26.3 de la Norma Foral 11/2005, de 16 de mayo, y en las herencias que se defieran por usufructo poderoso o por testamento por comisario, los plazos de presentación empezarán a contarse a partir de la fecha en que se produzca el devengo del impuesto.

Para **Bizkaia** y **Gipuzkoa**:

- Cuando se trate de adquisiciones por causa de muerte, incluidas las de beneficiarios de contratos de seguros de vida para el caso de fallecimiento, el plazo de presentación será de un año a contar desde el día de fallecimiento del causante, o en su caso, del transmitente en los supuestos previstos en el último párrafo del artículo 17.1 de la Norma Foral 4/2015, de 25 de marzo, o en el último párrafo del artículo 49.1 de la Norma Foral 2/2022, de 10 de marzo, o de aquel en que adquiera firmeza la declaración de fallecimiento, o en su caso, desde el día en que se devengue el impuesto en los pactos sucesorios con eficacia de presente. El mismo plazo será aplicable a las adquisiciones del usufructo pendientes del fallecimiento del usufructuario, aunque la desmembración del dominio se hubiese realizado por *acto inter vivos*.

- En los restantes supuestos el plazo de presentación será de 30 días hábiles a contar desde el día siguiente a aquel en que se cause o celebre el acto o contrato.

- En las adquisiciones de bienes o derechos cuya efectividad se halle suspendida, los plazos a que se refiere el apartado anterior empezarán a contarse a partir del día en que se entiendan realizadas.

- En las adquisiciones de bienes pendientes de un poder testatorio o «alkar-poderoso», el plazo a que se refiere el primer inciso del punto primero empezará a contarse desde que se haga uso del poder con carácter irrevocable o se produzca alguna de las causas de extinción del mismo.

|| Prórrogas de los plazos para la presentación del ISD en Álava

(Artículo 38 de la Norma Foral 11/2005, de 16 de mayo)

Una vez transcurrido el plazo ordinario de pago, de seis meses o de diez meses en caso de que el fallecimiento o los hechos referidos en el artículo 966 del Código Civil sucedan en el extranjero, estos se entenderán prorrogados automáticamente por otros seis meses, para **Álava**, sin necesidad de solicitud de los interesados, si bien con la obligación por parte del sujeto pasivo de satisfacer los intereses de demora que empezarán a contarse una vez finalizado el plazo de seis o diez meses a que se ha hecho referencia en el apartado anterior.

En el caso de Álava, se podrá otorgar una prórroga extraordinaria de otros seis meses para la presentación de la autoliquidación por transmisiones por causa de muerte, siempre que los interesados lo soliciten antes de expirar la prórroga ordinaria a que se refiere el apartado anterior y se justifique debidamente la existencia de una causa legítima. El plazo de la prórroga extraordinaria se contará desde el día siguiente al que termine la ordinaria. La solicitud de prórroga extraordinaria se presentará por los interesados dentro del plazo de prórroga ordinaria a que se refiere el apartado 6 del artículo 38 de la Norma Foral del Impuesto, acompañada de certificación del acta de defunción, y haciendo constar en ella el nombre y domicilio de los herederos declarados y su grado de parentesco con el causante cuando fueren conocidos, la situación y el valor aproximado de los bienes y derechos y los motivos en que se fundamenta la solicitud. Transcurrido un mes desde la presentación de la solicitud sin que se hubiese notificado acuerdo, se entenderá concedida la prórroga extraordinaria.

El acuerdo accediendo a la prórroga extraordinaria llevará consigo la obligación, por parte del sujeto pasivo, de satisfacer un recargo del 5 % de las cuotas que se liquiden y los intereses de demora desde la fecha de vencimiento del plazo ordinario de presentación.

Asimismo, la normativa de Álava señala que la presentación de las autoliquidaciones fuera de plazo, sin requerimiento de la Administración tributaria, se recargará con un 10 % de las cuotas y el correspondiente interés de demora según las disposiciones de la Norma Foral General Tributaria. Si hubiere mediado requerimiento de la Administración tributaria, se aplicará lo dispuesto en la Norma Foral General Tributaria de Álava.

|| Suspensión de los plazos de presentación de presentación del ISD según la normativa foral del P. Vasco

(Artículo 39 del Decreto Foral 74/2006, del Consejo de Diputados de 29 de noviembre; artículo 11 del Decreto Foral de la Diputación Foral de Bizkaia 58/2015, de 21 de abril, artículos 8 y 9 del Decreto Foral 1/2023, de 17 de enero y Decreto Foral 1/2023, de 17 de enero, por el que se aprueba el Reglamento del Impuesto sobre Sucesiones y Donaciones)

Se establecen las siguientes situaciones que determinan la suspensión del plazo de presentación del ISD:

- Cuando, en relación a actos o contratos relativos a hechos imponibles gravados por el ISD, se promueva litigio, juicio voluntario de testamentaría o división judicial de patrimonios, los interesados deberán poner el hecho en conocimiento de la Administración tributaria. Cabe añadir que, en la provincia de **Bizkaia**, deberán comunicar su continuidad cada seis meses hasta su finalización.

- Cuando, dentro del plazo establecido para la presentación de la autoliquidación se promueva litigio o división judicial de patrimonios, se interrumpirá dicho plazo, empezando a contarse de nuevo desde el día siguiente a aquél en que sea firme la resolución definitiva que ponga término al procedimiento judicial.

- Dependiendo de cuál sea la provincia, cuando, se promuevan alguno después de haberse presentado en plazo la autoliquidación (y liquidación en el caso de **Bizkaia**) el régimen será el siguiente:

  - En **Álava**, la Administración tributaria, previa solicitud del interesado podrá acordar la suspensión del pago hasta la resolución definitiva.

  - En **Bizkaia**, la Administración tributaria suspenderá las actuaciones de liquidación de la declaración o autoliquidación hasta que sea firme la resolución definitiva.

  - En **Gipuzkoa y Bizkaia**, podrá acordarse el aplazamiento de pago.

- En caso de que se promuevan con posterioridad a la expiración del plazo de presentación de la autoliquidación o de la prórroga que se hubiese concedido, en el caso de **Álava y Gipuzkoa** o con posterioridad al plazo de presentación de la declaración, autoliquidación o del documento, en el caso de **Bizkaia**, sin que alguno de ellos hubiese sido presentado, la Administración requerirá su presentación si bien el interesado podrá solicitar la suspensión del pago hasta que recaiga resolución firme, sin perjuicio de las sanciones que, en su caso, procedan.

- En **Álava**, la interrupción de los plazos o, en su caso, la suspensión del pago sólo se producirá respecto a la transmisión de bienes y derechos sobre los que el litigio se haya promovido, pero no respecto a los demás actos, bienes o derechos comprendidos en el mismo documento o transmisión.

- No se considerarán cuestiones litigiosas, a los efectos de la suspensión de plazos a que se refieren los apartados anteriores:

  - Las diligencias judiciales que tengan por objeto la apertura de testamentos o elevación de éstos a escritura pública.

  - La formación de inventarios para aceptar la herencia con dicho beneficio o con el de deliberar.

  - El nombramiento de tutor, curador o defensor judicial.

  - La división judicial de patrimonios, y la declaración de herederos cuando no se formule oposición.

  - En general, las actuaciones de jurisdicción voluntaria cuando no adquieran carácter contencioso.

- En **Álava**, la demanda de retracto legal o la del beneficio de justicia gratuita.

- En **Álava**, las reclamaciones que se dirijan a hacer efectivas deudas contra la testamentaría o abintestato, mientras no se promueva a instancia del acreedor el correspondiente juicio universal.

- En **Bizkaia** y **Gipuzkoa**, la prevención del abintestato o del juicio de testamentaria

- En **Bizkaia** y **Gipuzkoa**, la declaración de herederos cuando no se formule oposición.

• En **Gipuzkoa**, se estableció una especialidad en relación con las adquisiciones por causa de muerte, cuando no fueren conocidas las personas causahabientes, las administradoras o poseedoras de los bienes hereditarios deberán presentar antes del vencimiento de los plazos señalados para ello, los documentos que acompañan a la autoliquidación excepto la relación de herederos, pudiendo solicitar la suspensión del plazo de presentación de la autoliquidación si justifican la existencia de causa justa. En caso de que a juicio de la Administración tributaria no se justificara la misma, girará liquidación provisional a cargo de la representación de la persona causante.

CUESTIÓN

Una persona con residencia en Vitoria fallece el 2 de enero de 2024. ¿Qué plazo poseen los herederos para llevar a cabo la declaración del ISD en Álava?

Con carácter general, el plazo será de seis meses, contado de fecha a fecha, desde el día siguiente a aquel en que adquiera firmeza la declaración de fallecido del causante. Por tanto, el último día para la presentación del ISD por los causahabientes del fallecido será el día 3 de julio de 2024. Sin embargo, se establece una prórroga a dicho plazo automática ante la falta de presentación de autoliquidación con anterioridad al 3 de julio de 2024, de seis meses. Esta prórroga llevará aparejados intereses de demora, que empezarán a contarse una vez finalizado el plazo de seis meses inicial.

Aún y todo, existe la posibilidad de solicitar una prórroga extraordinaria, de nuevo de seis meses, contados desde el día siguiente a la finalización del plazo de la prórroga ordinaria, siempre que se justifique debidamente la existencia de una causa legítima. El acuerdo accediendo a la prórroga extraordinaria llevará consigo la obligación, por parte del sujeto pasivo, de satisfacer un recargo del 5 % de las cuotas que se liquiden y los intereses de demora desde la fecha de vencimiento del plazo ordinario de presentación. La solicitud deberá presentarse por los interesados dentro del plazo de prórroga ordinaria.

Modelos de presentación del ISD en el P. Vasco

Los modelos de presentación varían dependiendo de la provincia vasca en la que se deba presentar el impuesto, además, dependiendo del modo de adquirir los bienes o derechos, se deberá presentar modelos distintos, cada uno regulado por su normativa, destacando, en Gipuzkoa, la Orden Foral 29/2021, de 29 de enero, en Bizkaia, la Orden Foral 1973/2018, de 28 de noviembre y en Álava la Orden Foral 351/2020, de 10 de julio:

1. Modelos de presentación para adquisiciones por causa de muerte

En **Gipuzkoa**, el modelo adecuado para la presentación es el modelo 670, y en **Bizkaia** y **Álava** el modelo adecuado es el 650.

2. Modelo de presentación para adquisiciones *inter vivos*

En **Gipuzkoa**, el modelo adecuado para la presentación es el modelo 671, y en **Bizkaia** y **Álava** el modelo adecuado es el 651.

3. Modelo de presentación para adquisiciones por contratos de seguros

En **Gipuzkoa**, el modelo adecuado para la presentación es el modelo 672, y en **Bizkaia** y **Álava** el modelo adecuado es el 652.

1.4. Normas especiales

Normas especiales en la liquidación del ISD en el País Vasco

En este apartado desarrollaremos todas aquellas cuestiones relativas a las especialidades que se dan en el proceso de liquidación del impuesto por su particular carácter.

‖ La sustitución y los fideicomisos en el ISD

(Artículos 28 y 29 de la Norma Foral 11/2005, de 16 de mayo; artículos 51 y 52 de la Norma Foral 4/2015, de 25 de marzo y artículos 53 y 54 de la Norma Foral 2/2022, de 10 de marzo)

La sustitución hereditaria es la facultad del testador de escoger a una o más personas para que reemplace al heredero instituido. En el Código Civil se encuentran reguladas tres tipos de sustitución que se desarrollan a continuación:

- La sustitución vulgar, regulada en el artículo 774 del Código Civil, consiste en la facultad del testador de determinar el reemplazo del heredero instituido en caso de premoriencia de este o que no quiera o no pueda aceptar la herencia.

- La sustitución pupilar, regulada en el artículo 775 del Código Civil, consiste en la facultad del testador de determinar el reemplazo del heredero, en caso de que este sea su descendiente y fallezca antes de cumplir los 14 años.

- La sustitución fideicomisaria, regulada en el artículo 781 del Código Civil, consiste en la facultad del testador de ordenar al heredero la conservación y transmisión total o parcial de la herencia a un tercero.

Las normativas reguladoras del Impuesto de Sucesiones y Donaciones en las provincias vascas establecen las siguientes reglas específicas para los supuestos de sustitución:

- Se establece que en la sustitución vulgar solo se exigirá el impuesto al sustituto y atendiendo a su grado de parentesco con el causante, cuando el heredero instituido falleciera antes que aquel o no pudiera aceptar la herencia. Si no quisiera aceptarla, se estará a lo dispuesto para el caso de renuncia a la herencia.

- Por su parte, en las sustituciones pupilar se exigirá el impuesto al sustituto cuando se realice aquella, atendiendo al grado de parentesco con el descendiente sustituido y sin perjuicio de lo satisfecho por este al fallecimiento del testador.

- Por último, en las sustituciones fideicomisarias se exigirá el impuesto en la institución y en cada sustitución con arreglo al parentesco entre el causante y el instituido o el sustituto, reputándose al fiduciario y a los fideicomisarios, con excepción del último, como meros usufructuarios, salvo que pudiesen disponer de los bienes por actos *inter vivos* o *mortis causa*, en cuyo supuesto se liquidará por el pleno dominio. En este caso, los causahabientes del heredero podrán solicitar la devolución del impuesto satisfecho por su causante, en la parte correspondiente a la nuda propiedad, si justifican que los bienes afectados por la sustitución han sido transmitidos al sustituto designado por el testador.

En cambio, los fideicomisos se constituyen, en el derecho sucesorio, como mecanismo de distribución de la herencia. En ella se obliga al fiduciario a que transmita la herencia al fideicomisario.

Respecto de los fideicomisos se disponen las siguientes reglas comunes con efectos del ISD:

- En los fideicomisos, cuando dentro de los plazos en que deba procederse a la liquidación no sea conocido el heredero fideicomisario, pagará el fiduciario con arreglo a los tipos establecidos para las herencias entre extraños, cualquiera que sea su parentesco con el causante. Lo pagado con arreglo al apartado precedente aprovechará al fideicomisario cuando sea conocido. Si dentro de dichos plazos se conociese el fideicomisario, satisfará este el impuesto con arreglo a la tarifa que corresponda al grado de parentesco con el causante y al valor de los bienes adquiridos. En Bizkaia y Gipuzkoa esta regla no será aplicable cuando el fideicomisario tuviese que ser designado de entre un grupo determinado de personas, en cuyo caso se aplicará a la base liquidable la tarifa del grupo correspondiente a la persona de parentesco más lejano con el causante.

- Si el fiduciario, o persona encargada por el testador de transmitir la herencia, pudiera disfrutarla en todo o en parte, temporal o vitaliciamente, o tuviese la facultad de disponer de los productos o rentas de los bienes hasta su entrega al heredero fideicomisario, pagará el impuesto en concepto de usufructuario y con arreglo al grado de parentesco que le una con el causante. En este caso el fideicomisario satisfará también, al entrar en posesión de los bienes, el impuesto correspondiente, no computándose en su favor lo pagado por el fiduciario.

- En los fideicomisos en que se dejan en propiedad los bienes hereditarios al heredero fiduciario, aun cuando sea con la obligación de levantar alguna carga, en los términos que establece el artículo 788 del Código Civil, se liquidará el impuesto como herencia en propiedad, con deducción de la carga, si fuere deducible, por la cual satisfará el impuesto el que adquiere el beneficio consiguiente al gravamen impuesto al heredero, por el título o concepto que jurídicamente corresponda al acto, y si el beneficiario no fuere conocido satisfará el impuesto correspondiente a dicho concepto el heredero, quien podrá descontarlo o repercutirlo al beneficiario.

Cabe destacar que **tanto Gipuzkoa como Bizkaia** establecen la siguiente precisión para el supuesto del primer punto (se cita el artículo 52.2 de la Norma Foral 4/2015, de 25 de marzo):

> «2. Lo pagado con arreglo al apartado anterior aprovechará al fideicomisario cuando sea conocido, pero éste no tendrá derecho a reclamar la devolución de cantidad alguna cuando, por razón de su parentesco con el causante, sea aplicable otra tarifa menos gravosa.
>
> Si la tarifa que le correspondiese fuese menos gravosa que la aplicada al fiduciario, quien hubiese hecho el pago superior o sus causahabientes tendrá derecho a la devolución del exceso satisfecho, con arreglo a lo dispuesto reglamentariamente».

‖ Reserva de bienes

(Artículo 30 de la Norma Foral 11/2005, de 16 de mayo; artículo 55 de la Norma Foral 4/2015, de 25 de marzo y artículo 58 de la Norma Foral 2/2022, de 10 de marzo)

Las reservas hereditarias constituyen una limitación a la libertad del testador de distribuir sus bienes como desee, puesto que especifica el destino que han de seguir algunos de los bienes que integran la herencia, a fin de que se adquieran por determinados miembros de la familia de la que proceden. La legislación civil estatal hace mención de la reserva lineal, troncal o familiar regulada en el artículo 811 y siguientes del Código Civil, y la reserva ordinaria, vidual o clásica regulada en los artículos 968 y siguientes del Código Civil.

En relación con la reserva lineal, troncal o familiar, se determina que heredare de su descendiente bienes que éste hubiese adquirido por título lucrativo de otro ascendiente, o de un hermano, se halla obligado a reservar los que hubiere adquirido por ministerio de la ley en favor de los parientes que estén dentro del tercer grado y pertenezcan a la línea de donde los bienes proceden. Esta misma reserva se encuentra regulada en el **artículo 118 de la Ley de Derecho Civil Vasco.**

En el ámbito del ISD, en relación con esta reserva, las normas forales de las provincias vascas establecen que el impuesto será satisfecho por el reservista en concepto de usufructuario, pero si por fallecimiento de todos los parientes en cuyo favor se halle establecida la reserva o por su renuncia se extinguiese ésta, vendrá obligado el reservista a satisfacer el Impuesto correspondiente a la nuda propiedad.

Y en relación con la reserva ordinaria, vidual o clásica, regulada en los artículos 968 y siguientes del Código Civil, se establece la obligación del viudo que pase a segundo matrimonio a reservar aquellos bienes adquiridos de su difunto consorte por testamento, sucesión intestada, donación u otro título lucrativo, excluyendo su mitad de gananciales e incluyendo los adquiridos de cualquiera de los hijos del primer matrimonio así como de los parientes del difunto por consideración con este y sin obviar las reservas del artículo 811 del Código Civil. Cabe destacar que esta misma reserva se encuentra regulada en el **artículo 120 de la Ley de Derecho Civil Vasco**.

En el ámbito del ISD, en relación con esta reserva, las normas forales de las provincias vascas establecen que el impuesto se liquidará el Impuesto al reservista por el pleno dominio de los bienes, sin perjuicio del derecho a la devolución de lo satisfecho por la parte correspondiente a la nuda propiedad de los bienes a que afecte cuando se acredite la transmisión total de los mismos al reservatario.

Cabe destacar que el **artículo 119 de la Ley de Derecho Civil Vasco**, versa acerca de la reserva de los bienes raíces donados para un matrimonio, estableciendo que sucederán los hijos o descendientes habidos en él, con exclusión de cualesquiera otros.

Además, se establecen en relación con el ISD, otras dos especialidades a las reservas, por un lado, que si el reservista enajenare los bienes sobre los que está constituida la reserva, aún con consentimiento de todos los presuntos reservatarios, se considerará fiscalmente extinguida la reserva, liquidándose por tal concepto y, por otro lado, que el reservatario deberá satisfacer el impuesto al adquirir los bienes atendiendo al grado de parentesco entre aquél y la persona de quien procedan los bienes, prescindiendo del que le una con el reservista, aunque ésta haya hecho uso de la facultad de mejorar dispuesta en el artículo 972 del Código Civil.

|| Otras instituciones

(Artículo 31 de la Norma Foral 11/2005, de 16 de mayo)

En **Álava** se establece que, salvo en el caso de los usufructuarios poderosos o comisarios de las herencias que se defieran por usufructo poderoso o por poder testatorio, siempre que el adquirente tenga facultad de disponer de los bienes, se liquidará el impuesto en pleno dominio, sin perjuicio de la devolución que, en su caso, proceda. Los derechos de usufructo que se deriven de los poderes testatorios o testamentos por comisario regulados en la Ley 5/2015, de 25 de junio, de Derecho civil vasco, se regirán por las normas establecidas expresamente para ellos en la Norma Foral que lo regule.

Disposición de derechos sucesorios en derecho civil vasco

(Artículos 7 y 23 de la Norma Foral 11/2005, de 16 de mayo; artículos 6 y 54 bis de la Norma Foral 4/2015, de 25 de marzo y artículos 6 y 57 de la Norma Foral 2/2022, de 10 de marzo)

La adquisición de bienes y derechos por la persona renunciante como consecuencia de la disposición de los derechos sucesorios pertenecientes a la herencia de un tercero, de acuerdo con lo establecido en el segundo inciso del apartado 2 del artículo 100 de la Ley 5/2015, de 25 de junio, de Derecho Civil Vasco tienen la consideración de negocio jurídico a título gratuito e «inter vivos». Además, la adquisición de bienes y derechos por la persona beneficiaria de la renuncia como consecuencia de la disposición de los derechos sucesorios pertenecientes a la herencia de un tercero tributará al fallecimiento de ese tercero, con arreglo al parentesco entre la persona causante y la beneficiaria de la disposición, descontándose, en su caso, el valor de los bienes y derechos entregados a la renunciante, valorados en el momento de su entrega.

Por otro lado, las adquisiciones de bienes y derechos como consecuencia de las disposiciones de derechos reguladas en el artículo 106 de la Ley 5/2015, de 25 de junio, de Derecho Civil Vasco, tributarán con arreglo al grado de parentesco que medie entre la persona instituyente y las descendientes de la instituida a favor de las que se hubiera dispuesto.

‖ Partición y excesos de adjudicación

(Artículo 32 de la Norma Foral 11/2005, de 16 de mayo; artículo 58 de la Norma Foral 4/2015, de 25 de marzo y artículo 61 de la Norma Foral 2/2022, de 10 de marzo)

| La partición

En las sucesiones por causa de muerte, cualesquiera que sean las particiones y adjudicaciones que los interesados hagan, se considerará para los efectos del impuesto como si se hubiesen hecho con estricta proporcionalidad y con arreglo a las normas reguladoras de la sucesión, estén o no los bienes sujetos al pago del impuesto por la condición del territorio o por cualquier otra causa y, en consecuencia, los aumentos que en la comprobación de valores resulten se prorratearán entre los distintos adquirentes o herederos.

Si los bienes en cuya comprobación resultare aumento de valores o a los que deba aplicarse la no sujeción fuesen atribuidos específicamente por el testador a persona determinada o adjudicados en concepto distinto del de herencia, los aumentos o disminuciones afectarán sólo al que adquiera dichos bienes.

CUESTIÓN

Dos hermanos son herederos a partes iguales de los bienes y derechos de su padre, fallecido en enero de 2024. A la hora de aceptar la herencia llevan a cabo una partición en la que el hermano mayor se adjudica un piso valorado en 500.000 euros y el hermano menor el resto de los bienes y derechos, valorados en 200.000 euros. ¿Cómo se computa la base imponible de cada uno de cara a la liquidación del impuesto?

La base imponible se determinará en estricta igualdad, conforme a las disposiciones que rigen la sucesión; con lo que, para ambos, la base imponible será el resultado de dividir al 50 % la masa hereditaria total de su padre. En este caso, será de 350.000 euros para cada uno.

| Los excesos de adjudicación

Se liquidarán excesos de adjudicación, según las normas establecidas en el Impuesto sobre Transmisiones Patrimoniales y Actos Jurídicos Documentados, cuando existan diferencias, según el valor declarado, en las adjudicaciones efectuadas a los herederos o legatarios, en relación con el título hereditario; también se liquidarán los excesos de adjudicación cuando el valor comprobado de lo adjudicado a uno de los herederos o legatarios exceda del 50 % del valor que le correspondería en virtud de su título, salvo en el supuesto de que los valores declarados sean iguales o superiores a los que resultarían de la aplicación de las reglas contenidas en la norma foral (en el caso de Álava y Gipuzkoa) o de las reglas del Impuesto sobre el Patrimonio (para Bizkaia). Se entenderá a estos efectos, como valor correspondiente a cada heredero o legatario, el que resulte después del prorrateo entre los mismos de los aumentos de valor obtenidos de la comprobación.

A mayores, Álava indica que los excesos de adjudicación generados como consecuencia de las distribuciones realizadas en la partición hereditaria se liquidarán atendiendo a la residencia habitual del causante.

En el caso de Bizkaia se precisa, por otra parte, que no implicarán exceso de adjudicación las realizadas en favor del cónyuge viudo o a la pareja de hecho, o de alguno o algunos de los herederos o legatarios de parte alícuota, de la vivienda habitual, de bienes troncales o del caserío y sus pertenecidos y terrenos anejos, cuando el valor de los mismos respecto del total de la herencia supere la cuota hereditaria del adjudicatario. Idéntica mención se recoge también en Gipuzkoa, aunque su norma no recoge la referencia a los bienes troncales.

CUESTIONES

1. Dos hermanos son herederos de los bienes de su madre por parte iguales, de conformidad con lo previsto en su testamento. A la hora de aceptar la herencia, el hermano mayor se adjudica un piso por valor de 500.000 euros y el hermano menor el restante de bienes y derechos por valor de 200.000 euros ¿Cómo tributa el pago de 150.000 euros que hace el hermano mayor al menor por el exceso de adjudicación que recibe en la herencia?

Al tratarse de un exceso declarado, tributará por el ITPyAJD en su versión de TPO.

2. Si el hermano mayor de la cuestión anterior no compensa al menor por el exceso de adjudicación, ¿qué ocurriría?

Tendrá que tributar en concepto de donación, por el ISD, por el valor del exceso que debió haber sido compensado.

3. Si las diferencias de adjudicación de las cuestiones anteriores fuesen debidas a la existencia de un bien inmueble indivisible en la herencia, que se adjudica el hermano mayor con compensación al otro en metálico, ¿la tributación sería diferente?

Efectivamente, las compensaciones realizadas por excesos de adjudicación derivados de bienes indivisibles, inevitables, no tributan. Debemos tener en cuenta que la consideración de un bien como indivisible es una cuestión de hecho que debe ser debidamente acreditada.

4. Una persona fallece en Álava enero de 2024, instituyendo herederos a sus dos hijos en testamento, por partes iguales. Su herencia está integrada por los siguientes bienes y derechos, que se adjudican del siguiente modo:

– **Valor de la vivienda habitual: 200.000 euros, siendo adjudicada a su hijo menor.**

– **Valor de acciones de una SA: 50.000 euros, siendo adjudicadas a su hijo mayor.**

– **Valor de depósitos bancarios: 150.000 euros, siendo adjudicados a su hijo mayor.**

– **Cargas, deudas y gastos deducibles asociados a la vivienda habitual: 10.000 euros, que asumirá el hijo menor.**

– **Dinero en una cuenta corriente: 6.000 euros, que se atribuyen por mitades.**

Con posterioridad, se lleva a cabo una comprobación de valores de los bienes y derechos transmitidos en la herencia por parte de la Administración tributaria, consignándose como valor real del bien inmueble un valor de 300.000 euros.

La tributación por el Impuesto sobre Sucesiones en esta situación se realizará por la cuota ideal que a cada uno corresponda sobre la masa hereditaria, tal y como señala el testamento. Es decir, se llevará a cabo una división de los bienes y derechos igualitaria respecto de la base imponible total de la herencia.

a. Declaración previa a la comprobación de la Administración

Valor real de los bienes y derechos (200.000 + 50.000 + 150.000 + 6.000) = 406.000 euros.

De este valor real deben restarse las cargas y gastos deducibles = 396.000 euros.

Haber (cuota ideal) de cada uno de los hijos = 198.000 euros.

Valor adjudicado en realidad al hijo menor: 193.000 euros (200.000 vivienda habitual + 3.000 cuenta corriente - 10.000 cargas y gastos deducibles).

Valor adjudicado en realidad al hijo mayor: 203.000 euros (50.000 acciones + 150.000 depósitos + 3.000 cuenta corriente).

Declaración posterior a la comprobación de la Administración

El aumento del valor de los bienes se practicará prorrateará entre los herederos.

Haber (cuota ideal) de cada uno de los hijos: 248.000 euros.

Valor adjudicado en realidad al hijo menor: 293.000 euros (300.000 vivienda habitual + 3.000 cuentas corrientes - 10.000 cargas y gastos deducibles).

Valor adjudicado en realidad al hijo mayor: 203.000 euros (50.000 acciones + 150.000 depósitos + 3.000 cuenta corriente).

Exceso de adjudicación generado: 45.000 euros.

5. Como consecuencia de la aplicación del artículo 32 de la Norma Foral 11/2005, de 16 de mayo, respecto del aumento del valor del inmueble obtenido en la comprobación realizada por la Administración, se ha generado un exceso de adjudicación para uno de los hijos. ¿Cómo tributa dicho exceso?

Como el exceso de adjudicación para el hijo no supera el 50 % del valor de los bienes adquiridos (248.000 x 0,50 > 45.000) no tributará por ITPyAJD, por lo que su base imponible será de 248.000 euros, igual a la de su hermano.

Herencias que defieran por usufructo poderoso, «alkar poderoso» o poder testatorio

(Artículos 33 y 33 bis de la Norma Foral 11/2005, de 16 de mayo; artículos 53 y 54 de la Norma Foral 4/2015, de 25 de marzo; artículos 55 y 56 de la Norma Foral 2/2022, de 10 de marzo)

Usufructo en las herencias bajo el poder testatorio, «alkar-poderoso» o usufructo poderoso

En aquellos supuestos en los que por poderes testatorios, por «alkar-poderoso» en Bizkaia o por usufructo poderoso en Álava, una persona determinada tuviera con carácter vitalicio el derecho a usufructuar los bienes de la herencia, sólo se practicará una única autoliquidación (en Gipuzkoa) o liquidación de este usufructo con arreglo al parentesco de la persona usufructuaria con la causante y aplicando las normas de los usufructos vitalicios.

En aquellos supuestos en los que por poderes testatorios, por «alkar-poderoso» en Bizkaia o por usufructo poderoso en Álava, en los que el usufructo se extinga al hacerse uso de dicho poder, se practicarán dos autoliquidaciones de este usufructo con arreglo al parentesco de la persona usufructuaria con la causante. Una primera autoliquidación, en Gipuzkoa, liquidación, en Bizkaia o liquidación a cuenta en Álava, al momento del fallecimiento, aplicando las normas del usufructo vitalicio. No obstante, tanto en Gipuzkoa como en Bizkaia, si el poder testatorio tuviera un plazo determinado para su ejercicio, esta primera autoliquidación se practicará según las normas del usufructo temporal por el plazo máximo establecido para ejercitar dicho poder.

Otra nueva autoliquidación, en el caso de Gipuzkoa, o liquidación en el caso de Bizkaia y Álava, al hacerse uso del poder testatorio o del «alkar-poderoso», con arreglo a las normas del usufructo temporal, por el tiempo transcurrido desde la muerte de la persona causante, teniendo la consideración de ingreso a cuenta lo pagado por la anterior, devolviéndose la diferencia a la persona usufructuaria si resultase a su favor. La autoliquidación deberá practicarse al tiempo de realizarse la de las personas herederas, que resulten serlo por el ejercicio del poder testatorio, o por las demás causas de extinción del mismo, tomando en consideración el valor de los bienes en el momento del fallecimiento de la persona causante.

En este último apartado, tiene especial incidencia en Álava ya que se establece qué la segunda liquidación tendrá fecha de devengo en el momento en que el usufructuario realice el acto de disposición que agote la facultad de disponer que tiene adjudicada, en aquellos supuestos en que la facultad de disponer se materialice a través de un acto único; en cada uno de los momentos en que el usufructuario realice un acto de disposición, en aquellos supuestos en que la facultad de disponer se realice a través de varios actos; o bien, en el momento en que por cualquier otra causa distinta a las anteriores, se extinga el usufructo. Destacando que, en el caso de que la facultad de disposición se realice a través de una pluralidad de actos, en cada liquidación de regularización se computará como ingreso a cuenta la parte de la cuota de la liquidación correspondiente a los bienes o derechos adjudicados en el acto que se liquida. Además, en el usufructo poderoso, el Impuesto se exigirá en cada una de las declaraciones de herederos, conforme al grado de parentesco con el causante y sobre el importe total de los bienes o derechos adjudicados en cada acto u otorgamiento, liquidándose conforme a la tarifa vigente y valor que los bienes o derechos tuviesen en ese momento, debiendo estarse, en su caso, a lo dispuesto en la regla segunda de este artículo.

Uso del poder testatorio y de las facultades del usufructo poderoso

En el caso de que el comisario o la comisaria, cónyuge viudo o viuda o pareja de hecho, hiciera uso del poder adjudicando un bien concreto de la comunidad posconyugal, consecuencia de la consolidación del régimen económico matrimonial de la comunicación foral de bienes producida por el fallecimiento de la persona causante, o un bien común de la sociedad de gananciales a favor de una persona descendiente común del comisario o de la comisaria y de la persona causante, sin proceder a la partición y liquidación de la herencia, se autoliquidará, en Gipuzkoa, o liquidará, en Bizkaia y Álava, como donación por la mitad correspondiente al cónyuge viudo o a la pareja de hecho, y como sucesión por la otra mitad correspondiente a la persona causante. Además, en caso de incumplimiento de lo dispuesto en el artículo 142 de la Ley 5/2015, de 25 de junio, del Derecho Civil Vasco, la disposición o adjudicación de los bienes mencionados en dicho artículo al cónyuge viudo o pareja de hecho tributará por la mitad al tipo impositivo.

En las sucesiones que se defieran bajo poder testatorio, se deberá proceder a realizar las siguientes liquidaciones o autoliquidaciones, en el caso de Gipuzkoa, en su caso: una, inmediata a la muerte del causante, sobre el importe de la herencia no afectado por el poder, y las que correspondan a los sucesivos ejercicios de poder con carácter irrevocable o las adquisiciones derivadas de la extinción de dicho poder por cualquier otra causa.

En todos los casos de herencias que se defieran bajo la figura de un «alkarpoderoso», poder testatorio o usufructo poderoso, se procederá a acumular todas las adquisiciones que concurran en una misma persona sucesora a efectos de la autoliquidación o liquidación del impuesto y de la aplicación de las reducciones en la base imponible previstas. Cabe destacar que las cuotas satisfechas con anterioridad por las liquidaciones o autoliquidaciones acumuladas serán deducibles de la liquidación o autoliquidación practicada que se practique como consecuencia de la acumulación.

‖ Acumulación de adquisiciones hereditarias

> (Artículo 59 de la Norma Foral 2/2022, de 10 de marzo, artículo 56 de la Norma Foral 4/2015, de 25 de marzo y 33 ter de la Norma Foral 11/2005, de 16 de mayo)

En las tres provincias vascas, se considerarán como una sola adquisición hereditaria todos los incrementos de patrimonio que obtenga una persona causahabiente, que sean consecuencia de una misma sucesión respecto a una persona causante determinada, con independencia de que su obtención derive de distintos títulos sucesorios. En tal sentido, se acumularán todas las adquisiciones recibidas de bienes y derechos, ya sean consecuencia de pactos sucesorios, de ejercicios parciales o totales del poder testatorio o de otras causas de extinción del mismo, ya sean dispuestas directamente por la persona testadora en su testamento o por la ley en ausencia de éste. Todos los incrementos de patrimonio se considerarán como una sola adquisición hereditaria a los efectos de la autoliquidación, en el caso de Gipuzkoa, o liquidación, en el caso de Bizkaia y Álava, del impuesto. La cuota tributaria se obtendrá en función de la suma de todas las bases imponibles, aplicando una sola vez las reducciones de la base imponible correspondientes de entre las que se regulan en esta norma foral.

Además, las cuotas satisfechas con anterioridad por las autoliquidaciones acumuladas serán deducibles de la autoliquidación o liquidación, como consecuencia de la acumulación, sin que proceda devolución de cuotas por este motivo.

‖ Reglas de liquidación en las reversiones

> (Artículo 60 de la Norma Foral 2/2022, de 10 de marzo, artículo 57 de la Norma Foral 4/2015, de 25 de marzo y 33 quáter de la Norma Foral 11/2005, de 16 de mayo)

En las tres provincias vascas, en los casos en los que se produzca una reversión de los bienes a favor del instituyente, que hayan sido objeto de transmisión por medio de pacto sucesorio con carga de alimentos, se procederá a practicar una nueva liquidación o autoliquidación, en el caso de Gipuzkoa, con devolución del exceso pagado, en su caso, respecto a la liquidación inicialmente practicada por la transmisión de los bienes objeto de reversión. No procediendo la acumulación de la herencia respecto de los bienes que hayan sido objeto de reversión y se les haya practicado la misma.

‖ Pago de la legítima viudal con entrega de bienes en pleno ‖ dominio

> (Artículo 62 de la Norma Foral 2/2022, de 10 de marzo, artículo 59 de la Norma Foral 4/2015, de 25 de marzo y 33 quinque de la Norma Foral 11/2005, de 16 de mayo)

Cuando en virtud de lo dispuesto en los artículos 839 y 840 del Código Civil o en el artículo 53 de la Ley 5/2015, de 25 de junio, del Derecho Civil Vasco, se hiciese pago al cónyuge superviviente de su haber en forma o concepto distinto del usufructo, se girará una liquidación o autoliquidación, en el caso de Gipuzkoa, sobre la cantidad coincidente del valor comprobado de los bienes o derechos adjudicados y el asignado al usufructo según las reglas del artículo 21, sin que haya lugar, en consecuencia, a practicar liquidación o autoliquidación, en el caso de Gipuzkoa, alguna por la nuda propiedad a las personas herederas ni, en su día, por la extinción del usufructo. Pero cuando el valor de lo adjudicado en forma distinta del usufructo fuese menor o mayor de lo que correspondería al cónyuge viudo, el exceso o diferencia se autoliquidará como exceso de adjudicación a cargo de la persona heredera o de las personas herederas favorecidas en el primer caso, o del cónyuge viudo en el segundo.

|| Repudiación y renuncia a la herencia

(Artículo 34 de la Norma Foral 11/2005, de 16 de mayo; artículo 60 de la Norma Foral 4/2015, de 25 de marzo y artículo 63 de la Norma Foral 2/2022, de 10 de marzo)

La repudiación o renuncia a la herencia produce efectos significativos a la hora de llevar a cabo la liquidación del Impuesto sobre Sucesiones y Donaciones ya que determina un nuevo sujeto pasivo del impuesto: el beneficiario de la renuncia.

En la repudiación o renuncia pura, simple y gratuita de la herencia o legado, los beneficiarios de la misma tributarán por la adquisición de la parte repudiada o renunciada con arreglo a la tarifa que correspondería aplicar al renunciante o al que repudia, a no ser que por el parentesco del causante con el favorecido proceda la aplicación de otra tarifa más gravosa. No obstante, esto no será aplicable a los pactos de renuncia a los que se refiere el artículo 7.1.a). d') de la Norma Foral 11/2005, de 16 de mayo, el artículo 5.c) de la Norma Foral 4/2015, de 25 de marzo, o el artículo 5.1.c) de la Norma Foral 2/2022, de 10 de marzo.

A TENER EN CUENTA. En Bizkaia y Gipuzkoa se establece, asimismo, que, si las personas beneficiarias recibiesen directamente otros bienes de la persona causante, solo se aplicará lo dispuesto en el párrafo anterior cuando la suma de las liquidaciones practicadas por la adquisición separada de ambos grupos de bienes fuese superior a la efectuada sobre el valor de todos, con aplicación a la base liquidable de la tarifa que corresponda al grupo de grado de parentesco de la persona beneficiaria con la causante.

En los demás casos de renuncia en favor de persona determinada se exigirá el impuesto al renunciante, sin perjuicio de lo que deba liquidarse, además, por la cesión o donación de la parte renunciada. No obstante, en los supuestos de pactos de renuncia a la herencia de un tercero de acuerdo con lo establecido en el segundo inciso del artículo 100.2 de la Ley 5/2015, de 25 de junio, de Derecho Civil Vasco, no se exigirá el impuesto a la persona renunciante, que tributó, en su caso, de acuerdo con lo establecido en la norma foral [en el artículo 23.5 de la Norma Foral 11/2005, de 16 de mayo; el artículo 6.f) de la Norma Foral 4/2015, de 25 de marzo; y el artículo 6.f) de la Norma Foral 2/2022, de 10 de marzo], sin perjuicio de la tributación que corresponda a la persona beneficiaria de la renuncia.

En el caso de que la repudia o renuncia se realice una vez prescrito el impuesto, se reputará a efectos fiscales como una donación.

Para que la renuncia del cónyuge sobreviviente a los efectos y consecuencias de la sociedad de gananciales o de la sociedad conyugal resultante del régimen de comunicación foral de bienes produzca el efecto de que los bienes renunciados pasen a formar parte, a los efectos de la liquidación del ISD, del caudal relicto del fallecido, será necesario que la renuncia, además de ser pura, simple y gratuita, se haya realizado por escritura pública y con anterioridad al fallecimiento del causante. No concurriendo estas condiciones se girará liquidación por el concepto de donación del renunciante a favor de los que resulten beneficiados por la renuncia. Esta previsión será también aplicable a las parejas de hecho.

CUESTIONES

1. Una persona fallece en septiembre del año 2023, dejando como única heredera a su hija y a su cónyuge como usufructuaria conforme a la legislación civil aplicable. La hija decide renunciar a la misma de manera pura, simple y gratuita; por lo que, según la legislación aplicable al supuesto, será llamado a la herencia su hijo (nieto de la persona fallecida). ¿Cómo tributa la operación para cada uno de ellos?

Al tratarse de una renuncia pura, simple y gratuita, la renunciante no tributará por el ISD. Sin embargo, el nieto del causante, que se beneficiaría de esa renuncia, sí tendrá que tributar por la adquisición en el ISD.

2. La cónyuge del fallecido decide también renunciar al usufructo vitalicio que le correspondía conforme a la legislación civil aplicable a la herencia, haciéndolo en favor de su nieta. ¿Cómo tributa esta operación?

Al tratarse de una renuncia en favor de persona determinada, se exigirá el impuesto al renunciante, sin perjuicio de lo que deba liquidarse, además, por la cesión o donación de la parte renunciada.

3. En caso de que la hija del causante realice su renuncia específicamente en favor del nieto del causante (que también habría sido el beneficiario único de la renuncia pura y simple según las normas civiles aplicables), ¿será de aplicación el régimen general de la renuncia pura y simple u otro, al realizarse a favor de persona determinada?

El régimen de tributación dependerá del modo en que se haya efectuado la renuncia. Si se trata de una renuncia pura y simple, el nieto beneficiario tributará por una adquisición *mortis causa*; mientras que, si la renuncia es a favor de persona determinada, se tributará conforme a la modalidad de adquisición lucrativa *inter vivos*.

Liquidación de donaciones especiales

(Artículos 35, 36 y 37 de la Norma Foral 11/2005, de 16 de mayo; artículos 61, 62, 63 y 64 de la Norma Foral 4/2015, de 25 de marzo; artículos 64 y 65 de la Norma Foral 2/2022, de 10 de marzo)

‖ Donaciones con causa onerosa y remuneratorias

A nivel estatal, señala el artículo 619 del Código Civil que es también donación la que se hace a una persona por sus méritos o por los servicios prestados al donante, siempre que no constituyan deudas exigibles, o aquella en que se impone al donatario un gravamen inferior al valor de lo donado.

Las donaciones con causa onerosa y las remuneratorias tributarán por tal concepto y por su total importe. Si existieran recíprocas prestaciones o se impusiera algún gravamen al donatario, tributarán por el mismo concepto solamente por la diferencia, sin perjuicio de la tributación que pudiera proceder por las prestaciones concurrentes o por el establecimiento de los gravámenes.

Las cesiones de bienes a cambio de pensiones vitalicias o temporales tributarán como donación por la parte en que el valor de los bienes exceda al de la pensión, calculados ambos en la forma establecida en el Impuesto sobre Transmisiones Patrimoniales y Actos Jurídicos Documentados.

‖ Acumulación de donaciones y demás transmisiones lucrativas

La normativa vasca prevé la posibilidad de que las donaciones y demás transmisiones lucrativas *inter vivos* se acumulen entre sí y con la herencia del transmitente.

Acumulación de donaciones y demás transmisiones lucrativas *inter vivos*

La normativa de los tres territorios señala que las donaciones y demás transmisiones lucrativas *inter vivos* que se otorguen por un mismo donante a un mismo donatario dentro del plazo de tres años, a contar desde la fecha de cada una, y que no hubieran sido declaradas exentas, se considerarán como una sola transmisión a los efectos de la liquidación del impuesto, por lo que la cuota tributaria se obtendrá en función de la suma de todas las bases imponibles. Las cuotas satisfechas con anterioridad por las donaciones y demás transmisiones lucrativas acumuladas serán deducibles de la liquidación que se practique como consecuencia de la acumulación. Añadiendo, por su parte, la norma foral de Bizkaia, la precisión *«sin que proceda devolución de cuotas por este motivo»*.

A estos efectos, la acumulación se practicará sumando el valor de los bienes o derechos donados o transmitidos en los tres años anteriores a la fecha de la donación o transmisión actual.

Las adquisiciones acumuladas se computarán por el valor comprobado en su día para las mismas, aunque hubiese variado en el momento de la acumulación.

CUESTIONES

1. Un contribuyente ha satisfecho, con motivo de una donación que se le realizó por parte de su padre en enero del año 2018, la cantidad de 2.000 euros en concepto de Impuesto sobre Sucesiones y Donaciones. Su padre, de nuevo, le realiza una donación, con fecha de enero del año 2020. ¿cómo tributa esta donación?

La donación, por haberse realizado dentro del plazo de tres años que corre desde enero de 2018 a enero 2021, tributará una sola, como acumulación de donaciones. La cuota tributaria se obtendrá en función de la suma de todas las bases imponibles y las cuotas satisfechas con anterioridad por la donación acumulada serán deducibles de la liquidación que se practique como consecuencia de la acumulación.

2. En caso de que su padre le hubiese realizado de nuevo dos donaciones, una en febrero del año 2021 y otra en febrero de 2023, ¿cómo tributarían?

La acumulación de donaciones funciona de manera individual para cada una de las nuevas donaciones. El período de tres años cuenta con efectos únicamente para la donación objeto de tributación, es decir, se consignará con aquellas con las que coincida en un margen temporal de tres años hacia delante y hacia atrás desde el momento en que se produzca la donación.

Por tanto, la donación que se realizó en febrero del año 2021 coincidiría únicamente con la donación realizada en enero de 2020. La donación que se realizó en febrero de 2023 coincidirá únicamente con la que se realizó en febrero del año 2021.

Acumulación de donaciones y demás transmisiones lucrativas *inter vivos* y de adquisiciones *mortis causa*

Las donaciones y demás transmisiones lucrativas equiparables y las transmisiones sucesorias por cualquier título que se cause por el donante a favor del donatario, salvo que se trate de adquisiciones *mortis causa* de los bienes declarados exentos (y correspondan a los grupos II y III, en el caso de Gipuzkoa), se considerarán a los efectos de determinar la cuota tributaria como una sola adquisición siempre que el plazo que medie entre ellas no exceda de tres años en Álava y cuatro años en Bizkaia y Gipuzkoa. La cuota tributaria se obtendrá en función de la suma de todas las bases imponibles. Las cuotas satisfechas con anterioridad por las adquisiciones acumuladas serán deducibles de lo ingresado (precisando Álava y Bizkaia, a diferencia de Gipuzkoa, que, ello, «*sin que proceda devolución de cuotas por este motivo*»).

Si las donaciones o transmisiones anteriores se hubiesen realizado por ambos cónyuges de bienes comunes de la sociedad conyugal y la nueva la realizase uno solo de ellos de sus bienes privativos, la acumulación afectará solo a la parte proporcional del valor de la donación o transmisión anterior imputable al cónyuge nuevamente donante.

> **A TENER EN CUENTA.** Lo señalado será también de aplicación a las parejas de hecho.

Las adquisiciones acumuladas se computarán por el valor comprobado en su día para las mismas, aunque hubiese variado en el momento de la acumulación.

CUESTIÓN

El padre de la cuestión anterior fallece el 3 de marzo de 2024. ¿Cómo tributa la adquisición por el hijo de los bienes y derechos de la herencia?

Se acumulará al valor de los bienes y derechos heredados el valor de las donaciones realizadas en los tres o cuatro años anteriores (según la provincia). Es decir, se acumularán las donaciones realizadas desde el 3 de marzo de 2020 o de 2021 (según la provincia).

1.5. Base imponible

¿Qué bienes y derechos conforman la base imponible del ISD en el País Vasco?

(Artículo 13 de la Norma Foral 11/2005, de 16 de mayo; artículo 19 de la Norma Foral 4/2015, de 25 de marzo; artículo 18 de la Norma Foral 2/2022, de 10 de marzo)

La base imponible en el ámbito tributario se define como la magnitud dineraria o en especie que resulta de la medición o valoración del hecho imponible.

Como ya hemos definido, el hecho imponible en el ISD se configura por la transmisión a título gratuito de bienes o derechos, bien por causa de fallecimiento, bien por donación u otra transmisión *inter vivos* lucrativa equiparable, bien por ser beneficiario de un seguro sobre la vida cuando el contratante sea persona distinta del beneficiario.

Así, para cada uno de estos hechos imponibles se configuran una serie de cargas, deudas y gastos deducibles. En particular:

- En las transmisiones *mortis causa*, el valor neto de la adquisición individual de cada causahabiente, entendiéndose como tal el valor real de los bienes y derechos minorado por las cargas, deudas y gastos que sean deducibles conforme a la norma foral de aplicación.
- En las donaciones y demás transmisiones lucrativas *inter vivos* equiparables, el valor neto de los bienes y derechos adquiridos, entendiéndose como tal el valor real de los bienes y derechos minorado por las cargas y deudas que sean deducibles conforme a la norma foral de aplicación.
- En los seguros sobre la vida, las cantidades percibidas por cada beneficiario.

Por otro lado, con carácter general, la base imponible se determinará en régimen de estimación directa sin más excepciones que las determinadas en la norma foral de cada territorio y en las normas reguladoras del régimen de estimación indirecta de bases imponibles.

1.5.1. Sucesiones. Base imponible en adquisiciones *mortis causa*

Reglas especiales en el P. Vasco para la determinación de la base imponible en las adquisiciones *mortis causa*

El esquema de liquidación del impuesto determina una serie de reglas especiales aplicables a las adquisiciones *mortis causa*. Así, los pasos a seguir serán, básicamente, son los siguientes:

- Determinación del caudal relicto bruto. Integrado por los bienes que integren la herencia del fallecido conforme a la normativa civil y los bienes que deban adicionarse por aplicación de la normativa tributaria.

- Determinación del caudal relicto neto. Deducción del pasivo formado por las cargas, deudas y gastos deducibles.

- Determinación de la porción hereditaria individual de cada causahabiente. Se aplicarán al caudal hereditario neto las disposiciones recogidas en el testamento o, en su defecto, las normas que hayan de regir la sucesión para fijar la cuota hereditaria individual de cada sujeto pasivo.

- Adición, en su caso, de seguros de vida y acumulación de donaciones que procedan.

|| Determinación del caudal hereditario

El caudal relicto se define por la Real Academia Española (RAE) como el conjunto de bienes, derechos, acciones y deudas que deja una persona a su fallecimiento y que constituyen su herencia. Dejando de lado cualquier vicisitud jurídica sobre los bienes que forman parte o no de dicho caudal relicto, a todos ellos les será de aplicación las normas generales contenidas en la normativa foral sobre cargas, deudas y gastos deducibles.

En las adquisiciones *mortis causa*, a efectos de determinar la participación individual de cada causahabiente, se presumirá que forman parte del caudal hereditario del causante los bienes que resulten adicionados por el juego de las presunciones establecidas en cada norma foral, salvo que con arreglo a las mismas deban ser imputados en la base imponible de personas determinadas. Sin embargo, esto no se aplicará para determinar la participación individual de aquellos causahabientes a quienes el testador hubiese atribuido bienes determinados con exclusión de cualesquiera otros del caudal hereditario.

Asimismo, Bizkaia y Gipuzkoa prevén que, en el caso de que el testador les atribuyera bienes determinados y una participación en el resto de la masa hereditaria, se les computará la parte de bienes adicionados que proporcionalmente les corresponda, según su participación en el resto de la masa hereditaria. En el caso de los legados en los que por disposición testamentaria se ordene que la entrega sea libre del impuesto, o que el pago de este sea con cargo a la herencia, el importe del impuesto no incrementará la base imponible de la liquidación a girar a cargo del legatario y no será deducible, en ningún caso, a los efectos de determinar la de los demás causahabientes.

Si los interesados rechazasen la incorporación al caudal hereditario de bienes y derechos en virtud de estas presunciones, se excluirá el valor de éstos de la base imponible, hasta la resolución definitiva en vía administrativa de la cuestión suscitada.

Además, Álava señala que serán aplicables, en su caso, las presunciones de titularidad o cotitularidad contenidas en la Norma Foral General Tributaria y en la normativa del IRPF y del IP; especialmente se presumirá, salvo prueba en contrario, que los bienes y valores depositados por el causante bajo cualquier tipo de contrato, civil o mercantil, en forma indistinta con otros titulares, les pertenecen por partes iguales. Y, por su parte, Bizkaia y Gipuzkoa prevén que serán de aplicación, en su caso, las presunciones de titularidad o cotitularidad contenidas en la Norma Foral General Tributaria del Territorio Histórico y en la Norma Foral del IP.

‖ Determinación del valor neto de la participación individual

Por otra parte, para poder fijar el valor neto de la participación individual de cada causahabiente se deducirán del valor de los bienes y derechos, conforme a lo establecido en el artículo 14 del Decreto Foral 74/2006, de 29 de noviembre, el artículo 30 de la Norma Foral 4/2015 de 25 de marzo, y el artículo 30 de la Norma Foral 2/2022, de 10 de marzo:

- El de las cargas o gravámenes que pesaren sobre los mismos y que sean deducibles.
- El de las deudas que reúnan las condiciones exigidas para su deducción.
- El de aquellos que disfruten de algún beneficio fiscal en su adquisición.
- El importe de los gastos deducibles.

A TENER EN CUENTA. Cuando los bienes afectados por la carga (o los que disfruten del beneficio fiscal en su adquisición) hayan sido atribuidos por el testador en favor de persona determinada, o cuando, por disposición del mismo, el pago de la deuda quede a cargo de uno de los causahabientes, la deducción afectará solo a la persona o causahabientes de que se trate.

‖ Cargas y deudas deducibles

(Artículos 16 y 17 de la Norma Foral 11/2005, de 16 de mayo; artículos 31 y 32 de la Norma Foral 4/2015, de 25 de marzo; artículos 31 y 32 de la Norma Foral 2/2022, de 10 de marzo)

Del valor real de los bienes únicamente serán deducibles las **cargas** o gravámenes de naturaleza perpetua, temporal o redimibles que aparezcan directamente establecidos sobre los mismos y disminuyan realmente su capital o valor, como los censos y las pensiones, sin que merezcan tal consideración las cargas que constituyan obligación personal del adquirente ni las que, como las hipotecas y las prendas, no suponen disminución del valor de lo transmitido, sin perjuicio, en su caso, de que las deudas que garanticen puedan ser deducidas si concurren los requisitos que luego se verán.

Cuando en los documentos presentados no constase expresamente la duración de las pensiones, cargas o gravámenes deducibles, se considerará ilimitada.

En particular, se entenderá como valor del censo, a efectos de su deducción, el del capital que deba entregarse para su redención según las normas de la legislación civil. A dichos efectos, el valor de las pensiones se obtendrá capitalizándolas al interés legal del dinero, tomando del capital resultante aquella parte que, según las reglas establecidas para valorar los usufructos, corresponda a la edad del pensionista, si la pensión es vitalicia, o la duración de la pensión si es temporal. En la valoración de las pensiones temporales que no se extingan al fallecimiento del pensionista, no regirá el límite fijado en la de los usufructos. En corrección del valor así obtenido, el interesado podrá solicitar la práctica de la tasación pericial contradictoria.

Al extinguirse la pensión, el adquirente del bien vendrá obligado a satisfacer el impuesto correspondiente al capital deducido según la tarifa vigente en el momento de la constitución de aquella.

Por lo que se refiere a las **deudas deducibles**, en las transmisiones *mortis causa*, a efectos de la determinación del valor neto patrimonial, podrán deducirse, además de las deudas del causante reconocidas en sentencia judicial firme, las demás que dejase contraídas el causante de la sucesión siempre que su existencia se acredite por documento público o por documento privado que reúna los requisitos del artículo 1.227 del Código Civil o se justifique de otro modo la existencia de aquella, salvo las que lo fuesen a favor de los herederos o de los legatarios de la parte alícuota y de los cónyuges, miembros de las parejas de hecho, ascendientes, descendientes o hermanos de aquellos aunque renuncien a la herencia. La Administración tributaria podrá exigir que se ratifique la deuda en documento público por los herederos, con la comparecencia del acreedor.

En especial, serán deducibles las cantidades que adeude el causante por razón de tributos del Estado, de la diputación foral de que se trate u otras diputaciones forales, de comunidades autónomas o de corporaciones locales o por deudas de la Seguridad Social y que se satisfagan por los herederos, albaceas o administradores del caudal hereditario, aunque correspondan a liquidaciones giradas después del fallecimiento.

En el caso de Bizkaia y Gipuzkoa la norma foral señala, asimismo, que, para la deducción de las deudas del causante que se pongan de manifiesto después de ingresado el Impuesto sobre Sucesiones y Donaciones, se seguirá el procedimiento establecido reglamentariamente.

|| Gastos deducibles

(Artículo 18 de la Norma Foral 11/2005, de 16 de mayo; artículo 33 de la Norma Foral 4/2015, de 25 de marzo; artículo 33 de la Norma Foral 2/2022, de 10 de marzo)

Asimismo, se considerarán gastos deducibles en las adquisiciones *mortis causa*:

- Los gastos que, cuando la testamentaria o el abintestato adquieran carácter litigioso, se ocasionen en el litigio en interés común de todos los herederos por la representación legítima de dichas testamentarías o abintestatos, siempre que resulten debidamente justificados con testimonio de los autos; y los de arbitraje, en las mismas condiciones, acreditados por testimonio de las actuaciones.

- Los gastos de última enfermedad, entierro y funeral, en cuanto se justifiquen. En las normas forales de Álava y Gipuzkoa se indica que los gastos de entierro y funeral deberán guardar, además, la debida proporción con el caudal hereditario, conforme a los usos y costumbres de la localidad (siendo deducibles hasta ese límite).

- No serán deducibles los gastos que tengan su cauda en la administración del caudal relicto.

CUESTIONES

1. Una persona fallece en Bizkaia en febrero de 2023, siendo su única hija la heredera de todos sus bienes y derechos. Dicha persona tenía una deuda con un tercero, quien, tras la aceptación de la herencia, reclama el pago a la heredera. Esta decide cancelar la deuda mediante la cesión de un inmueble de la herencia de su padre. ¿Podría considerarse esta deuda como deducible para el cálculo de la cuota a pagar del ISD?

Sí, la deuda adecuadamente justificada tendrá la consideración de deducible a efectos del ISD.

2. Un año después de la dación en pago del inmueble y de la presentación de la autoliquidación por parte de la hija, se le notifica a esta una deuda de su padre de la que no se tenía constancia en el momento de presentación de la autoliquidación. La cuota a pagar resultante de la autoliquidación fue de 15.000 euros y el montante acreditado de la deuda es de 12.000 euros. La deuda tributaria se ha saldado. ¿Puede hacer algo la hija del fallecido con respecto a esa nueva deuda?

Sí, podrá deducir la deuda puesta de manifiesto con posterioridad al ingreso del ISD conforme a lo previsto en el artículo 5 del Decreto Foral de la Diputación Foral de Bizkaia 58/2015, de 21 de abril. La hija tendrá que presentar un escrito ante la Administración tributaria solicitando la rectificación correspondiente, acompañado de los documentos acreditativos de la existencia de la deuda o del pago de la misma realizado con posterioridad al ingreso de las liquidaciones o autoliquidaciones. Si se estimase acreditada fehacientemente la existencia o el pago de la deuda, se adoptará el acuerdo en el que se reconozca el derecho a la devolución de la porción del impuesto que corresponda; en caso contrario, se adoptará acuerdo denegatorio. En ambos supuestos, el acuerdo se notificará a los interesados y será recurrible en reposición y en vía económico-administrativa. Por lo demás, la deducción se hará efectiva mediante la devolución, sin intereses de demora, de la porción de impuesto que corresponda al importe de la deuda no deducida, entendiéndose por tal la diferencia que exista entre la cantidad ingresada y la que se hubiese ingresado si al practicar la liquidación o la autoliquidación se hubiese deducido el importe de la deuda.

|| Bienes adicionables

(Artículos 11 y 15 de la Norma Foral 11/2005, de 16 de mayo; artículos 23 a 29 de la Norma Foral 4/2015, de 25 de marzo; artículos 22 a 29 de la Norma Foral 2/2022, de 10 de marzo)

En las adquisiciones *mortis causa*, a efectos de la determinación de la participación individual de cada causahabiente, se presumirá que forman parte del caudal hereditario, los siguientes bienes:

- Bienes que hubiesen pertenecido al causante hasta un año antes del fallecimiento.
- Bienes y derechos que se hubieran adquirido en usufructo por el causante en los tres años anteriores al fallecimiento.
- Bienes que hubiese transmitido el causante su nuda propiedad en los cuatro años anteriores al fallecimiento.
- Bienes derivados de supuestos de endoso de valores o efectos.
- Exclusión de la adición y deducción del ITPyAJD.

A continuación, se desarrollan las anteriores categorías.

Bienes que hubiesen pertenecido al causante hasta un año antes del fallecimiento

En las adquisiciones por causa de muerte se presumirá que forman parte del caudal hereditario los bienes de todas clases que hubiesen pertenecido al causante de la sucesión hasta un año antes del fallecimiento, salvo prueba fehaciente de que tales bienes fueron transmitidos por aquel y de que se hallan en poder de persona distinta de un heredero, legatario, pariente dentro del tercer grado o cónyuge de cualquiera de ellos o del causante.

Esta presunción quedará desvirtuada mediante la justificación suficiente de alguna de las siguientes circunstancias:

- Que en el caudal figuren incluidos, con valor equivalente, el metálico u otros bienes subrogados en el lugar de los desaparecidos.
- En el caso de Bizkaia y Gipuzkoa, de que quien los posea los adquirió a título lucrativo y obtuvo alguna de las exenciones tributarias previstas.

A estos efectos, se presumirá que los bienes pertenecieron a la persona causante si figurasen a su nombre en depósitos, cuentas corrientes o de ahorro, préstamos con garantía o en otros contratos similares o bien inscritos a su nombre en los catastros o registros de carácter público. La no justificación de la existencia de dinero o de bienes subrogados no obstará al derecho de las personas interesadas para probar la realidad de la transmisión.

La adición realizada al amparo de esta presunción afectará a todos los causahabientes en la misma proporción en que fuesen herederos, salvo que fehacientemente se acredite la transmisión a alguna de las personas indicadas en primer párrafo, en cuyo caso afectará solo a esta, que asumirá a efectos fiscales, si ya no la tuviese, la condición de heredero o legatario.

> **CUESTIÓN**
>
> **Una persona vende a un tercero un inmueble en mayo de 2023. Dicha persona fallece en enero de 2024, dejándole a su hijo el resto de sus bienes y derechos, sin haber percibido todavía el pago del inmueble vendido. ¿Debe incluirse el bien inmueble donado en 2023 dentro de la relación de bienes a liquidar en la sucesión?**
>
> Sí, debe incluirse. Una de las circunstancias que desvirtúan la presunción viene dada por que figuren en el caudal, con valor equivalente, el dinero u otros bienes subrogados en el lugar de los desaparecidos. Por lo tanto, como en este caso no se había percibido el pago en la fecha de presentación del impuesto, el valor del inmueble debe adicionarse a la masa hereditaria del causante, salvo que se pruebe la realidad de la transmisión.

Bienes y derechos que se hubieran adquirido en usufructo por el causante en los tres años anteriores al fallecimiento

En las adquisiciones *mortis causa* se presumirá que forman parte del caudal hereditario los bienes y derechos que, durante los tres años anteriores al fallecimiento del causante, hubiesen sido adquiridos por éste a título oneroso en usufructo y en nuda propiedad por un heredero, legatario, pariente dentro del tercer grado, cónyuge o pareja de hecho de cualquiera de ellos o del causante. Esta presunción quedará desvirtuada mediante la justificación suficiente de que el adquirente de la nuda propiedad satisfizo al transmitente el dinero o le entregó bienes o derechos de valor equivalente, suficientes para su adquisición. La no justificación de la existencia de dinero o de bienes subrogados no obstará al derecho de los interesados para probar la realidad de la transmisión onerosa.

La adición realizada al amparo de esta presunción perjudicará exclusivamente al adquirente de la nuda propiedad al que se le liquidará por la adquisición *mortis causa* del pleno dominio del bien o derecho de que se trate. La práctica de esta liquidación excluirá la que hubiese correspondido por la consolidación del pleno dominio.

> **CUESTIÓN**
>
> **En agosto de 2022, Antonio adquirió por compraventa el usufructo de un bien inmueble y su hijo la nuda propiedad del mismo bien, pero este último no abonó ningún tipo de contraprestación. Con el fallecimiento de Antonio en enero de 2024, su hijo, como único heredero, ¿debe incluir el bien inmueble en el caudal hereditario a la hora de liquidar el ISD?**
>
> Sí, puesto que resultará de aplicación la presunción de que forma parte del caudal hereditario, salvo que se pruebe la realidad de la transmisión onerosa. No en vano, en los tres años anteriores al fallecimiento, el causante había adquirido el usufructo del bien a título oneroso y el hijo la nuda propiedad sin haber satisfecho ninguna contraprestación a cambio.

Bienes que hubiese transmitido el causante su nuda propiedad en los cuatro años anteriores al fallecimiento

Se presumirá que forman parte del caudal hereditario los bienes y derechos transmitidos por el causante a título oneroso durante los cuatro años anteriores a su fallecimiento, reservándose el usufructo de los mismos o de otros del adquirente, o cualquier otro derecho vitalicio, salvo cuando la transmisión se realice a consecuencia de un contrato de renta vitalicia celebrado con una entidad dedicada legalmente a este género de operaciones. Esta presunción quedará desvirtuada mediante la justificación suficiente de que en el caudal hereditario figuran dinero u otros bienes recibidos en contraprestación de la transmisión de la nuda propiedad por valor equivalente. La no justificación de la existencia de dinero o de bienes subrogados no obstará al derecho de los interesados para probar la realidad de la transmisión.

La adición realizada al amparo de esta presunción perjudicará exclusivamente al adquirente de la nuda propiedad, que será considerado como legatario si fuese persona distinta de un heredero y al que se liquidará por la adquisición *mortis causa* del pleno dominio del bien o derecho de que se trate. La práctica de esta liquidación excluirá la que hubiese correspondido por la consolidación del pleno dominio.

CUESTIONES

1. Una persona tiene la propiedad de un bien inmueble situado en el barrio donde ha vivido toda su vida. Con fecha de julio de 2020 decide transmitir dicho bien inmueble a su hijo, quedándose él con el usufructo vitalicio del mismo. Dicha persona fallece en enero de 2023 y a fecha de su muerte su hijo todavía no había pagado la contraprestación debida por el inmueble. ¿Debe el hijo incluir en la masa hereditaria de su padre el valor del bien inmueble que le fue transmitido?

Sí, el hecho de que no se haya satisfecho a fecha de devengo del impuesto la contraprestación determina la aplicación de la presunción que establece la inclusión del valor del inmueble en la masa hereditaria de la persona.

2. Si el hijo hubiese satisfecho la contraprestación con anterioridad al fallecimiento de su padre, ¿debería incluir el valor del inmueble en la declaración?

De haber realizado el pago total de la contraprestación con anterioridad al fallecimiento de su padre no tendría que adicionar el bien inmueble a la masa hereditaria.

3. La persona fallecida estuvo planteándose la posibilidad de transmitir la propiedad del inmueble a una entidad en contraprestación de la obtención de una renta vitalicia. La entidad dedica su actividad habitual a este tipo de operaciones. ¿Sería diferente la tributación del hijo en caso de haberse elegido esta opción?

Sí, el bien inmueble ya no formaría parte de la masa hereditaria ni podría adicionarse.

Bienes derivados de supuestos de endoso de valores o efectos

En las adquisiciones *mortis causa,* se presumirá que forman parte del caudal hereditario los valores y efectos depositados cuyos resguardos se hubieren endosado, si con anterioridad al fallecimiento del endosante no se hubieren retirado aquellos o tomado razón del endoso en los libros del depositario, y los valores nominativos que hubieren sido igualmente objeto de endoso, si la transferencia no se hubiere hecho constar en los libros de la entidad emisora con anterioridad también al fallecimiento de la persona causante.

No tendrá lugar esta presunción cuando conste de un modo suficiente que el precio o equivalencia del valor de los bienes o efectos transmitidos se ha incorporado al patrimonio de la persona vendedora o cedente y figura en el inventario de su herencia, que ha de ser tenido en cuenta para la liquidación del impuesto, o si se justifica suficientemente que la retirada de valores o efectos o la toma de razón del endoso no ha podido verificarse con anterioridad al fallecimiento de la persona causante por causas independientes de la voluntad de esta y de la endosataria. Lo dispuesto en este párrafo se entenderá sin perjuicio de que la adición pueda tener lugar al amparo de los apartados anteriores.

La adición realizada afectará exclusivamente a la persona endosataria de los valores, que será considerada como legataria si no tuviese la condición de heredera.

> **CUESTIÓN**
>
> **Una persona fallece en marzo de 2023, dejando sus bienes y derechos a su hija y única heredera. Entre los derechos de ella constaban, a fecha de devengo del impuesto, valores que se endosaron en agosto de 2022 y que aún no se han cobrado. ¿Debe la hija incluirlos en la masa hereditaria de la persona a efectos de liquidar el ISD?**
>
> Sí, los valores y efectos depositados que se encuentren endosados y no se hubiesen retirado con anterioridad al fallecimiento del causante formarán parte de la masa hereditaria de este último, debiendo integrar sus herederos el valor correspondiente a la hora de presentar declaración por el ISD (salvo prueba en contrario en los términos antes indicados).

Exclusión de la adición y deducción del ITPyAJD

No habrá lugar a las adiciones ahora mencionadas cuando por la transmisión onerosa de los bienes se hubiese satisfecho por el Impuesto sobre Transmisiones Patrimoniales y Actos Jurídicos Documentados una cantidad superior a la que resulte de aplicar a su valor comprobado al tiempo de la adquisición el tipo medio efectivo que correspondería en el Impuesto sobre Sucesiones y Donaciones al heredero o legatario afectado por la presunción, si en la liquidación se hubiese incluido dicho valor.

Si la cantidad ingresada por el ITPyAJD fuese inferior, habrá lugar a la adición, pero el sujeto pasivo tendrá derecho a que se le deduzca de la liquidación practicada por el ISD lo satisfecho por aquel.

Presunción sobre la proporción atribuible al causante en bienes en situación de indivisión

La participación atribuible al causante en bienes que estén integrados en herencias yacentes, comunidades de bienes y demás entidades que, carentes de personalidad jurídica, constituyan una unidad económica o un patrimonio separado, se adicionará el caudal hereditario en la proporción que resulta de las normas que sean aplicables o de los pactos entre los interesados y, si estos no constasen a la Administración en forma fehaciente, en proporción al número de interesados.

1.5.2. Donaciones. Base imponible en adquisiciones *inter vivos*

Reglas especiales en el P. Vasco para la determinación de la base imponible en las transmisiones lucrativas *inter vivos*

(Artículos 19 y 20 de la Norma Foral 11/2005, de 16 de mayo; artículos 34 y 35 de la Norma Foral 4/2015, de 25 de marzo; artículos 34, 35 y 36 de la Norma Foral 2/2022, de 10 de marzo)

En las donaciones o negocios jurídicos a título lucrativo equiparables a ellas, constituirá la base imponible del ISD el valor neto de los bienes y derechos adquiridos, entendiéndose como tal el valor real de los bienes y derechos minorado por las cargas y deudas que sean deducibles.

|| Cargas deducibles

En las donaciones y demás transmisiones lucrativas *inter vivos* equiparables, del valor real de los bienes y derechos adquiridos se deducirán las cargas que reúnan los requisitos establecidos para el supuesto de adquisiciones *mortis causa*.

|| Deudas deducibles

Del valor de los bienes o derechos donados o adquiridos por otro título lucrativo *inter vivos* equiparable, solo serán deducibles las deudas que estuviesen garantizadas con derechos reales que recaigan sobre los mismos bienes o derechos transmitidos, en el caso de que el adquirente haya asumido fehacientemente la obligación de pagar la deuda garantizada.

Además, si el adquirente no asumiese fehacientemente esta obligación no será deducible el importe de la deuda, sin perjuicio del derecho a la devolución de la porción de la cuota tributaria correspondiente a dicho importe, si acreditase fehacientemente el pago de la deuda por su cuenta dentro del plazo de prescripción del impuesto.

> **CUESTIÓN**
>
> Un padre quiere donar a su hijo el inmueble donde este último reside actualmente con su pareja y que es de su propiedad. El valor del inmueble es de 200.000 euros, pero sobre él pesa todavía una hipoteca por valor de 15.000 euros ¿Qué valor debe consignar el hijo a la hora de presentar declaración por el ISD?
>
> En caso de donación, se permite la deducción de deudas garantizadas con derechos reales, como sería una hipoteca, que recaigan sobre los mismos bienes o

derechos transmitidos, cuando el adquirente haya asumido fehacientemente la obligación de pago de la deuda garantizada. Por lo tanto, si se cumplen esos requisitos, los 15.000 euros pendientes de la deuda garantizada con la hipoteca sí serían deducibles en el impuesto.

1.5.3. Reglas especiales aplicables a los seguros

¿Cuáles son las reglas especiales establecidas para los seguros en el ISD?

(Artículo 20 bis de la Norma Foral 11/2005, de 16 de mayo; artículo 36 de la Norma Foral 4/2015, de 25 de marzo; y artículo 37 de la Norma Foral 2/2022, de 10 de marzo)

Para la liquidación del ISD por las cantidades percibidas como consecuencia de seguros, en caso de matrimonio, se establecen las siguientes reglas especiales:

- Cuando el seguro se hubiera contratado por cualquiera de los cónyuges con cargo a la sociedad de gananciales y la persona beneficiaria fuese el cónyuge supérstite, ascendiente y descendiente por consanguinidad, la base imponible estará constituida por la totalidad de la cantidad percibida. Lo anterior será igualmente de aplicación a las parejas de hecho cuando el régimen económico patrimonial establecido por los miembros de la pareja sea el de gananciales.

- También resultará de aplicación lo anterior cuando el régimen económico del matrimonio o de la citada pareja de hecho hubiera sido el de comunicación foral de bienes regulado en la Ley 5/2015, de 25 de junio, de Derecho civil vasco, y el seguro se hubiese contratado con cargo a los bienes ganados o a bienes procedentes del cónyuge o miembro de la pareja de hecho fallecido, siempre que en este último caso se hubiera producido la consolidación de la comunicación foral de bienes establecida en el artículo 132 de la citada Ley 5/2015, de 25 de junio, de Derecho civil vasco.

1.5.4. Usufructos y otras instituciones

¿Cómo tributa el usufructo e instituciones similares a este en el ISD en el País Vasco?

(Artículo 13 de la Norma Foral 11/2005, de 16 de mayo, y artículos 29 y 30 del Decreto Foral 74/2006, de 29 de noviembre; artículos 22, 49 y 50 de la Norma Foral 4/2015, de 25 de marzo; artículos 21, 51 y 52 de la Norma Foral 2/2022, de 10 de marzo)

A nivel estatal, el usufructo se define en el artículo 467 del Código Civil como aquel derecho que faculta para disfrutar los bienes ajenos con la obligación de conservar su forma y sustancia, a no ser que el título de su constitución o la ley autoricen otra cosa. Puede constituirse por la ley, por la voluntad de los particulares manifestada en actos *inter vivos* o en última voluntad, así como por prescripción.

Por su parte, el artículo 524 del CC define los derechos de uso y habitación. El uso da derecho a percibir de los frutos de la cosa ajena los que basten a las necesidades del usuario y de su familia, aunque esta aumente; y la habitación faculta a quien tiene este derecho para ocupar en una casa ajena las piezas necesarias para sí y para las personas de su familia.

La normativa foral del ISD establece que, para la determinación del valor a consignar en la autoliquidación o declaración que deba presentarse por el impuesto, se seguirán las siguientes reglas:

- El valor del usufructo temporal se reputará proporcional al valor total de los bienes, a razón del 2 % por cada período de un año, sin exceder del 70 %. Para el cómputo del valor del usufructo temporal no se tendrán en cuenta las fracciones de tiempo inferiores al año, si bien el usufructo por tiempo inferior a un año se computará en el 2 % del valor de los bienes.

- En los usufructos vitalicios se estimará que el valor es igual al 70 % del valor total de los bienes cuando el usufructuario cuente menos de veinte años, minorando, a medida que aumente la edad, en la proporción de un 1 % menos por cada año más, con el límite mínimo del 10 % del valor total.

> **A TENER EN CUENTA.** Para que el cálculo del valor del usufructo vitalicio sea más simple, suele utilizarse la siguiente fórmula para determinar el porcentaje a aplicar: 89 - edad del usufructuario. Aplicándose, evidentemente, los límites mínimo y máximo que acaban de indicarse (10 % y 70 %).

- El valor del derecho de nuda propiedad se computará por la diferencia entre el valor del usufructo y el valor total de los bienes. En los usufructos vitalicios que, a su vez, sean temporales, la nuda propiedad se valorará aplicando, de las reglas anteriores, aquella que le atribuya menor valor.

- Cuando el usufructo se hubiese constituido a favor de una persona jurídica, para determinar el valor de la nuda propiedad atribuida a una persona física, se aplicarán las reglas dispuestas en cada supuesto, sin que en ningún caso pueda computarse para el usufructo un valor superior al 60 % del total atribuido a los bienes. Este mismo porcentaje se tendrá en cuenta cuando la duración del usufructo sea indeterminada.

- En la extinción del usufructo se exigirá el impuesto según el título de constitución.

- El valor de los derechos reales de uso y habitación será el que resulte de aplicar al 75 % del valor de los bienes sobre los que fueron impuestos, las reglas correspondientes a la valoración de los usufructos temporales o vitalicios, según los casos.

Asimismo, se recogen una serie de reglas especiales respecto de los derechos ahora mencionados:

- Al adquirirse los derechos de usufructo, uso y habitación se tributará sobre la base del valor de estos derechos con aplicación, en su caso, de las reducciones que correspondan al adquirente.

- El adquirente de la nuda propiedad liquidará el impuesto teniendo en cuenta el valor correspondiente a aquella, minorado, en su caso, en el importe de las reducciones que correspondan al mismo.

- Sin perjuicio de lo establecido en el punto anterior, en Álava se señala que al extinguirse el usufructo, el primer nudo propietario viene obligado, por el mismo título de adquisición, a pagar por el concepto de extinción de usufructo sobre el tanto por ciento por el que no se haya tributado al adquirirse la nuda propiedad, cuyo porcentaje se aplicará sobre el valor que tuvieren los bienes en el momento de la consolidación del dominio, sin aplicación de reducción alguna y con arreglo a la tarifa y a las reglas de la normativa vigente en tal fecha; la determinación de la tarifa aplicable se realizará atendiendo a las circunstancias de parentesco y discapacidad del primer nudo propietario en el momento de la desmembración del dominio. Por su parte, las normas forales de Bizkaia y Gipuzkoa indican que, sin perjuicio de la liquidación o autoliquidación anterior, al extinguirse el usufructo el primer nudo propietario viene obligado a satisfacer, por este concepto, la liquidación correspondiente sobre el porcentaje del valor total de los bienes por el que no se hubiese satisfecho el impuesto al adquirirse la nuda propiedad; dicho porcentaje se aplicará sobre el valor que tuvieran los bienes en el momento de la consolidación del dominio, y de conformidad con las reglas de la normativa del impuesto vigentes en el momento de la extinción.

- En el supuesto de que el nudo propietario transmitiese su derecho:

  - La normativa de Álava prevé que el adquirente deberá tributar por el tipo de gravamen que corresponda al título de adquisición y sobre la base resultante de aplicar el porcentaje de la nuda propiedad calculado en el momento de desmembración del dominio al valor que tengan los bienes en el momento de la transmisión, minorada, en su caso, con las reducciones que procedan. Sin perjuicio de lo anterior, al consolidarse el pleno dominio en la persona del nuevo nudo propietario, este satisfará el impuesto que hubiera correspondido al primer nudo propietario en los términos antes señalados.

  - Las normas forales de Bizkaia y Gipuzkoa, por su parte, precisan que, con independencia de la autoliquidación que corresponda a la persona adquirente sobre la base del valor que en ese momento tenga la nuda propiedad y por el tipo de gravamen que corresponda al título de adquisición, al consolidarse el pleno dominio en la persona del nuevo nudo propietario, se girará a este o este autoliquidará en base a la que hubiera correspondido al primer nudo propietario de conformidad con lo antes visto.

- Si la consolidación del dominio en la persona del primero o sucesivos nudos propietarios, se produjese por una causa distinta al cumplimiento del plazo previsto o a la muerte del usufructuario, el adquirente solo pagará la mayor de las liquidaciones entre la que se encuentre pendiente por la desmembración del dominio y la correspondiente al negocio jurídico en cuya virtud se extingue el usufructo. Si la consolidación se opera en el usufructuario, este tributará por el negocio jurídico en cuya virtud adquiere la nuda propiedad. Si se operase en un tercero, adquirente simultáneo de los derechos de usufructo y nuda propiedad, únicamente tributará por dichas adquisiciones.

- En los usufructos sucesivos el valor de la nuda propiedad se calculará teniendo en cuenta el usufructo de mayor porcentaje y a la extinción de este usufructo pagará el nudo propietario por el aumento de valor que la nuda propiedad experimente y así sucesivamente al extinguirse los demás usufructos. La misma norma se aplicará al usufructo constituido en favor de los dos cónyuges simultáneamente (o miembros de la pareja de hecho en Bizkaia y Gipuzkoa), pero solo se tributará por consolidación del dominio cuando fallezca el último.

- La renuncia de un usufructo ya aceptado, aunque sea pura y simple, se considerará a efectos fiscales como donación del usufructuario al nudo propietario.

- Si el usufructo se constituye con condición resolutoria distinta de la vida del usufructuario, se tributará según las reglas establecidas para los usufructos vitalicios, a reserva de que, cumplida la condición, se vuelva a tributar, conforme a las reglas establecidas para el usufructo temporal, y se hagan las rectificaciones que procedan en beneficio de la diputación foral o del interesado.

- Al extinguirse los derechos de uso y habitación se exigirá el impuesto al usufructuario, si lo hubiere, en razón al aumento del valor del usufructo, y si dicho usufructo no existiese el nudo propietario tributará por la extinción de los mismos derechos. Si el usufructo se extinguiese antes de los derechos de uso y habitación, el nudo propietario tributará por la consolidación parcial operada por la extinción de dicho derecho de usufructo, en cuanto al aumento que en virtud de la misma experimente el valor de la nuda propiedad.

Finalmente, con respecto a ciertas **instituciones equiparables al derecho de usufructo o uso**, cabe destacar lo siguiente:

- Siempre que como consecuencia de las disposiciones del causante o de la aplicación de las normas civiles reguladoras de la sucesión, se atribuya a una persona el derecho a disfrutar en todo o en parte de los bienes de una herencia, temporal o vitaliciamente, se entenderá a efectos fiscales la existencia de un derecho de usufructo o de uso, valorándose el respectivo derecho, cualquiera que sea su nombre, conforme a las reglas establecidas para los usufructos o derechos de uso temporales o vitalicios. Sin embargo, si el adquirente tuviese el derecho a disponer de los bienes, tributará por el pleno dominio, sin perjuicio de la devolución que proceda de la porción de impuesto que corresponda a la nuda propiedad si se justificara la transmisión de los mismos bienes a la persona indicada por el testador o por la normativa aplicable.

- No obstante, lo anterior, los derechos de usufructo que se deriven de los poderes testatorios o testamentos por comisario regulados en la Ley 5/2015, de 25 de junio, de Derecho Civil Vasco, se regirán por las normas establecidas expresamente para ellos. Asimismo, en Álava, también se exceptúan de lo señalado en el primer punto aquellas instituciones para las que la normativa foral del impuesto establezca un régimen peculiar, tal como sucede con las y los usufructuarios poderosos o las y los comisarios de las herencias que se defieran por usufructo poderoso o por poder testatorio.

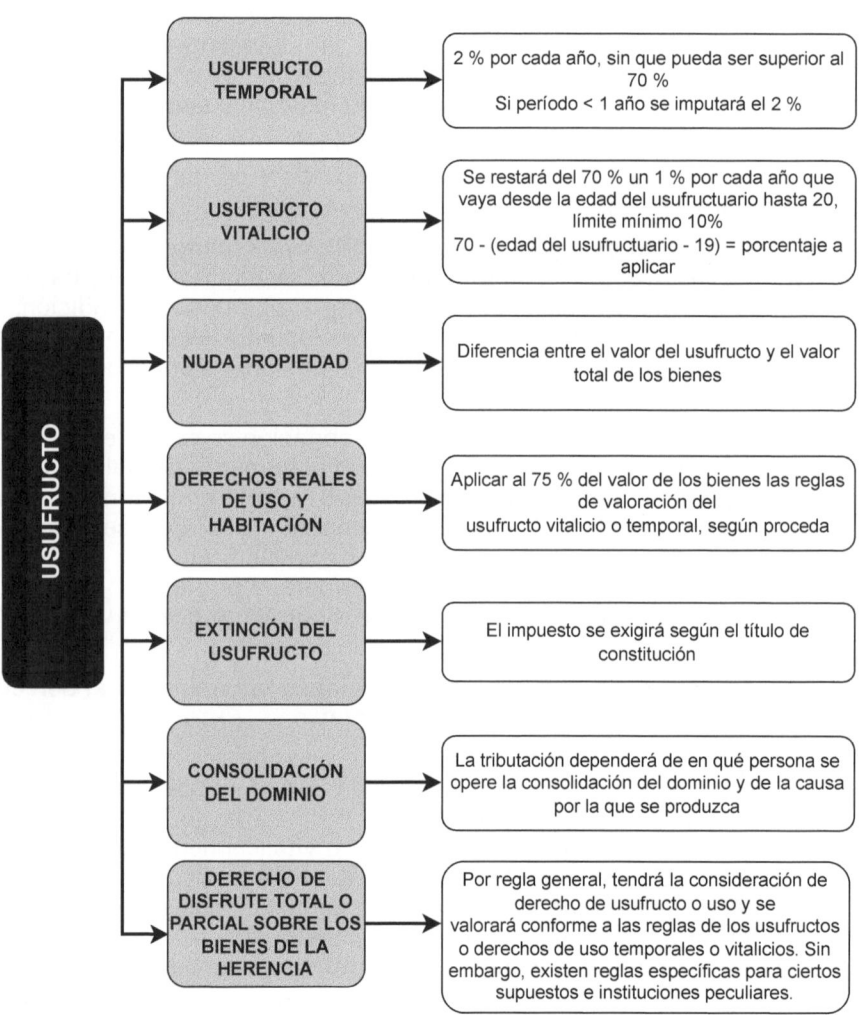

CUESTIONES

1. Una persona, de 45 años de edad, ha adquirido por donación un usufructo temporal por un período inferior al año, sobre una vivienda valorada en 100.000 euros. ¿Qué valor tiene dicho usufructo a efectos del ISD?

Al tratarse de un usufructo temporal por período inferior al año el porcentaje aplicable será del 2 %.

2 % x 100.000 euros = 2.000 euros.

2. Miguel ha adquirido, por herencia de su padre, el usufructo sobre un inmueble valorado en 100.000 euros por un período de 20 años. ¿Qué valor tendrá dicho usufructo a efectos del ISD?

El valor del usufructo temporal se calculará a razón del 2 % por cada año de duración. Por tanto, el porcentaje a aplicar será del 40 % sobre el valor total del bien inmueble.

40 % x 100.000 euros = 40.000 euros.

3. En su testamento, Laura constituyó tres usufructos vitalicios sobre diversos inmuebles de su propiedad: uno a favor de su hijo mayor (de 35 años), otro a favor de su hijo menor (de 15 años) y un tercero a favor de su tía (de 85 años). Todos los inmuebles tienen un valor total de 100.000 euros cada uno. ¿Qué valor atribuirá cada uno de los usufructuarios a su usufructo a la hora de liquidar el ISD?

Todos ellos se calcularán aplicando la misma regla: valor de los bienes x [70 - (edad del usufructuario - 19)], con el límite de que el porcentaje mínimo a aplicar será del 10 %.

Así, el hijo pequeño, al ser menor de 20 años, aplicará el porcentaje máximo que se podría aplicar, el 70 %. El valor de su usufructo será de 70.000 euros.

El hijo mayor aplicará el porcentaje siguiente: 70 - (35 - 19) = 54 %, con lo que el valor de su usufructo será de 54.000 euros.

En el caso de la tía de 85 años, el porcentaje a aplicar será el siguiente: 70 - (85 - 19) = 4 %. Ahora bien, la LISD establece un porcentaje mínimo a aplicar del 10 %, por lo que será este el que deba aplicarse, así que el valor de su usufructo será de 10.000 euros.

4. A su fallecimiento, Alejo ha dejado a su hija la nuda propiedad de la vivienda en la que residía y a su esposa, de 70 años, su usufructo vitalicio. La vivienda tiene un valor de 100.000 euros. ¿Qué valor han de computar la hija y la viuda por los derechos que reciben sobre dicha vivienda?

El valor de la nuda propiedad será la diferencia entre el valor total de los bienes y el del usufructo constituido a favor de la esposa del causante. El valor del usufructo de la viuda será el resultado de aplicar al valor de los bienes el porcentaje que se determine en función del siguiente cálculo: 70 - (70 - 19) = 19 %.

Por lo tanto, el valor del usufructo por el que ha de tributar la madre será de 19.000 euros.

Por su parte, el valor de la nuda propiedad será igual a la diferencia entre el valor total de la vivienda (100.000 euros) y el valor del usufructo (19.000 euros), esto es, 81.000 euros.

> **5. Una persona dona a su hermana, soltera y de 70 años, el derecho de habitación durante 10 años sobre un inmueble de su propiedad, valorado en 100.000 euros. ¿Qué valor tendría ese derecho de habitación a efectos del ISD?**
>
> En este caso, el valor del derecho de habitación se calculará aplicando al 75 % del valor del bien (75.000 euros) las reglas establecidas para la valoración de los usufructos temporales o vitalicios, según el caso.
>
> Así las cosas, se aplicarían las reglas de cálculo del usufructo temporal, en este supuesto con una duración de 10 años, por lo que el porcentaje correspondiente sería del 20 % (2 % x 10 años). El valor de los derechos de uso y habitación sería del 20 % de 75.000 euros, es decir, 15.000 euros.

1.6. Base liquidable

Concepto de base liquidable en el ISD en el P. Vasco

(Artículo 22 de la Norma Foral 11/2005, de 16 de mayo; artículos 42 y siguientes de la Norma Foral 4/2015, de 25 de marzo; artículos 43 y siguientes de la Norma Foral 2/2022, de 10 de marzo)

La base liquidable es la magnitud resultante de practicar, en su caso, en la base imponible las reducciones establecidas en la Norma Foral de cada tributo. En el caso de que no proceda la aplicación de reducciones, la base liquidable coincidirá con la base imponible.

La base liquidable que se obtenga no podrá ser negativa.

1.6.1. Equiparaciones

Equiparaciones para la aplicación de determinadas reducciones

En el caso de Álava, la disposición adicional segunda de la Norma Foral 11/2005, de 16 de mayo, establece que, a sus efectos:

- Se equipararán a los adoptados las personas objeto de acogimiento permanente o preadoptivo, constituido con arreglo a lo establecido en la legislación civil.
- Se equipararán a los adoptantes las personas que realicen un acogimiento familiar permanente o preadoptivo, constituido con arreglo a lo establecido en la legislación civil.

Por su parte, para Gipuzkoa, la disposición adicional segunda de la Norma Foral 2/2022, de 10 de marzo, determina que, a sus efectos:

- Se equipararán a los adoptados las personas objeto de acogimiento permanente o preadoptivo, constituido con arreglo a lo establecido en la legislación civil.

- Se equipararán a los adoptantes las personas que realicen un acogimiento familiar permanente o preadoptivo, constituido con arreglo a lo establecido en la legislación civil.

Las equiparaciones señaladas se aplicarán en todos los elementos del ISD para ambos Territorios Históricos.

1.6.2. Reducciones

Reducciones aplicables a la base imponible del ISD en el P. Vasco

La norma foral reguladora del ISD en cada uno de los territorios establece las distintas reducciones que podrán aplicarse en el impuesto, en cada una de sus modalidades.

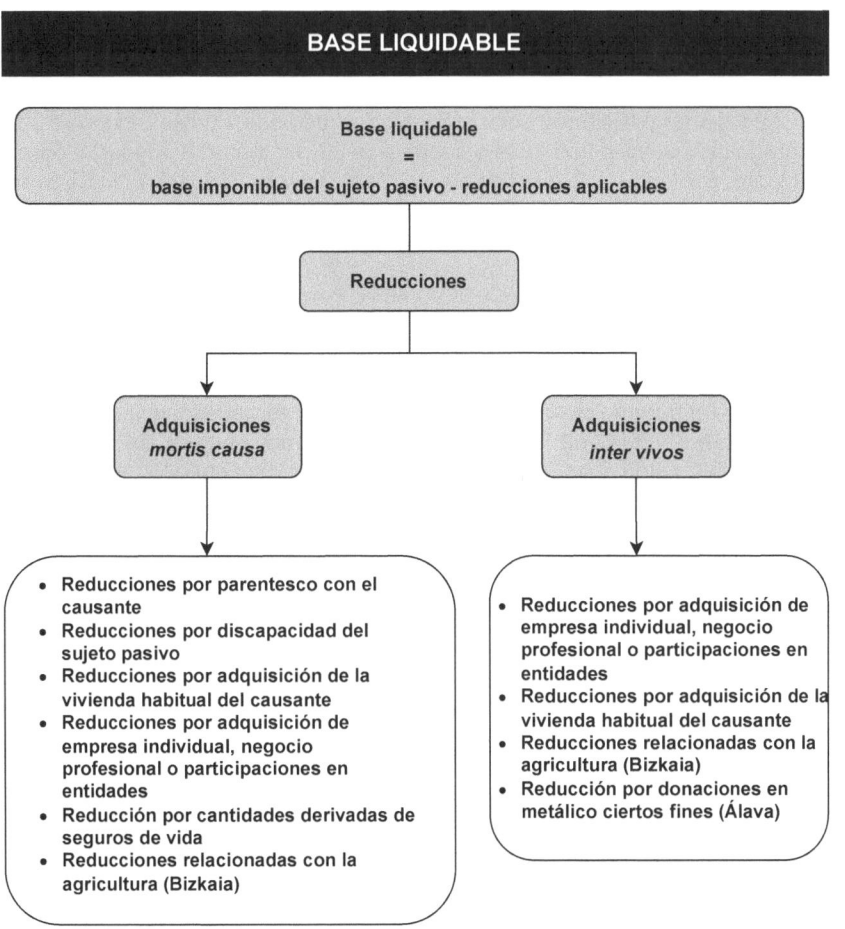

BASE LIQUIDABLE

Base liquidable
=
base imponible del sujeto pasivo - reducciones aplicables

Reducciones

Adquisiciones *mortis causa*

Adquisiciones *inter vivos*

- Reducciones por parentesco con el causante
- Reducciones por discapacidad del sujeto pasivo
- Reducciones por adquisición de la vivienda habitual del causante
- Reducciones por adquisición de empresa individual, negocio profesional o participaciones en entidades
- Reducción por cantidades derivadas de seguros de vida
- Reducciones relacionadas con la agricultura (Bizkaia)

- Reducciones por adquisición de empresa individual, negocio profesional o participaciones en entidades
- Reducciones por adquisición de la vivienda habitual del causante
- Reducciones relacionadas con la agricultura (Bizkaia)
- Reducción por donaciones en metálico ciertos fines (Álava)

‖ Reducciones a aplicar en Álava

Las reducciones a aplicar a la base imponible del ISD en Álava se encuentran recogidas en el artículo 22 de la Norma Foral 11/2005, de 16 de mayo, que establece lo siguiente:

«1. En las adquisiciones "mortis causa" o por cualquier otro título sucesorio, sin perjuicio de lo dispuesto en los apartados siguientes, la base liquidable se obtendrá aplicando en la base imponible la reducción que corresponda según los grados de parentesco o relación siguientes:

Grupo 0: adquisiciones por el cónyuge o pareja de hecho, cuando se trate de parejas de hecho constituidas conforme a lo dispuesto en la Ley del Parlamento Vasco 2/2003, de 7 de mayo, descendientes o ascendientes en línea recta por consanguinidad o adoptantes o adoptados o adoptadas, 400.000,00 euros.

Grupo I: adquisiciones por colaterales de segundo y tercer grado por consanguinidad, ascendientes y descendientes por afinidad, incluidos los resultantes de la constitución de la pareja de hecho por aplicación de la Ley del Parlamento Vasco 2/2003, de 7 de mayo, 38.156,00 euros.

Grupo II: adquisiciones por colaterales de cuarto grado, colaterales de segundo y tercer grado por afinidad, grados más distantes y extraños, no hay lugar a reducción.

En las adquisiciones por personas que acrediten tener reconocido un grado de discapacidad igual o superior al 33 por ciento e inferior al 65 por ciento, conforme a lo dispuesto en el Real Decreto 888/2022, de 18 de octubre, por el que se establece el procedimiento para el reconocimiento, declaración y calificación del grado de discapacidad se aplicará una reducción de 56.109,00 euros.

La reducción será de 176.045,00 euros para aquellas personas que, con arreglo a la normativa anteriormente citada, acrediten tener reconocido un grado de discapacidad igual o superior al 65 por ciento, o que conforme a lo establecido en el Real Decreto 174/2011, de 11 de febrero, por el que se aprueba el baremo de valoración de la situación de dependencia establecido por la Ley 39/2006, de 14 de diciembre, de promoción de la autonomía personal y atención a las personas en situación de dependencia, acrediten tener reconocida una dependencia moderada (Grado I) o superior. En ningún caso se podrá aplicar reducción de forma simultánea por ambos conceptos.

Además de lo señalado en los dos párrafos anteriores, a estas personas se les aplicarán las siguientes normas:

a) En lugar de la reducción a que se refiere el primer párrafo de este apartado 1, se aplicará, con independencia del grado de parentesco, la reducción de 38.156,00 euros, más 4.770,00 euros por cada año menos de veintiuno que tenga el causahabiente, sin que la reducción pueda exceder de 119.930 euros.

b) Se aplicará la tarifa I a que se refiere el artículo 24 de esta Norma Foral.

Lo dispuesto en los tres párrafos anteriores no será de aplicación a aquellas personas que, a pesar de tener reconocido un grado de discapacidad o dependencia, se encuentren incluidas en el Grupo 0.

2. En las adquisiciones de cantidades percibidas por razón de los seguros sobre la vida, la base liquidable se obtendrá aplicando en la base

imponible las siguientes reducciones en función del parentesco entre el contratante o tomador del seguro y el beneficiario:

a) 400.000,00 euros, cuando sea el señalado en el grupo 0.

b) El 50 por ciento con el límite de 200.000,00 euros, cuando sea el señalado en el Grupo I.

c) El 10 por ciento con el límite de 40.000,00 euros, cuando sea el señalado en el grupo II.

No obstante, en los seguros colectivos o contratados por las empresas en favor de sus empleados, las anteriores reducciones se practicarán en función del parentesco entre el asegurado y el beneficiario.

3. Se aplicará una reducción del 100 por ciento a los seguros de vida que traigan causa en actos de terrorismo, así como en servicios prestados en misiones internacionales humanitarias o de paz de carácter público. Esta reducción será aplicable a todas las personas posibles beneficiarias.

4. En las adquisiciones por título de donación o equiparable, la base liquidable coincidirá, en todo caso, con la imponible.

5. Las adquisiciones "mortis causa" o por cualquier otro título sucesorio de una empresa individual, de un negocio profesional o de participaciones en entidades, así como de derechos de usufructo sobre los mismos, a las que sea de aplicación la exención regulada en los apartados uno a seis del artículo 6 de la Norma Foral del Impuesto sobre el Patrimonio, por el cónyuge o pareja de hecho constituida conforme a lo dispuesto en la Ley del Parlamento Vasco 2/2003, de 7 de mayo, ascendientes y descendientes o adoptantes y adoptados, o por colaterales hasta cuarto grado del causante, ya tenga su origen el parentesco en la consanguinidad, en la afinidad, en la relación que resulte de la constitución de la pareja de hecho o en la adopción, gozarán de una reducción del 95 por ciento en la base imponible del Impuesto correspondiente al objeto bonificado, siempre que la adquisición se mantuviera durante los cinco años siguientes al fallecimiento del causante, salvo que falleciese el adquirente dentro de ese plazo o que se liquidara la empresa o entidad como consecuencia de un procedimiento concursal.

En las adquisiciones producidas en vida del causante como consecuencia de pactos sucesorios con eficacia de presente, el plazo de cinco años, a que se refiere el párrafo anterior, se contará a partir del momento en que tenga lugar la transmisión.

Asimismo esta reducción será de aplicación a la adquisición de los derechos de usufructo sobre la empresa individual, el negocio profesional o participaciones en entidades a que se refiere el primer párrafo de este apartado, o de derechos económicos derivados de la extinción de dicho usufructo, siempre que con motivo del fallecimiento se consolidara el pleno dominio en el adquirente, o percibiera éste los derechos debidos a la finalización del usufructo en forma de participaciones en la empresa, negocio o entidad afectada.

En el caso de no cumplirse el requisito de permanencia, se deberá satisfacer la parte del Impuesto que se hubiera dejado de ingresar como consecuencia de la reducción practicada y los intereses de demora correspondientes.

6. La adquisición lucrativa "inter vivos" o "mortis causa" del pleno dominio, del usufructo, la nula propiedad, del derecho de superficie o del derecho de uso y habitación de la vivienda en la que el adquirente hubiese convivido con el transmitente durante los dos años anteriores a la transmisión, gozará de una reducción del 95 por ciento en la base imponible correspondiente a la vivienda, con el límite máximo de 212.242,00 euros.

El requisito de convivencia quedará acreditado por cualquier medio de prueba admitido en derecho.

7. Las adquisiciones "inter vivos" de una empresa individual, de un negocio profesional o de participaciones en entidades, a la que sea de aplicación la exención regulada en los apartados uno a seis del artículo 6 de la Norma Foral del Impuesto sobre el Patrimonio, por el cónyuge o pareja de hecho, cuando se trate de parejas de hecho constituidas conforme a lo dispuesto en la Ley del Parlamento Vasco 2/2003, de 7 de mayo, ascendientes y descendientes o adoptantes y adoptados, gozarán de una reducción del 95 por ciento en la base imponible del impuesto, siempre que concurran las condiciones siguientes:

a) Que la persona donante tenga sesenta o más años o se encuentre en situación de incapacidad permanente, en grado de absoluta o gran invalidez.

b) Que, si la persona donante viniere ejerciendo funciones de dirección, dejara de ejercer y de percibir remuneraciones por el ejercicio de dichas funciones desde el momento de la transmisión.

A estos efectos, no se entenderá comprendida entre las funciones de dirección la mera pertenencia al consejo de administración de la sociedad.

c) En cuanto a la persona donataria, deberá mantener lo adquirido y tener derecho a la exención regulada en el artículo 6 de la Norma Foral del Impuesto sobre el Patrimonio durante los cinco años siguientes a la fecha de la escritura pública de donación, salvo que fallezca dentro de este plazo, o que la empresa o entidad se liquide como consecuencia de un procedimiento concursal. Asimismo, la persona donataria no podrá realizar actos de disposición y operaciones societarias que, directa o indirectamente, puedan dar lugar a una minoración sustancial del valor de adquisición.

En el caso de no cumplirse los requisitos a que se refiere el presente apartado, deberá pagarse la parte del Impuesto que se hubiere dejado de ingresar como consecuencia de la reducción practicada y los intereses de demora correspondientes.

8. Las donaciones en metálico realizadas por ascendientes o adoptantes a favor de descendientes en línea recta o adoptados o adoptadas, respectivamente, para que los donatarios o donatarias inicien el ejercicio de una nueva actividad económica, gozarán de una reducción del 95 por ciento de la cuota.

La cantidad máxima de dinero en efectivo sobre la que se aplicará la reducción señalada en el párrafo anterior será de 50.000,00 euros.

El importe máximo fijado en el párrafo anterior se aplicará tanto en caso de una única donación de dinero en efectivo como en caso de donaciones sucesivas o simultáneas, que a tal efecto son acumulables, tanto si provienen del mismo o de la misma ascendiente o adoptante como si provienen de distintos ascendientes o adoptantes.

En caso de donaciones sucesivas, sólo podrá aplicarse la reducción regulada en este apartado, con el mencionado límite, a las que se hayan realizado en los seis meses siguientes a la primera de las donaciones a la que resulte aplicable la citada reducción.

Para poder disfrutar de la reducción establecida en el presente apartado, es preciso que se cumplan los siguientes requisitos:

a) El donatario o la donataria debe contar con los medios personales y materiales necesarios para el desarrollo de la actividad económica y realizar la misma de forma habitual, personal y directa.

b) El donatario o la donataria solo podrá aplicar la reducción recogida en este apartado una única vez.

c) El patrimonio neto del donatario o de la donataria en la fecha de formalización de la donación, calculado de acuerdo con las reglas de valoración contenidas en esta norma foral, no podrá ser superior a 200.000,00 euros. A estos efectos no se tendrán en cuenta ni la vivienda habitual ni los elementos patrimoniales afectos al desarrollo de la actividad económica.

d) La donación debe formalizarse en escritura pública, otorgada en el plazo de un mes a contar de la fecha de entrega del dinero, o en documento privado presentado ante la Administración Tributaria. En ambos casos, deberá hacerse constar de forma expresa que el donatario o donataria destinará el dinero donado exclusivamente a los gastos e inversiones para el inicio de una nueva actividad económica que cumpla los requisitos que se establecen en el presente apartado. Igualmente se deberá presentar la trasferencia del dinero de la parte donante a la parte donataria.

e) Para considerar que se ha iniciado una nueva actividad económica se precisará que de forma real y efectiva aparezca una nueva actividad económica y que la misma no se haya ejercido anteriormente bajo cualquier otra forma o titularidad.

f) La actividad económica se deberá desarrollar durante todo el año, no teniendo por tanto cabida en la misma las actividades estacionales o de fin de semana.

g) El inicio de la actividad económica debe producirse en el plazo de seis meses a contar desde la fecha de formalización de la donación.

h) La actividad económica no podrá consistir en la gestión de un patrimonio mobiliario o inmobiliario.

Además, la aplicación de la reducción regulada en este apartado queda condicionada a que la donataria o el donatario ejercite la actividad económica durante al menos cinco años, y cumpla durante dicho plazo los requisitos citados anteriormente, salvo que el donatario o donataria fallezca en ese plazo.

En caso de no cumplirse los requisitos a los que se refiere el presente apartado deberá satisfacerse la parte del impuesto que se hubiera dejado de ingresar como consecuencia de la reducción practicada más los intereses de demora correspondientes».

A TENER EN CUENTA. Este artículo 22 de la Norma Foral 11/2005, de 16 de mayo, fue modificado por la Norma Foral 26/2023, de 22 de diciembre, con efectos desde el 30 de diciembre de 2023, quedando el precepto en los términos que acaban de exponerse.

‖ Reducciones a aplicar en Bizkaia

Las reducciones a aplicar a la base imponible en el territorio de Bizkaia se regulan en los artículos 43 y siguientes de la Norma Foral 4/2015, de 25 de marzo.

Artículo 43 de la Norma Foral 4/2015, de 25 de marzo (reducciones por razón de parentesco)

«1. En las adquisiciones "mortis causa" o por cualquier otro título sucesorio, sin perjuicio de lo dispuesto en los artículos siguientes, la base liquidable se obtendrá aplicando en la base imponible la reducción que corresponda según los grados de parentesco o relación siguientes.

a) Grupo I: Adquisiciones por el cónyuge o pareja de hecho, descendientes o ascendientes en línea recta por consanguinidad o adoptantes o adoptados, 400.000 euros.

b) Grupo II: Adquisiciones por colaterales de segundo grado por consanguinidad, 40.000 euros.

c) Grupo III: Adquisiciones por colaterales de tercer grado por consanguinidad, ascendientes y descendientes por afinidad, incluidos los resultantes de la constitución de una pareja de hecho, 20.000 euros.

d) Grupo IV: Adquisiciones por colaterales de cuarto grado, colaterales de segundo y tercer grado por afinidad, grados más distantes y extraños, no hay lugar a reducción.

En las adquisiciones por personas con discapacidad o en situación de dependencia, se aplicará una reducción de 100.000 euros, independientemente de la que pudiera corresponder en función del grado de parentesco o relación con el causante.

A estos efectos, se consideran personas con discapacidad o en situación de dependencia con derecho a la reducción aquellas que determinan derecho a deducción en el Impuesto sobre la Renta de las Personas Físicas, según la normativa propia de este Impuesto.

2. En las adquisiciones de cantidades percibidas por razón de los seguros sobre la vida, la base liquidable se obtendrá aplicando en la base imponible las siguientes reducciones en función del parentesco entre el contratante o tomador del seguro y el beneficiario:

a) 400.000 euros, cuando sea el señalado en el grupo I.

b) El 50 por 100 con el límite de 200.000 euros, cuando sea el señalado en los grupos II y III.

c) El 10 por 100 con el límite de 40.000 euros, cuando sea el señalado en el grupo IV.

No obstante, en los seguros colectivos o contratados por las empresas en favor de sus empleados, las anteriores reducciones se practicarán en función del parentesco entre el asegurado y el beneficiario.

3. Las adquisiciones "mortis causa" de una empresa individual, de un negocio profesional o participaciones en entidades, a los que sea de aplicación la exención regulada en la Norma Foral del Impuesto sobre el Patrimonio, por el cónyuge o pareja de hecho, ascendientes y descendientes o adoptantes y adoptados, o por colaterales hasta el tercer grado de la persona fallecida, siempre que, en este último caso, no existan descen-

dientes o adoptados, gozarán de una reducción del 95 por 100 en la base imponible del Impuesto, siempre que la adquisición se mantuviera durante los cinco años siguientes al fallecimiento del causante, salvo que falleciese el adquirente dentro de ese plazo.

Asimismo, esta reducción será de aplicación a la adquisición de los derechos de usufructo sobre la empresa individual, el negocio profesional o participaciones en entidades a que se refiere el párrafo anterior, o de derechos económicos derivados de la extinción de dicho usufructo, siempre que con motivo del fallecimiento se consolidara el pleno dominio en el adquirente, o percibiera éste los derechos debidos a la finalización del usufructo en forma de participaciones en la empresa, negocio o entidad afectada.

4. Las adquisiciones "inter-vivos" de una empresa individual, de un negocio profesional o participaciones en entidades, a los que sea de aplicación la exención regulada en la Norma Foral del Impuesto sobre el Patrimonio, por el cónyuge o pareja de hecho, ascendientes y descendientes o adoptantes y adoptados, gozarán de una reducción del 95 por 100 en la base imponible del Impuesto, siempre que concurran las condiciones siguientes:

a) Que el donante tuviese sesenta y cinco o más años o se encontrase en situación de incapacidad permanente, en grado de absoluta o gran invalidez.

b) Que, si el donante viniese ejerciendo funciones de dirección, dejara de ejercer y de percibir remuneraciones por el ejercicio de dichas funciones desde el momento de la transmisión.

A estos efectos, no se entenderá comprendida entre las funciones de dirección la mera pertenencia al Consejo de Administración de la sociedad.

c) En cuanto al donatario, deberá mantener lo adquirido y tener derecho a la exención en el Impuesto sobre el Patrimonio durante los 5 años siguientes a la fecha de la escritura pública de donación, salvo que falleciera dentro de este plazo. Asimismo, el donatario no podrá realizar actos de disposición y operaciones societarias que, directa o indirectamente, puedan dar lugar a una minoración sustancial del valor de la adquisición.

En el caso de no cumplirse los requisitos a que se refiere el presente apartado, deberá abonarse la parte del Impuesto que se hubiese dejado de ingresar como consecuencia de la reducción practicada y los intereses de demora correspondientes».

Artículo 44 de la Norma Foral 4/2015, de 25 de marzo (reducciones relacionadas con la vivienda habitual)

«La adquisición lucrativa "inter vivos" o "mortis causa" del pleno dominio, del usufructo, la nuda propiedad, del derecho de superficie, o del derecho de uso y habitación de la vivienda en la que el adquirente hubiese convivido con el transmitente durante los dos años anteriores a la transmisión, gozará de una reducción del 95 por 100 en la base imponible del Impuesto, con el límite máximo de reducción de 215.000 euros.

El requisito de convivencia quedará acreditado mediante certificación de empadronamiento y certificación de convivencia de manera ininterrumpida durante ese período, sin perjuicio de la posible acreditación por cualquier medio de prueba admitido en Derecho.

Cuando se supere el requisito cuantitativo establecido en este apartado, la reducción sólo operará hasta la cuantía establecida en el mismo, no gozando de reducción las cantidades que superen ese límite.

A los efectos de lo dispuesto en el presente artículo, será requisito para la aplicación de la reducción que la vivienda de que se trate haya tenido la consideración de vivienda habitual tanto para el transmitente como para el adquirente, al menos, durante el período de tiempo considerado, entendiéndose por vivienda habitual la que cumpla los requisitos establecidos en el apartado 8 del artículo 87 de la Norma Foral del Impuesto sobre la Renta de las Personas Físicas y en su desarrollo reglamentario».

Artículo 45 de la Norma Foral 4/2015, de 25 de marzo (reducciones relacionadas con la agricultura)

«1. Sin perjuicio de lo establecido en el artículo 12 de esta Norma Foral, la adquisición lucrativa, "inter vivos" o "mortis causa" del pleno dominio o del usufructo vitalicio de una explotación agraria en su integridad, por el titular de otra explotación prioritaria, o que alcance esta consideración como consecuencia de la adquisición, gozará de una reducción del 90 por 100 de la base imponible del Impuesto, siempre que, como consecuencia de dicha transmisión, no se altere la condición de prioritaria de la explotación del adquirente. La transmisión de la explotación deberá realizarse en escritura pública.

La reducción se elevará al 100 por 100 en caso de continuación de la explotación por el cónyuge o pareja de hecho, descendientes o ascendientes en línea recta por consanguinidad o adoptantes y adoptados.

A los efectos indicados en el párrafo anterior, se entenderá que hay transmisión de una explotación agraria en su integridad, aun cuando se excluya la vivienda.

Para que proceda la presente reducción, se hará constar en la escritura pública de adquisición y en el Registro de la Propiedad, en su caso, que si las fincas adquiridas fuesen enajenadas, arrendadas o cedidas durante el plazo de los cinco años siguientes, deberá justificarse previamente el pago del Impuesto, o de la parte del mismo, que se hubiese dejado de ingresar como consecuencia de la reducción practicada y los intereses de demora, excepción hecha de los supuestos de fuerza mayor.

2. La adquisición lucrativa, "inter vivos" o "mortis causa", del pleno dominio o del usufructo vitalicio de una finca rústica o de parte de una explotación agraria, por el titular de una explotación prioritaria, o que alcance esta consideración como consecuencia de la adquisición, gozará de una reducción del 75 por 100 en la base imponible del Impuesto.

Para que sea de aplicación esta reducción, la transmisión deberá efectuarse en escritura pública, siendo de obligado cumplimiento lo establecido en el último párrafo del apartado anterior.

3. La adquisición lucrativa, "inter vivos" o "mortis causa", de terrenos por los titulares de explotaciones agrarias para completar bajo una sola linde el 50 por 100, al menos, de la superficie de una explotación cuya renta unitaria de trabajo esté dentro de los límites establecidos en la Ley

19/1995, de 5 de julio, de Modernización de las Explotaciones Agrarias, a efectos de concesión de beneficios fiscales para las explotaciones prioritarias, gozará de una reducción del 50 por 100 en la base imponible del Impuesto, siempre que en el documento público de adquisición se haga constar la indivisibilidad de la finca resultante durante el plazo de cinco años, salvo fuerza mayor.

4. Las reducciones en la base imponible a las que se refieren los apartados 1 y 2 del presente artículo se incrementarán en diez puntos porcentuales, en cada caso, con el límite del 100 por 100, si el adquirente es un agricultor joven o un asalariado agrario, que reúne las características y requisitos contemplados en la Ley 19/1995, de 5 de julio, de Modernización de las Explotaciones Agrarias, y la adquisición se realiza durante los cinco años siguientes a la primera instalación.

Asimismo, para que sea de aplicación al presente beneficio fiscal, será de obligado cumplimiento lo establecido en el último párrafo del apartado 1 del presente artículo.

5. La adquisición lucrativa, "inter vivos" o "mortis causa", de superficies rústicas de dedicación forestal, tanto en pleno dominio como en nuda propiedad, gozarán de una reducción en la base imponible del Impuesto, según la siguiente escala.

- Del 90 por 100 para superficies incluidas en Planes de protección por razones de interés natural aprobados por el órgano competente.
- Del 75 por 100 para superficies con un Plan de Ordenación Forestal o un Plan Técnico de Gestión y Mejora Forestal o figuras equivalentes de planificación forestal, aprobado por la Administración competente.
- Del 50 por 100 para las demás superficies rústicas de dedicación forestal, siempre que, como consecuencia de dicha transmisión, no se altere el carácter forestal del predio y, durante los cinco años siguientes al de la adquisición, no sea objeto de transmisión mediante un negocio lucrativo "inter vivos" ni sea arrendada o cedida su explotación.

De la misma reducción gozará la extinción del usufructo que se hubiera reservado el transmitente.

Las bonificaciones fiscales reguladas en este apartado serán de aplicación, en la escala que corresponda, a la totalidad de la explotación agraria en la que la superficie de dedicación forestal sea superior al 80 por 100 de la superficie total de la explotación».

|| Reducciones a aplicar en Gipuzkoa

Las reducciones a aplicar en la base imponible del ISD en Gipuzkoa se prevén en los artículos 44 y 45 de la Norma Foral 2/2022, de 10 de marzo.

Artículo 44 de la Norma Foral 2/2022, de 10 de marzo (reducciones por razón de parentesco)

«1. En las adquisiciones "mortis causa", sin perjuicio de lo dispuesto en el artículo siguiente, la base liquidable se obtendrá aplicando en la base imponible la reducción que corresponda según los siguientes grados de parentesco o relación:

a) Grupo I: Adquisiciones por el cónyuge o pareja de hecho, descendientes o ascendientes en línea recta por consanguinidad o adoptantes o adoptados: 400.000 euros.

b) Grupo II: Adquisiciones por colaterales de segundo y tercer grado por consanguinidad, ascendientes y descendientes por afinidad: 16.150 euros.

c) Grupo III: Adquisiciones por colaterales de cuarto grado, colaterales de segundo y tercer grado por afinidad, grados más distantes y extraños: 8.075 euros.

Además de las que pudieran corresponder en función del parentesco con la persona causante, se aplicará una reducción de 80.000 en las adquisiciones por personas con discapacidad, así como por las personas en situación de dependencia.

A estos efectos, se considerarán personas con discapacidad o personas en situación de dependencia con derecho a la reducción, aquéllas que determinan derecho a deducción en el impuesto sobre la renta de las personas físicas según la normativa propia de este impuesto.

2. En las adquisiciones de cantidades percibidas por razón de los seguros sobre la vida, la base liquidable se obtendrá aplicando en la base imponible las siguientes reducciones:

A) En función del parentesco entre la persona contratante o tomadora del seguro y la beneficiaria:

a) 400.000 euros para los comprendidos en el grupo I del apartado 1 anterior.

b) Reducción de 16.150 euros, así como del 25 por 100 de la cantidad restante, cuando sea el señalado en el grupo II del apartado 1 anterior.

c) Reducción de 8.075 euros, cuando sea el señalado en el grupo III del apartado 1 anterior.

En los seguros colectivos o contratados por las empresas en favor de sus personas empleadas, las anteriores reducciones se practicarán en función del parentesco entre la persona asegurada y la beneficiaria.

Para gozar de esta reducción, el seguro deberá haber sido concertado, al menos, con dos años de antelación a la fecha en que el evento previsto en la póliza se produzca, salvo que ésta se hubiera concertado en forma colectiva.

3. Las adquisiciones "mortis causa" de una empresa individual, de un negocio profesional o de participaciones en entidades, así como de derechos de usufructo sobre los mismos, a los que sea de aplicación la exención regulada en los apartados uno a seis del artículo 6 de la Norma Foral 2/2018, de 11 de junio, del Impuesto sobre el Patrimonio, por el cónyuge, la pareja de hecho, las y los ascendientes, descendientes, o colaterales hasta el cuarto grado de la persona fallecida, ya tenga su origen el parentesco en la consanguinidad, en la afinidad, en la relación que resulte de la constitución de la pareja de hecho o en la adopción, gozarán de una reducción del 95 por 100 en la base imponible del impuesto, siempre que la adquisición se mantuviera durante los 5 años siguientes al fallecimiento de la persona causante, salvo que falleciese la persona adquirente dentro de ese plazo o que se liquidara la empresa o entidad como consecuencia de un procedimiento concursal.

En las adquisiciones producidas en vida de la persona causante como consecuencia de pactos sucesorios con eficacia de presente, el plazo de 5 años, a que se refiere el párrafo anterior, se contará a partir del momento en que tenga lugar la transmisión.

En las adquisiciones a través del ejercicio del poder testatorio, el plazo de 5 años a que se refiere el párrafo primero anterior, se contará a partir del momento en que tenga lugar el ejercicio del poder.

En las adquisiciones de participaciones en entidades y derechos de usufructo sobre las mismas a que se refieren los párrafos anteriores, la reducción se calculará teniendo en cuenta la proporción existente entre el valor de los activos necesarios para el desarrollo de la actividad económica, minorado en el importe de las deudas derivadas de la misma, y el valor del patrimonio neto de la entidad, aplicándose, en su caso, estas mismas reglas en la valoración de las participaciones de entidades participadas para determinar el valor de las de su entidad tenedora. A efectos de considerar si un activo es necesario para el desarrollo de una actividad económica, se estará a lo dispuesto en el apartado cuatro del artículo 6 de la Norma Foral 2/2018, de 11 de junio, del Impuesto sobre el Patrimonio.

En el caso de no cumplirse el requisito de permanencia al que se refieren los tres primeros párrafos de este apartado, se deberá pagar la parte del impuesto que se hubiera dejado de ingresar como consecuencia de la reducción practicada y los intereses de demora correspondientes.

A efectos de la aplicación de la reducción recogida en este apartado, el cumplimiento de los requisitos y condiciones previstos en los apartados uno a seis del artículo 6 de la Norma Foral 2/2018, de 11 de junio, del Impuesto sobre el Patrimonio, habrá de referirse al momento en el que se produzca el devengo del impuesto sobre sucesiones y donaciones. En particular, el cumplimiento de la condición prevista en la letra d) del apartado dos de dicho artículo 6 deberá referirse a la autoliquidación del impuesto sobre la renta de las personas físicas de la persona causante o, en su caso, de la persona o personas del grupo de parentesco a que se refiere la letra c) del citado apartado dos, correspondiente en cualquier caso al período impositivo que corresponda de los siguientes:

a) Con carácter general, el de fallecimiento de la persona causante.

b) El de la transmisión, en el caso de adquisiciones producidas en vida de la persona causante como consecuencia de pactos sucesorios con eficacia de presente.

4. Las adquisiciones "inter-vivos" de una empresa individual, de un negocio profesional o de participaciones en entidades, a los que sea de aplicación la exención regulada en los apartados uno a seis del artículo 6 de la Norma Foral 2/2018, de 11 de junio, del Impuesto sobre el Patrimonio, por el cónyuge, la pareja de hecho, las y los ascendientes, descendientes o colaterales hasta el cuarto grado de la persona transmitente, ya tenga su origen el parentesco en la consanguinidad, en la afinidad, en la relación que resulte de la constitución de la pareja de hecho o en la adopción, gozarán de una reducción del 95 por 100 en la base imponible del impuesto, siempre que concurran las condiciones siguientes:

a) Que la persona donante tenga sesenta o más años o se encuentre en situación de incapacidad permanente, en grado de absoluta o gran invalidez.

b) Que, si la persona donante viniere ejerciendo funciones de dirección, dejará de ejercer y de percibir remuneraciones por el ejercicio de dichas funciones desde el momento de la transmisión.

A estos efectos, no se entenderá comprendida entre las funciones de dirección la mera pertenencia al consejo de administración de la sociedad.

c) En cuanto a la persona donataria, deberá mantener lo adquirido y tener derecho a la exención regulada en los apartados uno a seis del artículo 6 de la Norma Foral 2/2018, de 11 de junio, del Impuesto sobre el Patrimonio, durante los 5 años siguientes a la fecha de la escritura pública de donación, salvo que fallezca dentro de este plazo o que la empresa o entidad se liquide como consecuencia de un procedimiento concursal. Asimismo, la persona donataria no podrá realizar actos de disposición y operaciones societarias que, directa o indirectamente, puedan dar lugar a una minoración sustancial del valor de la adquisición.

En las adquisiciones de participaciones en entidades, la reducción se calculará teniendo en cuenta la proporción existente entre el valor de los activos necesarios para el desarrollo de la actividad económica, minorado en el importe de las deudas derivadas de la misma, y el valor del patrimonio neto de la entidad, aplicándose, en su caso, estas mismas reglas en la valoración de las participaciones de entidades participadas para determinar el valor de las de su entidad tenedora. A efectos de considerar si un activo es necesario para el desarrollo de una actividad económica, se estará a lo dispuesto en el apartado cuatro del artículo 6 de la Norma Foral 2/2018, de 11 de junio, del Impuesto sobre el Patrimonio.

A efectos de la aplicación de la reducción recogida en este apartado, el cumplimiento de los requisitos y condiciones previstos en los apartados uno a seis del artículo 6 de la Norma Foral 2/2018, de 11 de junio, del Impuesto sobre el Patrimonio por parte de la persona donante, habrá de referirse al momento en el que se produzca el devengo del impuesto sobre sucesiones y donaciones. No obstante, el cumplimiento de la condición prevista en la letra d) del apartado dos de dicho artículo 6, deberá referirse a la autoliquidación del impuesto sobre la renta de las personas físicas de la persona donante o, en su caso, de la persona o personas del grupo de parentesco a que se refiere la letra c) del citado apartado dos, correspondiente al periodo impositivo inmediato anterior al de la transmisión.

En el caso de no cumplirse los requisitos a que se refiere el presente apartado, deberá pagarse la parte del impuesto que se hubiere dejado de ingresar como consecuencia de la reducción practicada y los intereses de demora correspondientes».

> **A TENER EN CUENTA.** Los apartados 3 y 4 de este artículo 44 de la Norma Foral 2/2022, de 10 de marzo, fueron modificados por la Norma Foral 1/2023, de 17 de enero, con entrada en vigor el 24 de enero de 2023, quedando el precepto en los términos que acaban de exponerse.

Artículo 45 de la Norma Foral 2/2022, de 10 de marzo (reducciones relacionadas con la vivienda habitual)

«1. La adquisición lucrativa "inter vivos" o "mortis causa" del pleno dominio, del usufructo, la nuda propiedad, del derecho de superficie, o del derecho de uso y habitación de la vivienda en la que la persona adquirente hubiese convivido con la persona transmitente durante los dos años inmediatamente anteriores a la transmisión, gozará de una reducción del 95 por 100 en la base imponible del impuesto con el límite máximo de 220.000 euros.

El requisito de convivencia quedará acreditado mediante certificación de empadronamiento y certificación de convivencia de manera ininterrumpida durante ese periodo, sin perjuicio de la posible acreditación por cualquier otro medio de prueba admitido en derecho.

2. Cuando se supere el requisito cuantitativo establecido en el apartado 1 anterior, la reducción sólo operará hasta la cuantía establecida en el mismo, no gozando de reducción las cantidades que superen ese límite.

3. A los efectos de lo dispuesto en el presente artículo, será requisito para la aplicación de la reducción que la vivienda de que se trate haya tenido la consideración de vivienda habitual tanto para la persona transmitente como para la adquirente, al menos, durante el período de tiempo considerado, entendiéndose por vivienda habitual la que cumpla los requisitos establecidos en la Norma Foral 3/2014, de 17 de enero, del Impuesto sobre la Renta de las Personas Físicas y en su desarrollo reglamentario».

Reducciones subjetivas del ISD por adquisiciones *mortis causa* en el P. Vasco

(Artículo 22 de la Norma Foral 11/2005, de 16 de mayo; artículos 43 y siguientes de la Norma Foral 4/2015, de 25 de marzo; artículos 44 y siguientes de la Norma Foral 2/2022, de 10 de marzo)

Las reducciones subjetivas se configuran para adaptar las circunstancias derivadas de un hecho imponible objetivo a la situación personal y familiar del sujeto pasivo. De esta manera, la normativa foral de cada territorio establece reducciones por grado de parentesco con el causante y por discapacidad del sujeto pasivo.

|| Reducción por parentesco

	Grupo	Integrantes del grupo	Reducción
Álava	0	Cónyuge o pareja de hecho constituida conforme a la Ley del Parlamento Vasca 2/2003, de 7 de mayo, descendientes o ascendientes en línea recta por consanguinidad o adoptantes o adoptados	400.000
	I	Colaterales de segundo y tercer grado por consanguinidad, ascendientes y descendientes por afinidad, incluidos los resultantes de la constitución de la pareja de hecho por aplicación de la Ley del Parlamento Vasca 2/2003, de 7 de mayo	38.156
	II	Colaterales de cuarto grado, colaterales de segundo y tercer grado por afinidad, grados más distantes y extraños	No hay reducción

Bizkaia	I	Cónyuge o pareja de hecho, descendientes o ascendientes en línea recta por consanguinidad o adoptantes o adoptados	400.00
	II	Colaterales de segundo grado por consanguinidad	40.000
	III	Colaterales de tercer grado por consanguinidad, ascendientes y descendientes por afinidad, incluidos los resultantes de la constitución de una pareja de hecho	20.000
	IV	Colaterales de cuarto grado, colaterales de segundo y tercer grado por afinidad, grados más distantes y extraños	No hay reducción
Gipuzkoa	I	Cónyuge o pareja de hecho, descendientes o ascendientes en línea recta por consanguinidad o adoptantes o adoptados	400.000
	II	Colaterales de segundo y tercer grado por consanguinidad, ascendientes y descendientes por afinidad	16.150
	III	Colaterales de cuarto grado, colaterales de segundo y tercer grado por afinidad, grados más distantes y extraños	8.075

CUESTIÓN

Una persona fallece en Vitoria en enero de 2024, dejando sus bienes y derechos a los siguientes herederos:

- A su hijo mayor, de 35 años, un bien inmueble.
- A su hijo menor, de 12 años, el pleno dominio sobre la vivienda habitual donde ambos convivían.
- A su padre, las participaciones de la entidad en la que era socio.
- A su hermano, el vehículo turismo.
- A su cuñada, una serie de obras de arte.
- A su nieto, hijo de su hijo mayor, una motocicleta.
- A los socios de su entidad, una cantidad de dinero que tenía en una cuenta corriente.

Se preguntan los herederos qué reducción por parentesco le corresponderá a cada uno de ellos.

- A su hijo mayor le corresponderá, por pertenecer al grupo 0 de parentesco, como descendiente por consanguinidad de primer grado, una reducción de 400.000 euros.
- A su hijo pequeño, por pertenecer al grupo 0, le corresponderá una reducción de 400.000 euros.
- A su padre le corresponderá, por pertenecer al grupo 0, como ascendiente por consanguinidad del causante, una reducción de 400.000 euros.
- A su hermano le corresponderá, por pertenecer al grupo I, como colateral por consanguinidad de segundo grado, una reducción de 38.156 euros.

- A su cuñada, por pertenecer al grupo II, como colateral por afinidad de segundo grado, no le corresponderá reducción alguna.

- A su nieto le corresponderá, por pertenecer al grupo 0 de parentesco, como descendiente consanguíneo, le corresponderá una reducción de 400.000 euros.

- Por último, sus socios en la entidad se consideran extraños a estos efectos y pertenecerán al grupo II, por lo que no les corresponderá reducción alguna.

|| Reducción por discapacidad del sujeto pasivo

También en adquisiciones *mortis causa*, incluidas las de los beneficiarios de pólizas de seguros de vida, se adicionará a la anterior reducción, a las personas que tengan reconocida la consideración legal de minusválidos por el órgano competente que corresponda.

	Grado de discapacidad y reducción aplicable	
	Igual o superior al 33 %	Igual o superior al 65 %
Álava	56.109	176.045 * También podrán aplicar esta reducción las personas que, conforme al Real Decreto 174/2011, de 11 de febrero, acrediten tener reconocida una dependencia moderada (grado I) o superior. La reducción no se podrá aplicar de forma simultánea por ambos conceptos.
Bizkaia	100.000 * También pueden aplicar esta reducción las personas en situación de dependencia.	
Gipuzkoa	80.000 * También pueden aplicar esta reducción las personas en situación de dependencia.	

Además, en **Álava**, a las personas antes señaladas se les aplicarán las siguientes reglas:

- En lugar de la reducción por parentesco, se aplicará, con independencia del grado de parentesco que se posea, la reducción de 38.156 euros, más 4.770 euros por cada año menos de 21 que tenga el causahabiente, sin que la reducción pueda exceder de 119.930 euros.

- Se aplicará la tarifa I del artículo 24 de la Norma Foral 11/2005, de 16 de mayo.

- Lo dispuesto en los puntos anteriores no será de aplicación a aquellas personas que, a pesar de tener reconocido un grado de discapacidad o dependencia, se encuentren incluidas en el Grupo 0.

Por lo demás, cada norma delimita en sus propios términos qué se considera persona con discapacidad o en situación de dependencia:

- En Álava, se hace referencia al grado de discapacidad conforme a lo dispuesto en el Real Decreto 888/2022, de 18 de octubre, por el que se establece el procedimiento para el reconocimiento, declaración y calificación del grado de discapacidad; y para el grado de dependencia se alude al Real Decreto 174/2011, de 11 de febrero.

- En los casos de Bizkaia y Gipuzkoa, se establece que, a dichos efectos, se considerarán personas con discapacidad o en situación de dependencia con derecho a la reducción aquellas que determinan derecho a deducción en el IRPF, según la normativa propia de este impuesto de cada territorio.

CUESTIÓN

El hijo menor del causante de la cuestión anterior tiene una discapacidad del 40 %, reconocida por el órgano competente para ello. ¿Qué reducción podrá aplicar de acuerdo con la normativa del ISD de Álava?

Podrá aplicar las siguientes reducciones:

- Por discapacidad en función del grado de discapacidad: 56.109 euros.
- Por discapacidad en función de la edad: 38.156 + [4.770 euros x (21 - 12)] = 38.156 + (4.770 x 9) = 81.086 euros.
- Total: 56.109 + 81.086 = 137.195 euros.

‖ Reducción por prestaciones de seguros de vida

A tal respecto, en **Álava** se establecen las siguientes reducciones:

- En las adquisiciones de cantidades percibidas por razón de los seguros sobre la vida se aplicarán las siguientes reducciones en función del parentesco entre el contratante o tomador del seguro y el beneficiario:
  - 400.000 euros, cuando el beneficiario pertenezca al grupo 0 de parentesco.
  - 50 % con el límite de 200.000 euros, cuando pertenezca al grupo I.
  - 10 % con el límite de 40.000 euros, cuando sea del grupo II.
  - En los seguros colectivos o contratados por las empresas en favor de sus empleados, las anteriores reducciones se practicarán en función del parentesco entre el asegurado y el beneficiario.

- Se aplicará una reducción del 100 % a los seguros de vida que traigan causa en actos de terrorismo, así como en servicios prestados en misiones internacionales humanitarias o de paz de carácter público. Esta reducción será aplicable a todas las personas posibles beneficiarias.

En el caso de **Bizkaia**, las reducciones serán las que siguen, también en función del parentesco entre el contratante o tomador del seguro y el beneficiario:

- 400.000 euros, cuando se trate del parentesco del grupo I.
- El 50 % con el límite de 200.000 euros, cuando sea el señalado en los grupos II y III.
- El 10 % con el límite de 40.000 euros, cuando sea el señalado en el grupo IV.
- En los seguros colectivos o contratados por las empresas en favor de sus empleados, las anteriores reducciones se practicarán en función del parentesco entre el asegurado y el beneficiario.

Finalmente, en **Gipuzkoa**, en las adquisiciones de cantidades por seguros sobre la vida, podrán aplicarse las siguientes reducciones, en función del parentesco entre la persona contratante o tomadora del seguro y la beneficiaria:

- 400.000 euros para los comprendidos en el grupo I de parentesco.
- Reducción de 16.150 euros, así como del 25 % de la cantidad restante, cuando sea el señalado en el grupo II.
- Reducción de 8.075 euros, cuando sea el señalado en el grupo III.
- En los seguros colectivos o contratados por las empresas en favor de sus personas empleadas, las anteriores reducciones se practicarán en función del parentesco entre la persona asegurada y la beneficiaria.

Este último territorio puntualiza, asimismo, que, para gozar de esta reducción, el seguro deberá haber sido concertado, al menos, con dos años de antelación a la fecha en que el evento previsto en la póliza se produzca, salvo que esta se hubiera concertado en forma colectiva.

Reducciones objetivas en el ISD para las adquisiciones *mortis causa*

Por su parte, las reducciones objetivas se establecen para dar respuesta a situaciones que, de haberse gravado en su totalidad, supondrían, a juicio del legislador, un menoscabo de los principios de justicia e igualdad que deben regir nuestro sistema impositivo.

Básicamente, en el País Vasco y en Navarra, pueden entrar en juego las siguientes reducciones objetivas en el ámbito del ISD:

- Reducción por adquisición de una empresa individual, negocio profesional o participaciones en entidades.
- Reducción por adquisición de la vivienda habitual del causante.
- Ciertas reducciones relacionadas con la agricultura previstas por la normativa de Bizkaia.

‖ Reducción por adquisición de una empresa individual, negocio profesional o participaciones en entidades

Los tres territorios históricos establecen una reducción para la adquisición *mortis causa* de una empresa individual, de un negocio profesional o de participaciones en entidades, así como de derechos de usufructo sobre los mismos, cuando se realice por determinados parientes del causante. Aunque con ciertas particularidades para cada caso, la reducción será del 95 %, exige que pueda aplicarse la exención en el IP y se somete a un requisito de mantenimiento de la adquisición durante un plazo de cinco años (salvo que el adquirente fallezca dentro de ese plazo).

En concreto, la reducción podrán aplicarla los siguientes parientes:

- En Álava: adquisición por el cónyuge o pareja de hecho constituida conforme a la Ley del Parlamento Vasco 2/2003, de 7 de mayo, ascendientes y descendientes o adoptantes y adoptados, o por colaterales hasta cuarto grado del causante, ya tenga su origen el parentesco en la consanguinidad, en la afinidad, en la relación que resulte de la constitución de la pareja de hecho o en la adopción.

- En Bizkaia: adquisición por el cónyuge o pareja de hecho, ascendientes y descendientes o adoptantes y adoptados, o por colaterales hasta el tercer grado de la persona fallecida, siempre que, en este último caso, no existan descendientes o adoptados.

- En Gipuzkoa: adquisición por el cónyuge, la pareja de hecho, las y los ascendientes, descendientes, o colaterales hasta el cuarto grado de la persona fallecida, ya tenga su origen el parentesco en la consanguinidad, en la afinidad, en la relación que resulte de la constitución de la pareja de hecho o en la adopción.

Para un estudio más a fondo de esta reducción y de los términos en que resultará de aplicación en cada uno de los territorios, nos remitimos al artículo 22.5 de la Norma Foral 11/2005, de 16 de mayo; el artículo 43.3 de la Norma Foral 4/2015, de 25 de marzo; y el artículo 44.3 de la Norma Foral 2/2022, de 10 de marzo (todos ellos reproducidos en el epígrafe general correspondiente a las reducciones).

CUESTIONES

1. Además, la persona fallecida a la que hemos hecho mención en las dos cuestiones anteriores dejó las participaciones de su entidad a su padre. Estas participaciones poseen un valor de 100.000 euros. ¿Qué reducción le corresponderá al padre del fallecido por la adquisición de estas?

Según la normativa de Álava, y siempre que se cumplan los requisitos para que proceda, la reducción a aplicar por el padre del fallecido será el resultado de aplicar el 95 % al valor de las participaciones. Por lo tanto, podrá aplicarse una reducción de 95.000 euros.

2. ¿Cómo se calculará la reducción aplicable en caso de adquisición *mortis causa* de participaciones en entidades en Gipuzkoa?

Según indica el artículo 44.3 de la Norma Foral 2/2022, de 10 de marzo, en las adquisiciones de participaciones en entidades y derechos de usufructo sobre las mismas, la reducción se calculará teniendo en cuenta la proporción existente entre el valor de los activos necesarios para el desarrollo de la actividad económica, minorado en el importe de las deudas derivadas de la misma, y el valor del patrimonio neto de la entidad, aplicándose, en su caso, estas mismas reglas en la valoración de las participaciones de entidades participadas para determinar el valor de las de su entidad tenedora. A efectos de considerar si un activo es necesario para el desarrollo de una actividad económica, se estará a lo dispuesto en el apartado cuatro del artículo 6 de la Norma Foral 2/2018, de 11 de junio, del Impuesto sobre el Patrimonio.

RESOLUCIÓN ADMINISTRATIVA

Resolución del Organismo Jurídico Administrativo de Álava de 24 de septiembre de 2021

Asunto: requisito de mantenimiento exigido por la normativa foral de Álava para la reducción por adquisición *mortis causa* de empresa o participaciones en entidades y consecuencias de su incumplimiento.

«(...) en relación con la actividad de elaboración de vinos, el 19 de diciembre de 2017 los hermanos ? vendieron el elemento descrito bajo el núm. 8 del inventario de la escritura de aceptación y partición de la herencia de Dña. ..., es decir, una bodega de elaboración, almacenamiento, crianza y embotellado de vinos de Rioja en ... con un almacén auxiliar agrícola, incluyéndose en dicho apartado, un negocio de elaboración de vinos para su comercialización desarrollado en la bodega, que comprendía todos los activos y pasivos afectos al desarrollo de dicho negocio. Consecuentemente, los interesados solicitaron que se eliminara la reducción del 95 % en la base imponible del ISD correspondiente al elemento efectivamente transmitido.

Ahora bien, dicha eliminación de la reducción sólo procede respecto del negocio vendido y no en lo referido a las fincas destinadas a la producción de uva, que no fueron transmitidas antes del transcurso de los cinco años siguientes al fallecimiento de la causante, debiendo señalarse a este respecto que la Hacienda Foral era conocedora de que Dña. ... desarrollaba no sólo una actividad de elaboración de vino sino también una actividad agrícola, porque así lo venía declarando. Por tanto, debe considerarse que se cumple la condición de permanencia respecto de dichos bienes, que no fueron objeto de la venta, sin que la Oficina Gestora haya acreditado que los interesados hayan cesado en la actividad.

Así pues, no resulta procedente la eliminación de la reducción del 95% respecto de las acciones de la mercantil ..., S.A. y de las fincas destinadas a la producción de uva y, en consecuencia, ha de estimarse la reclamación y disponer que la reducción sea suprimida solamente en lo que se refiere a la bodega y al negocio de elaboración de vino desarrollado en la misma, vendidos antes del transcurso del plazo citado».

‖ Reducción por adquisición de la vivienda habitual del causante

La configuración de esta reducción varía en los distintos territorios.

En el caso de **Álava**, la adquisición *mortis causa* (y también la adquisición lucrativa *inter vivos*) del pleno dominio, del usufructo, la nula propiedad, del derecho de superficie o del derecho de uso y habitación de la vivienda en la que el adquirente hubiese convivido con el transmitente durante los dos años anteriores a la transmisión, gozará de una reducción del 95 % en la base imponible correspondiente a la vivienda, con el límite máximo de 212.242 euros.

De manera semejante, en **Bizkaia** se establece una reducción del 95 % en la base imponible del impuesto, con el límite máximo de reducción de

215.000 euros, en caso de adquisición lucrativa *inter vivos* o *mortis causa* del pleno dominio, del usufructo, la nuda propiedad, del derecho de superficie, o del derecho de uso y habitación de la vivienda en la que el adquirente hubiese convivido con el transmitente durante los dos años anteriores a la transmisión. Como precisión, cabe destacar que la norma específica que cuando se supere el requisito cuantitativo apuntado, la reducción solo operará hasta la cuantía establecida, no gozando de reducción las cantidades que superen ese límite. Será requisito para la aplicación de la reducción que la vivienda de que se trate haya tenido la consideración de vivienda habitual tanto para el transmitente como para el adquirente, al menos, durante el período de tiempo considerado, entendiéndose por vivienda habitual la que cumpla los requisitos establecidos en el artículo 87.8 de la Norma Foral del Impuesto sobre la Renta de las Personas Físicas y en su desarrollo reglamentario.

Finalmente, en **Gipuzkoa**, la adquisición lucrativa *inter vivos* o *mortis causa* del pleno dominio, del usufructo, la nuda propiedad, del derecho de superficie, o del derecho de uso y habitación de la vivienda en la que la persona adquirente hubiese convivido con la persona transmitente durante los dos años inmediatamente anteriores a la transmisión, gozará de una reducción del 95 % en la base imponible del impuesto, con el límite máximo de 220.000 euros. Como en el caso de Bizkaia, se especifica que cuando se supere el requisito cuantitativo establecido, la reducción solo operará hasta la cuantía señalada, no gozando de reducción las cantidades que superen ese límite; y que será requisito para aplicar la reducción que la vivienda haya tenido la consideración de vivienda habitual tanto para la persona transmitente como para la adquirente, al menos, durante el período de tiempo considerado, entendiéndose por vivienda habitual la que cumpla los requisitos establecidos en la Norma Foral 3/2014, de 17 de enero, del Impuesto sobre la Renta de las Personas Físicas y en su desarrollo reglamentario.

RESOLUCIÓN ADMINISTRATIVA

Resolución del Tribunal Económico-Administrativo Foral de Bizkaia de 23 de febrero de 2023 (reclamación n.º 623/2022)

Asunto: aplicación de la reducción por convivencia en la vivienda habitual del causante.

«(...) para la aplicación de la reducción por la adquisición de la vivienda habitual del causante no sólo hace falta ser heredero de éste, sino que, además, hay que cumplir los requisitos exigidos por el artículo 44 citado y, en consecuencia, no puede aplicarse tal reducción a aquel heredero que no haya convivido con el causante en su vivienda habitual durante los dos años anteriores al fallecimiento de éste, o lo que es lo mismo, a la fecha de la transmisión. Ello es así porque para la aplicación de la reducción controvertida hay que atender a la convivencia de los herederos con el causante y no sólo al principio de igualdad en la partición.

En conclusión, en el caso que nos ocupa, sólo uno de los herederos universales en concreto, la hija del causante, y hermana de los reclamantes, cumple con los requisitos exigidos por el artículo 44 para la aplicación proporcional de la reducción del 95% sobre la base que le corresponda en la vivienda habitual del causante; ya que la hermana de los reclamantes es la única que ha convivido con su padre en la vivienda habitual de éste durante los dos años anteriores a la fecha de fallecimiento. Por ello, en aplicación del artículo 44 de la Norma Foral reguladora del Impuesto sobre Suce-siones y Donaciones, no procede que los reclamantes se beneficien de la reducción por convivencia en la vivienda habitual del causante, ya que ninguno de ellos ha con-vivido con su padre durante los dos años anteriores a la transmisión, debiéndose en consecuencia desestimar la presente reclamación».

Ciertas reducciones relacionadas con la agricultura previstas por la normativa de Bizkaia

El artículo 45 de la Norma Foral 4/2015, de 25 de marzo, regula una serie de reducciones relacionadas con la agricultura.

Básicamente, y sin perjuicio de las exenciones existentes:

- La adquisición lucrativa *inter vivos* o *mortis causa* del pleno dominio o del usufructo vitalicio de una explotación agraria en su integridad, por el titular de otra explotación prioritaria, o que alcance esta considera-ción como consecuencia de la adquisición, gozará de una reducción del 90 % de la base imponible del impuesto, siempre que, como con-secuencia de dicha transmisión, no se altere la condición de prioritaria de la explotación del adquirente. La reducción se condiciona a ciertos requisitos y se elevará al 100 % en caso de continuación de la explota-ción por el cónyuge o pareja de hecho, descendientes o ascendientes en línea recta por consanguinidad o adoptantes y adoptados.

- La adquisición lucrativa *inter vivos* o *mortis causa* del pleno dominio o del usufructo vitalicio de una finca rústica o de parte de una explota-ción agraria, por el titular de una explotación prioritaria, o que alcance esta consideración como consecuencia de la adquisición, gozará de una reducción del 75 % en la base imponible del impuesto. También exige ciertos requisitos.

- La adquisición lucrativa *inter vivos* o *mortis causa* de terrenos por los titulares de explotaciones agrarias para completar bajo una sola linde el 50 %, al menos, de la superficie de una explotación cuya renta unitaria de trabajo esté dentro de los límites establecidos en la Ley 19/1995, de 5 de julio, a efectos de concesión de beneficios fiscales para las explotaciones prioritarias, gozará de una reducción del 50 % en la base imponible del impuesto, siempre que en el documento público de ad-quisición se haga constar la indivisibilidad de la finca resultante duran-te el plazo de cinco años, salvo fuerza mayor.

- Las reducciones en la base imponible a las que se refieren los puntos primero y segundo anteriores se incrementarán en 10 puntos porcen-tuales, en cada caso, con el límite del 100 %, si el adquirente es un agri-cultor joven o un asalariado agrario, que reúne las características y re-quisitos contemplados en la Ley 19/1995, de 5 de julio, y la adquisición se realiza durante los cinco años siguientes a la primera instalación.

- La adquisición lucrativa *inter vivos* o *mortis causa* de superficies rús-ticas de dedicación forestal, tanto en pleno dominio como en nuda propiedad, gozarán de una reducción en la base imponible del im-puesto, según la escala que establece el precepto. De la misma reducción gozará la extinción del usufructo que se hubiera reservado el transmitente. Las bonificaciones fiscales reguladas en este apartado serán de aplicación, en la escala que corresponda, a la totalidad de la explotación agraria en la que la superficie de dedicación forestal sea superior al 80 % de la superficie total de la explotación.

Reducciones por transmisiones lucrativas *inter vivos*

Para las transmisiones lucrativas *inter vivos*, en la legislación del ISD se recogen las ya apuntadas reducciones por adquisición de la vivienda habitual del transmitente, así como las relacionadas con la agricultura que contempla la normativa de Bizkaia, pero también las reducciones por adquisición de empresa individual, negocio profesional o de participaciones en entidades del donante. Y, asimismo, en el caso de Álava se prevé una reducción para determinadas donaciones en metálico. A las primeras ya se ha hecho referencia en los puntos previos, por lo que nos centraremos en estas dos últimas.

Reducción por adquisición lucrativas *inter vivos* de empresa individual, negocio profesional o de participaciones en entidades del donante

En el caso de **Álava**, las adquisiciones *inter vivos* de una empresa individual, de un negocio profesional o de participaciones en entidades, a la que sea de aplicación la exención regulada en la normativa foral del Impuesto sobre el Patrimonio, por el cónyuge o pareja de hecho, cuando se trate de parejas de hecho constituidas conforme a lo dispuesto en la Ley del Parlamento Vasco 2/2003, de 7 de mayo, ascendientes y descendientes o adoptantes y adoptados, gozarán de una reducción del 95 % en la base imponible del impuesto, siempre que concurran las condiciones siguientes:

- Que la persona donante tenga 60 o más años o se encuentre en situación de incapacidad permanente, en grado de absoluta o gran invalidez.

- Que, si la persona donante viniere ejerciendo funciones de dirección, dejara de ejercer y de percibir remuneraciones por el ejercicio de dichas funciones desde el momento de la transmisión. A estos efectos, no se entenderá comprendida entre las funciones de dirección la mera pertenencia al consejo de administración de la sociedad.

- En cuanto a la persona donataria, deberá mantener lo adquirido y tener derecho a la exención en el Impuesto sobre el Patrimonio durante los cinco años siguientes a la fecha de la escritura pública de donación, salvo que fallezca dentro de este plazo, o que la empresa o entidad se liquide como consecuencia de un procedimiento concursal. Asimismo, la persona donataria no podrá realizar actos de disposición y operaciones societarias que, directa o indirectamente, puedan dar lugar a una minoración sustancial del valor de adquisición.

De no cumplirse los requisitos, deberá pagarse la parte del impuesto que se hubiere dejado de ingresar como consecuencia de la reducción practicada y los intereses de demora correspondientes

Para **Bizkaia**, la reducción se configura de forma similar a la de Álava, aunque el primer requisito se configura diferente (exige que el donante tuviese 65 o más años o se encontrase en situación de incapacidad permanente, en grado de absoluta o gran invalidez) y en cuanto al donatario, en el último requisito solo de excluye de la obligación de mantenimiento el supuesto de fallecimiento.

Finalmente, en **Gipuzkoa**, se establece que las adquisiciones *inter vivos* de una empresa individual, de un negocio profesional o de participaciones en entidades, a los que sea de aplicación la exención regulada en los apartados uno a seis del artículo 6 de la Norma Foral 2/2018, de 11 de junio, del Impuesto sobre el Patrimonio, por el cónyuge, la pareja de hecho, las y los ascendientes, descendientes o colaterales hasta el cuarto grado de la persona transmitente, ya tenga su origen el parentesco en la consanguinidad, en la afinidad, en la relación que resulte de la constitución de la pareja de hecho o en la adopción, gozarán de una reducción del 95 % en la base imponible del impuesto, siempre que concurran las tres condiciones ya señaladas para Álava.

Sin embargo, a mayor abundamiento, en este territorio se especifica que, en las adquisiciones de participaciones en entidades, la reducción se calculará teniendo en cuenta la proporción existente entre el valor de los activos necesarios para el desarrollo de la actividad económica, minorado en el importe de las deudas derivadas de la misma, y el valor del patrimonio neto de la entidad, aplicándose, en su caso, estas mismas reglas en la valoración de las participaciones de entidades participadas para determinar el valor de las de su entidad tenedora. A efectos de considerar si un activo es necesario para el desarrollo de una actividad económica, se estará a lo dispuesto en el apartado cuatro del artículo 6 de la Norma Foral 2/2018, de 11 de junio, del Impuesto sobre el Patrimonio.

Por otra parte, a los efectos de la aplicación de esta reducción en Gipuzkoa, el cumplimiento de los requisitos y condiciones previstos en los apartados uno a seis del artículo 6 de la Norma Foral 2/2018, de 11 de junio, del Impuesto sobre el Patrimonio por parte de la persona donante, habrá de referirse al momento en el que se produzca el devengo del ISD. No obstante, el cumplimiento de la condición prevista en ese artículo 6.Dos.d), deberá referirse a la autoliquidación del IRPF de la persona donante o, en su caso, de la persona o personas del grupo de parentesco a que se refiere la letra c) del citado apartado dos, correspondiente al período impositivo inmediato anterior al de la transmisión.

De no cumplirse los requisitos, deberá pagarse la parte del impuesto que se hubiere dejado de ingresar como consecuencia de la reducción practicada y los intereses de demora correspondientes.

‖ Reducción aplicable a ciertas donaciones dinerarias en Álava

En Álava, las donaciones en metálico realizadas por ascendientes o adoptantes a favor de descendientes en línea recta o adoptados o adoptadas, respectivamente, para que los donatarios o donatarias inicien el ejercicio de una nueva actividad económica, gozarán de una reducción del 95 % de la cuota.

La cantidad máxima de dinero en efectivo sobre la que se aplicará esta reducción será de 50.000 euros. Este importe máximo se aplicará tanto en caso de una única donación de dinero en efectivo como en caso de donaciones sucesivas o simultáneas, que a tal efecto son acumulables, tanto si provienen del mismo o de la misma ascendiente o adoptante como si provienen de distintos ascendientes o adoptantes.

En caso de donaciones sucesivas, solo podrá aplicarse esta reducción, con el mencionado límite, a las que se hayan realizado en los seis meses siguientes a la primera de las donaciones a la que resulte aplicable la reducción.

El disfrute de la reducción se condiciona a una serie de requisitos, con respecto a los cuales nos remitimos al apartado 8 del artículo 22 de la Norma Foral 11/2005, de 16 de mayo, cuyo tenor literal se reprodujo en el epígrafe general de reducciones. En caso de no cumplirse los requisitos exigidos, deberá satisfacerse la parte del impuesto que se hubiera dejado de ingresar como consecuencia de la reducción practicada más los intereses de demora correspondientes.

> **CUESTIÓN**
>
> **Una persona de Bizkaia dona a su hija la nuda propiedad de la vivienda en la que ambos conviven desde hace menos de un año. ¿La hija puede aplicarse la reducción por adquisición lucrativa _inter vivos_ de ese derecho sobre la vivienda habitual del donante?**
>
> No, ya que según el artículo 44 de la Norma Foral 4/2015, de 25 de marzo, la reducción solo puede aplicarse cuando el adquirente hubiera convivido en la vivienda con el transmitente durante los dos años anteriores a la transmisión.

1.7. Deuda tributaria

¿Cuáles son los tipos de gravamen en el ISD en Álava, Bizkaia y Gipuzkoa?

|| Tarifa del ISD en Álava

Los tipos de gravamen del Impuesto sobre Sucesiones y Donaciones en Álava encuentran su regulación en el artículo 24 de la Norma Foral 11/2005, de 16 de mayo (precepto que ha sido recientemente modificado por la Norma Foral 26/2023, de 22 de diciembre, con efectos desde el 30 de diciembre de 2023).

Así, los tipos de gravamen se establecen en función de los grupos de parentesco establecidos en el artículo 22.1 de la Norma Foral 11/2005, de 16 de mayo (que resumimos en la siguiente tabla), y de lo dispuesto en ese precepto en relación con las personas que acrediten tener reconocido alguno de los grados de dependencia o discapacidad que en él se señalan.

Grupos de parentesco	
Grupo 0	Cónyuge o pareja de hecho constituida conforme a la Ley del Parlamento Vasco 2/2003, de 7 de mayo, descendientes o ascendientes en línea recta por consanguinidad o adoptantes o adoptados
Grupo I	Colaterales de segundo y tercer grado por consanguinidad, ascendientes y descendientes por afinidad, incluidos los resultantes de la constitución de la pareja de hecho por aplicación de la norma antes mencionada
Grupo II	Colaterales de cuarto grado, colaterales de segundo y tercer grado por afinidad, grados más distantes y extraños

Tal y como define el artículo 55 de la Norma Foral 6/2005, de 28 de febrero, la cuota íntegra se determinará:

1. Aplicando el tipo de gravamen a la base liquidable.

2. Según cantidad fija señalada al efecto.

En el caso del ISD, se opta por ambas opciones, aplicando las tarifas que exponemos a continuación:

| Tipo fijo

Será de aplicación al grupo 0 de parentesco. Tipo impositivo: 1,5 %.

| Tarifa I

Será de aplicación para personas que acrediten tener reconocido cualquiera de los grados de dependencia o discapacidad que señala el artículo 22.1 de la Norma Foral 11/2005, de 16 de mayo.

Base liquidable		Cuota	Tipo marginal
Euros	Euros	Euros	Porcentaje
0,00	9.086,00	0,00	3,80
9.086,01	27.261,00	345,27	5,32
27.261,01	45.431,00	1.312,18	6,84
45.431,01	90.850,00	2.555,01	8,36
90.850,01	181.706,00	6.352,03	10,64
181.706,01	454.259,00	16.019,11	13,68
454.259,01	908.518,00	53.304,36	16,72
908.518,01	2.271.297,00	129.256,47	21,28
2.271.297,01	En adelante	419.255,84	26,60

| Tarifa II

Será de aplicación al grupo I de parentesco.

Base liquidable		Cuota	Tipo marginal
Euros	Euros	Euros	Porcentaje
0,00	9.086,00	0,00	5,70
9.086,01	27.261,00	517,90	7,98
27.261,01	45.431,00	1.968,27	10,26
45.431,01	90.850,00	3.832,51	12,54
90.850,01	181.706,00	9.528,05	15,58
181.706,01	454.259,00	23.683,42	19,38
454.259,01	908.518,00	76.504,19	23,18
908.518,01	2.271.297,00	181.801,42	28,50
2.271.297,01	En adelante	570.193,44	34,58

| Tarifa III

Será de aplicación al grupo II de parentesco.

Base liquidable		Cuota	Tipo marginal
Euros	Euros	Euros	Porcentaje
0,00	9.086,00	0,00	7,60
9.086,01	27.261,00	690,54	10,64
27.261,01	45.431,00	2.624,36	13,68
45.431,01	90.850,00	5.110,01	16,72
90.850,01	181.706,00	12.704,07	20,52
181.706,01	454.259,00	31.347,72	25,08
454.259,01	908.518,00	99.704,01	29,64
908.518,01	2.271.297,00	234.346,38	35,72
2.271.297,01	En adelante	721.131,04	42,56

|| Tarifa del ISD en Bizkaia

Los tipos de gravamen del Impuesto sobre Sucesiones y Donaciones en Bizkaia encuentran su regulación en el artículo 47 de la Norma Foral 4/2015, de 25 de marzo.

Así, los tipos de gravamen se regulan en función de los grupos de parentesco establecidos en el artículo 43.1 de la Norma Foral 4/2015, de 25 de marzo, que resumimos en la siguiente tabla:

Grupo	Integrantes del grupo
I	Cónyuge o pareja de hecho constituida conforme a la Ley del Parlamento Vasco 2/2003, de 7 de mayo, descendientes o ascendientes en línea recta por consanguinidad o adoptantes o adoptados
II	Colaterales de segundo grado por consanguinidad
III	Colaterales de tercer grado por consanguinidad, ascendientes y descendientes por afinidad
IV	Colaterales de cuarto grado, colaterales de segundo y tercer grado por afinidad, grados más distantes y extraños

La cuota íntegra se determinará:

1. Aplicando el tipo de gravamen correspondiente a la base liquidable.
2. Según cantidad fija señalada al efecto.

En el caso del ISD en Bizkaia, se opta por ambas opciones, aplicando los tipos impositivos que exponemos a continuación:

| Tipo fijo aplicable a los pertenecientes al grupo I de parentesco

Será de aplicación al grupo I de parentesco. Tipo impositivo: 1,5 %.

| Tarifa I: grupos II y III

Será de aplicación a los colaterales de segundo y tercer grado por consanguinidad y a los ascendientes y descendientes de segundo y tercer grado por afinidad.

Base liquidable hasta (euros)	Cuota íntegra (euros)	Resto base liquidable hasta (euros)	Tipo (porcentaje)
0,00	0,00	9.230,00	5,70
9.230,00	526,11	18.450,00	7,98
27.680,00	1.998,42	18.450,00	10,26
46.130,00	3.891,39	46.110,00	12,54
92.240,00	9.673,58	92.220,00	15,58

184.460,00	24.041,46	276.650,00	19,38
461.110,00	77.656,23	461.080,00	23,18
922.190,00	184.534,57	1.383.230,00	28,50
2.305.420,00	578.755,12	En adelante	34,58

| Tarifa II: grupo IV

Será de aplicación al grupo IV de parentesco.

Base liquidable (euros)	Cuota íntegra (euros)	Resto base liquidable hasta (euros)	Tipo (porcentaje)
0	0	9.230,00	7,60
9.230,00	701,48	18.450,00	10,64
27.680,00	2.664,56	18.450,00	13,68
46.130,00	5.188,52	46.110,00	16,72
92.240,00	12.898,11	92.220,00	20,52
184.460,00	31.821,66	276.650,00	25,08
461.110,00	101.205,48	461.080,00	29,64
922.190,00	237.869,59	1.383.230,00	35,72
2.305.420,00	731.959,34	En adelante	42,56

|| Tarifa del ISD en Gipuzkoa

Los tipos de gravamen del Impuesto sobre Sucesiones y Donaciones en Gipuzkoa encuentran su regulación en el artículo 47 de la Norma Foral 2/2022, de 10 de marzo.

Así, los tipos de gravamen se establecen en función de los grupos de parentesco establecidos en el artículo 44.1 de la Norma Foral 2/2022, de 10 de marzo, que resumimos en la siguiente tabla:

Grupo	Integrantes del grupo
I	Cónyuge o pareja de hecho constituida conforme a la Ley del Parlamento Vasco 2/2003, de 7 de mayo, descendientes o ascendientes en línea recta por consanguinidad o adoptantes o adoptados
II	Colaterales de segundo y tercer grado por consanguinidad, ascendientes y descendientes por afinidad
III	Colaterales de cuarto grado, colaterales de segundo y tercer grado por afinidad, grados más distantes y extraños

La cuota íntegra se determinará:

1. Aplicando el tipo de gravamen correspondiente a la base liquidable.
2. Según cantidad fija señalada al efecto.

En el caso del ISD en Gipuzkoa, se opta por ambas opciones, aplicando los tipos impositivos que exponemos a continuación:

Tipo fijo aplicable a los pertenecientes al grupo I de parentesco

Será de aplicación al grupo I de parentesco. Tipo impositivo: 1,5 %.

Tarifa I: grupo II

Será de aplicación al grupo II de parentesco.

Base liquidable hasta (euros)	Cuota íntegra (euros)	Resto base liquidable hasta (euros)	Tipo marginal (porcentaje)
0	0,00	8.200	5,70
8.200	467,40	16.390	7,98
24.590	1.775,32	16.390	10,26
40.980	3.456,94	40.990	12,54
81.970	8.597,08	81.970	15,58
163.940	21.368,01	245.990	19,38
409.930	69.040,87	409.740	23,18
819.670	164.018,60	1.229.460	28,50
2.049.130	514.414,70	Exceso	34,58

Tarifa II: grupo III

Será de aplicación al grupo III de parentesco.

Base liquidable hasta (euros)	Cuota íntegra (euros)	Resto base hasta (euros)	Tipo marginal (porcentaje)
0	0	8.200	7,60
8.200	623,2	16.390	10,64
24.590	2.367,10	16.390	13,68
40.980	4.609,25	40.990	16,72
81.970	11.462,78	81.970	20,52
163.940	28.283,02	245.990	25,08
409.930	89.977,31	409.740	29,64
819.670	211.424,25	1.229.460	35,72
2.049.130	650.587,36	Exceso	42,56

1.7.1. Cuota del ISD

¿Cómo se calcula la cuota del ISD?

La cuota líquida del ISD será el resultado de aplicar la tarifa que corresponda conforme al grupo de parentesco y tablas ahora recogidas; además, se deberá minorar el resultado de la aplicación de la tarifa por las deducciones y bonificaciones que la normativa haya establecido. En este caso, la única deducción a tener en cuenta es la **deducción por doble imposición internacional** que se regula de forma análoga en todos los Territorios Históricos.

Así, reproduciremos el artículo 48 de la Norma Foral 2/2022, de 10 de marzo, de contenido análogo a lo dispuesto en la normativa foral de Álava y Bizkaia (artículo 25 de la Norma Foral 11/2005, de 16 de mayo, y artículo 48 de la Norma Foral 4/2015, de 25 de marzo):

«De la cuota íntegra de este impuesto se deducirá la menor de las dos cantidades siguientes:

a) **El importe efectivo de lo satisfecho en el extranjero** por razón de gravamen similar que afecte al incremento patrimonial sometido a este impuesto.

b) El **resultado de aplicar el tipo medio de gravamen de este impuesto al incremento patrimonial correspondiente a bienes que radiquen o derechos que puedan ser ejercitados fuera de España,** cuando hubiesen sido sometidos a gravamen en el extranjero por un impuesto similar.

El tipo medio de gravamen a que se refiere el párrafo anterior se calculará en la forma establecida en el artículo 17».

Cuota tributaria = (base liquidable x tarifa) - deducción por doble imposición internacional

1.8. Régimen de autoliquidación o liquidación, aplazamiento y fraccionamiento de pago

Normas generales de autoliquidación o liquidación del ISD en el País Vasco

La gestión del Impuesto sobre Sucesiones y Donaciones corresponderá a la Diputación Foral del Territorio Histórico de que se trate, que la ejercerá a través del órgano en cada caso competente. En principio, cada Diputación Foral podrá regular los procedimientos de declaración, liquidación y pago del impuesto, incluido, en su caso, el régimen de autoliquidación, que podrá establecerse con carácter general o para supuestos especiales.

En particular, **Álava y Gipuzkoa** regulan la obligatoriedad de presentar autoliquidación de la manera que sigue:

Artículo 38 de la Norma Foral 11/2005, de 16 de mayo

«1. Los sujetos pasivos vendrán obligados a presentar una autoliquidación, comprensiva de los hechos imponibles a que se refiere la presente Norma Foral y a ingresar, en su caso, la correspondiente deuda tributaria en las condiciones que reglamentariamente se fijen.

2. En las herencias sometidas a usufructo poderoso o a poder testatorio, el usufructuario o el comisario de la herencia deberá presentar una declaración tributaria en la que se haga constar el fallecimiento del causante. En la misma el comisario deberá dar cumplimiento a lo previsto en el artículo 38 bis de esta Norma Foral.

En las herencias a las que se refiere el presente apartado, no podrá presentarse autoliquidación por los contribuyentes, distintos al propio usufructuario poderoso o comisario por el derecho de usufructo y, además, por los bienes afectados por el poder testatorio o usufructo poderoso, en tanto no se haya ejercitado la facultad de disponer o el poder testatorio con carácter irrevocable, de manera parcial o total, o se produzca alguna de las demás causas de extinción del mismo.

Reglamentariamente se podrán establecer otras obligaciones formales del usufructuario poderoso o del comisario en las herencias que se defieran por usufructo poderoso o testamento por comisario.

3. En las adquisiciones de bienes o derechos cuya efectividad se halle suspendida de acuerdo con lo dispuesto en el apartado 3 del artículo 26 de esta Norma Foral, y en las herencias que se defieran por usufructo poderoso o por testamento por comisario, los plazos de presentación empezarán a contarse a partir de la fecha en que se produzca el devengo del Impuesto.

(...)

5. Cuando se trate de transmisiones por causa de muerte o en los supuestos de seguros sobre la vida, el plazo para la presentación de la autoliquidación, será de seis meses, a contar desde el día siguiente al del fallecimiento del causante, se hayan formalizado o no las operaciones de testamentaría y cualquiera que sea la fecha de su otorgamiento.

Cuando la sucesión dependa del nacimiento de un póstumo o de la declaración de fallecimiento del ausente, el plazo señalado en el párrafo anterior se empezará a contar, en el primer caso, desde el día siguiente al de su nacimiento o, en su caso, desde aquél en que tenga lugar alguno de los hechos a que se refiere el artículo 966 del Código Civil, y, en el segundo supuesto, desde el día siguiente a aquel que adquiera firmeza la declaración de fallecimiento del ausente.

El plazo de seis meses a que se refieren los párrafos anteriores se ampliará a diez meses cuando el fallecimiento del causante o los hechos a que se refiere el artículo 966 del Código Civil, hubiesen ocurrido en el extranjero.

6. No obstante lo dispuesto en el apartado anterior, transcurridos los plazos de seis y diez meses a que el mismo se refiere, éstos se entenderán prorrogados automáticamente por otros seis meses, sin necesidad de solicitud de los interesados, si bien con la obligación por parte del sujeto pasivo de satisfacer los intereses de demora que empezarán a contarse una vez finalizado el plazo de seis o diez meses a que se ha hecho referencia en el apartado anterior.

7. Se podrá otorgar una prórroga extraordinaria de otros seis meses para la presentación de la autoliquidación por transmisiones por causa de muerte, siempre que los interesados lo soliciten antes de expirar la prórroga ordinaria a que se refiere el apartado anterior y se justifique debidamente la existencia de una causa legítima. El plazo de la prórroga extraordinaria se contará desde el día siguiente al que termine la ordinaria.

El acuerdo accediendo a la prórroga extraordinaria llevará consigo la obligación, por parte del sujeto pasivo, de satisfacer un recargo del 5 por ciento de las cuotas que se liquiden y los intereses de demora desde la fecha de vencimiento del plazo ordinario de presentación.

La presentación de las autoliquidaciones fuera de plazo, sin requerimiento de la Administración tributaria, se recargará con un 10 por ciento de las cuotas y el correspondiente interés de demora según las disposiciones de la Norma Foral General Tributaria. Si hubiere mediado requerimiento de la Administración tributaria, se aplicará lo dispuesto en la Norma Foral General Tributaria de Álava.

8. El plazo para la presentación de las autoliquidaciones de donaciones y demás transmisiones lucrativas será de treinta días hábiles a contar desde el día siguiente al momento en que se produzca el hecho imponible.

9. Se autoriza al Reglamento de este Impuesto para que, en su caso, adapte los plazos de presentación de las correspondientes autoliquidaciones a las peculiaridades procedentes del Derecho civil vasco».

Artículo 68 de la Norma Foral 2/2022, de 10 de marzo

«1. Los contribuyentes vendrán obligados a presentar una autoliquidación, comprensiva de los hechos imponibles a que se refiere la presente norma foral, y a ingresar, en su caso, la correspondiente deuda tributaria en los términos previstos en esta esta norma foral y en el reglamento que la desarrolle.

En la autoliquidación se incluirá el valor de la totalidad de los bienes y derechos transmitidos, de acuerdo con las reglas previstas en la presente norma foral.

2. Se deberán presentar las autoliquidaciones de todas las personas adquirentes y deberá existir conformidad de todas ellas, teniendo en otro caso el importe ingresado por una autoliquidación el carácter de mero ingreso a cuenta del contribuyente que la haya presentado.

3. Transcurridos los plazos establecidos en el artículo siguiente sin que alguna de las personas obligadas haya presentado la oportuna autoliquidación, la Administración tributaria les requerirá para que en el plazo de un mes a contar desde la notificación del requerimiento proceda a su presentación. En otro caso, la Administración tributaria practicará de oficio

las liquidaciones que procedan en base a los datos de que disponga, con imposición de las sanciones que sean aplicables.

4. No obstante lo dispuesto en los apartados anteriores, se admitirá la autoliquidación parcial referida a una parte de los bienes o derechos en los supuestos previstos en el artículo 70».

Por su parte, en **Bizkaia** la liquidación del impuesto se realizará por medio de declaración o de autoliquidación, según los casos.

‖ Modalidades de presentación

El artículo 66 de la Norma Foral 4/2015, de 25 de marzo, señala lo siguiente:

«1. Los contribuyentes deberán presentar una declaración tributaria comprensiva de los hechos imponibles objeto de esta Norma Foral, para que por los órganos competentes de la Administración tributaria se proceda a su examen, calificación y comprobación y, en su caso, a la práctica de las liquidaciones tributarias que procedan, en los términos y en los plazos que se señalan en esta Norma Foral y en el Reglamento que la desarrolle.

2. Los contribuyentes podrán optar por presentar una autoliquidación, en los términos previstos en los artículos 67 y siguientes de esta Norma Foral, en cuyo caso deberán también practicar las operaciones necesarias para determinar el importe de la deuda tributaria.

No obstante lo establecido en el párrafo anterior, los contribuyentes deberán presentar, en todo caso, autoliquidación por este Impuesto cuando obtengan los incrementos de patrimonio a título lucrativo sometidos al mismo a que se refieren las letras b) y c) del artículo 4 de esta Norma Foral.

3. En las herencias sometidas a un "alkar-poderoso" o poder testatorio, el comisario de la herencia deberá presentar una declaración tributaria en la que se haga constar el fallecimiento del causante. En la misma se deberá dar cumplimiento a lo previsto en el artículo 74 de esta Norma Foral.

En las herencias a las que se refiere el presente apartado, no podrá presentarse autoliquidación por los contribuyentes en tanto no se haya ejercitado el poder testatorio con carácter irrevocable, de manera parcial o total, o se produzca alguna de las demás causas de extinción del mismo.

4. La presentación de la declaración o autoliquidación podrá realizarse mediante la utilización de medios telemáticos en los supuestos y de conformidad con el procedimiento y requisitos que se establezcan reglamentariamente».

‖ Régimen de autoliquidación

Por lo que se refiere al **régimen de autoliquidación**, establece el artículo 67 de la Norma Foral 4/2015, de 25 de marzo:

«1. En los supuestos de incrementos de patrimonio a título lucrativo obtenidos por personas físicas, comprendidos en la letra a) del artículo 4 de esta Norma Foral, la opción de los contribuyentes por el régimen de autoliquidación exigirá que en las autoliquidaciones presentadas se incluya el valor de la totalidad de los bienes y derechos transmitidos y que todos los adquirentes interesados en la sucesión estén incluidos en el mismo documento o declaración y exista la conformidad de todos para la práctica de la autoliquidación.

El importe ingresado por una autoliquidación que no reúna los requisitos exigidos en el párrafo anterior tendrá el carácter de mero ingreso a cuenta, sin que la Oficina Liquidadora pueda realizar las actuaciones previstas reglamentariamente para la tramitación de la autoliquidación.

2. En los supuestos de incrementos de patrimonio obtenidos a título lucrativo por personas físicas, comprendidos en las letras b) y c) del artículo 4 de esta Norma Foral, la presentación de la autoliquidación correspondiente será obligatoria para los contribuyentes, exigiéndose, en el supuesto de percepciones correspondientes a contratos de seguro sobre la vida para causa de muerte del asegurado, que todos los adquirentes interesados en el seguro estén incluidos en el mismo documento o declaración.

El importe ingresado por una autoliquidación que no reúna los requisitos exigidos en el párrafo anterior tendrá el carácter de mero ingreso a cuenta, sin que la Oficina Liquidadora pueda realizar las actuaciones previstas reglamentariamente para la tramitación de la autoliquidación».

Liquidaciones parciales a cuenta, aplazamiento y fraccionamiento del pago del ISD en P. Vasco

(Artículo 42 de la Norma Foral 11/2005, de 16 de mayo; artículo 70 de la Norma Foral 4/2015, de 25 de marzo; artículo 70 de la Norma Foral 2/2022, de 10 de marzo)

En el caso de **Álava**, los interesados en sucesiones hereditarias podrán proceder a la práctica de una autoliquidación parcial del impuesto a los solos efectos de cobrar seguros sobre la vida, créditos del causante, haberes devengados y no percibidos por el mismo, retirar bienes, valores, efectos o dinero que se hallasen en depósito. La forma, plazos y efectos de dicha autoliquidación serán los que estipula el artículo 44 del Decreto Foral 74/2006, de 29 de noviembre.

En **Bizkaia**, en las adquisiciones *mortis causa*, los interesados podrán solicitar que se practique una liquidación parcial o podrán practicar una autoliquidación parcial del impuesto, a los solos efectos de cobrar créditos del causante, haberes devengados y no percibidos por el mismo, retirar bienes, valores, efectos o dinero que se encuentren en depósito, así como en supuestos análogos en los que, con relación a otros bienes en distinta situación, existan razones suficientes que justifiquen la práctica de liquidación o autoliquidación parcial. Tratándose de autoliquidaciones será necesaria la previa conformidad de todos los contribuyentes implicados, en caso de haber más de uno. Los artículos 15 y 16 del Decreto Foral 58/2015, de 21 de abril, desarrollan lo relativo a las declaraciones o autoliquidaciones parciales.

Para **Gipuzkoa**, se prevé que, en las adquisiciones *mortis causa*, los contribuyentes, previa conformidad de todos en caso de ser más de uno, podrán proceder a la práctica de una autoliquidación parcial del impuesto a los solos efectos de cobrar créditos de la persona causante, haberes devengados y no percibidos por la misma, retirar bienes, valores, efectos o dinero que se encuentren en depósito, o bien en otros supuestos análogos en los que, con relación a otros bienes en distinta situación, existan razones suficientes que justifiquen la práctica de autoliquidación parcial. El propio artículo 70 de la Norma Foral 2/2022, de 10 de marzo, recoge ciertas reglas en cuanto a su presentación.

Como notas comunes a todas las provincias, cabe destacar dos:

- Los contribuyentes que presenten la autoliquidación parcial deberán proceder posteriormente a presentar la autoliquidación por la totalidad de los bienes y derechos que hayan adquirido, en la forma prevista en la normativa foral de cada territorio.

- El ingreso efectuado en virtud de la liquidación o autoliquidación parcial tendrá el carácter de ingreso a cuenta de la autoliquidación posterior que proceda por la sucesión hereditaria de que se trate.

CUESTIONES

1. Una persona fallece en diciembre de 2023 dejando todos sus bienes y derechos a su hija, como única heredera. Asimismo, la hija es beneficiaria de un seguro de vida que había contratado el causante, por un importe de 100.000 euros. La hija del fallecido se pregunta si podría cobrar el seguro con anterioridad a la liquidación del ISD por la totalidad de la herencia, puesto que el dinero le vendría bien.

Sí, existe la posibilidad de hacer una autoliquidación o liquidación a cuenta del impuesto a los efectos de cobrar el seguro de vida, considerándose el ingreso efectuado como un pago a cuenta de la liquidación definitiva del ISD, en los términos concreto que, para cada provincia vasca, establece su normativa foral.

2. En el momento de realizar la posterior liquidación por el valor total de los bienes y derechos heredados, ¿debe la hija del causante consignar el valor cobrado del seguro sobre la vida de su padre? ¿Y lo pagado por la liquidación del seguro?

Sí, la liquidación posterior que se realice deberá incluir la relación completa de bienes y derechos, de ahí que se pueda minorar lo efectivamente pagado por la liquidación o autoliquidación parcial.

|| En general, el pago del ISD en el País Vasco

(Artículo 43 de la Norma Foral 11/2005, de 16 de mayo; artículo 71 de la Norma Foral 4/2015, de 25 de marzo; artículo 71 de la Norma Foral 2/2022, de 10 de marzo)

Por lo que se refiere al pago del impuesto, los contribuyentes que presenten autoliquidación tendrán que ingresar su importe dentro de los plazos oportunos. En Bizkaia, el pago de las liquidaciones practicadas por la Diputación Foral también deberá realizarse dentro del plazo correspondiente.

A TENER EN CUENTA. Normalmente, el pago de realizará en dinero, pero la normativa foral también contempla la posibilidad de que, en ciertos casos, pueda admitirse el pago de la deuda tributaria mediante la entrega de determinados bienes y derechos (en los términos y con los requisitos que cada norma prevé). Además, por ejemplo, Álava y Bizkaia prevén la posibilidad de que la oficina liquidadora pueda autorizar a las entidades financieras (o aseguradoras en Bizkaia), a solicitud de los interesados, a enajenar valores depositados a nombre del causante y satisfacer el impuesto con cargo a su importe o al saldo a su favor (artículo 46 del Decreto Foral 74/2006, de 29 de noviembre, y artículo 19 del Decreto Foral 58/2015, de 21 de abril).

Aplazamiento y fraccionamiento del pago del ISD en P. Vasco

Sin perjuicio de las siguientes particularidades, en los territorios históricos vascos serán aplicables las normas que sobre aplazamiento y fraccionamiento en él estén vigentes.

|| Territorio Histórico de Álava

Conforme al artículo 45 de la Norma Foral 11/2005, de 16 de mayo, la **Administración tributaria podrá acordar el aplazamiento**, por término de hasta un año, del pago de las autoliquidaciones practicadas por causa de muerte, siempre que no exista inventariado efectivo o bienes de fácil realización suficientes para el abono de las cuotas liquidadas y se solicite antes de expirar el plazo reglamentario de pago. La concesión del aplazamiento implicará la obligación de abonar el interés de demora correspondiente. Asimismo, podrá acordar el aplazamiento de pago de las cuotas liquidadas por herencia o legado en nuda propiedad hasta la consolidación del dominio, siempre que se cumplan las obligaciones formales, y se solicite en el plazo indicado en el párrafo anterior, que el interesado declare carecer de bienes bastantes para satisfacerlas y sea posible garantizar el pago mediante hipoteca legal, especial sobre otros bienes o fianza bancaria de carácter solidario.

En los mismo supuestos y condiciones, la **Administración tributaria podrá acordar el fraccionamiento de pago**, en cinco anualidades como máximo, siempre que se garantice el pago en la forma que reglamentariamente se determine.

También podrá acordarse el aplazamiento del pago, en las mismas condiciones a que hacen referencia los apartados anteriores, hasta que fuesen conocidos los causahabientes en una sucesión.

Por otra parte, el artículo 46 de la Norma Foral 11/2005, de 16 de mayo, se refiere a los **supuestos especiales de aplazamiento y fraccionamiento**. Conforme a él, el pago de las autoliquidaciones practicadas, como consecuencia de la transmisión por herencia, legado o donación de una empresa individual que ejerza una actividad industrial, comercial, artesanal, agrícola o profesional o de participaciones en entidades a las que sea de aplicación la exención regulada en el artículo 4.Diez.2 de la Norma Foral reguladora del Impuesto sobre el Patrimonio, podrá aplazarse, a petición del obligado tributario realizada antes de finalizar el plazo reglamentario de pago, o, en su caso, el de presentación de la autoliquidación, durante los cinco años siguientes al día en que termine el plazo para el pago, con obligación de constituir garantía suficiente y sin que proceda el abono de interés de demora durante el período de aplazamiento.

Terminado el plazo de cinco años podrá, con las mismas condiciones y requisitos, fraccionarse el pago en diez plazos semestrales, con el correspondiente abono del interés de demora durante el tiempo de fraccionamiento.

Lo dispuesto en los dos párrafos anteriores sobre aplazamiento y fraccionamiento de pago será, asimismo, aplicable a las autoliquidaciones practicadas, como consecuencia de la transmisión hereditaria de la vivienda habitual de una persona, siempre que el causahabiente sea pariente colateral mayor de sesenta y cinco años, que hubiese convivido con el causante durante los dos años anteriores al fallecimiento.

En los seguros sobre la vida en los que el causante sea a su vez el contratante o el asegurado en el seguro colectivo y cuyo importe se perciba en forma de renta, se fraccionará a solicitud del beneficiario el pago del impuesto correspondiente en el número de años en los que se perciba la pensión, si la renta fuera temporal, o en un número máximo de quince años si fuera vitalicia, mientras no se ejercite el derecho de rescate. El aplazamiento no exigirá la constitución de ningún tipo de garantía sin que devengue tampoco ningún tipo de interés. Por la extinción de la pensión dejarán de ser exigibles los pagos fraccionados pendientes que, no obstante, lo serán en caso de ejercitarse el derecho de rescate.

|| Territorio Histórico de Bizkaia

Tal y como recogen los artículos 20 y siguientes del Decreto Foral de la Diputación Foral de Bizkaia 58/2015, de 21 de abril, se establecen determinadas situaciones en las que puede llevarse a cabo un aplazamiento especial del pago del impuesto:

- **Aplazamiento en caso de causahabientes desconocidos.** A solicitud de los administradores o poseedores de los bienes hereditarios, los órganos competentes podrán conceder el aplazamiento de las liquidaciones practicadas por adquisiciones *mortis causa*, hasta que fuesen conocidos los causahabientes, siempre que concurran las condiciones siguientes:

  - Que se solicite antes de expirar el plazo de pago ordinario.

  - Que en el inventario de los bienes no figuren efectivo o bienes de fácil realización suficientes para el pago de las liquidaciones.

  - Que se acompañe compromiso de constituir garantía suficiente que cubra el importe de la deuda principal e intereses de demora, más un 25 % de la suma de ambas partidas. La concesión definitiva del aplazamiento quedará subordinada a la constitución de la garantía.

  La concesión del aplazamiento implicará obligación de satisfacer el interés de demora que esté vigente el día en que se inicie su devengo.

- **Aplazamiento en el caso de contratos de seguro de vida cobrados en forma de renta.** En los seguros sobre la vida en los que el causante sea, a su vez, el contratante o el asegurado en el seguro colectivo y cuyo importe se perciba en forma de renta, vitalicia o temporal, se fraccionará a solicitud del beneficiario el pago del impuesto correspondiente, para lo cual se tendrán en consideración las siguientes reglas:

– El beneficiario deberá integrar en la base imponible el valor actual de dicha renta, determinado de acuerdo con criterios de cálculo actuarial.

– Los órganos competentes acordarán el fraccionamiento del pago de las cuotas tributarias correspondientes a que hace referencia este artículo, siempre que concurran las siguientes condiciones:

» Que la autoliquidación haya sido presentada ante la oficina liquidadora correspondiente dentro de los plazos oportunos.

» Que se solicite el fraccionamiento antes de expirar el plazo de pago de la deuda tributaria.

– Los órganos competentes acordarán el fraccionamiento en el número de años en que se perciba la renta, si ésta fuera temporal, o en un número máximo de 15 años, si la renta fuera vitalicia.

– La concesión del fraccionamiento no requerirá que se constituya ningún tipo de caución ni implicará la obligación de pagar el interés de demora correspondiente.

– La solicitud deberá resolverse en el plazo de 3 meses desde su presentación, considerándose estimada si transcurrido dicho plazo no se ha notificado al contribuyente la desestimación de la misma.

– El importe del ingreso anual correspondiente al pago fraccionado será el que resulte de dividir el importe de la cuota que se fracciona entre el número de años en que se perciba la renta, si fuera temporal, o entre 15, si fuera vitalicia. El pago anual fraccionado se ingresará durante el mes de enero siguiente a la percepción íntegra de cada anualidad de renta.

– En el supuesto en el que se ejercite el derecho de rescate, la totalidad de los pagos fraccionados pendientes deberá ingresarse durante los 30 días siguientes al ejercicio de dicho derecho. En el supuesto en que se produzca la extinción de la renta, solo resultarán exigibles los pagos fraccionados pendientes que correspondan a la anualidad de renta efectivamente percibida y que estén pendientes de ingreso, no siendo exigibles el resto de los pagos correspondientes a anualidades no percibidas.

• **Aplazamiento en caso de transmisión lucrativa de empresa individual.** Los órganos competentes, a solicitud del contribuyente, podrán conceder el aplazamiento por cuatro años del pago de las liquidaciones practicadas o autoliquidaciones presentadas como consecuencia de la adquisición lucrativa *inter vivos* o *mortis causa* de una empresa individual que ejerza una actividad industrial, comercial, artesanal, agrícola o profesional. La solicitud deberá presentarse antes de expirar el plazo de pago, acompañada del compromiso de constituir garantía suficiente que cubra el principal de la deuda e interés legal, más un 25 % de la suma de ambas partidas. En este supuesto, no se devengarán intereses de demora durante el período de aplazamiento. Dichos aplazamientos afectarán a la parte proporcional de la deuda tributaria que corresponda al valor comprobado de la empresa transmitida, en relación con el total del caudal hereditario de cada uno de los causahabientes.

|| Territorio Histórico de Gipuzkoa

Los artículos 11 y siguientes del Decreto Foral 1/2023, de 17 de enero, recogen los siguientes supuestos de aplazamiento o fraccionamiento de la deuda tributaria resultante de la autoliquidación:

- **Aplazamiento o fraccionamiento por falta de inventariado efectivo o bienes de fácil realización suficientes.** En las adquisiciones *mortis causa*, a solicitud de la persona interesada, se podrá acordar el aplazamiento, sin garantía y por término de hasta un año, del pago de las cuotas resultantes de las autoliquidaciones presentadas por las personas causahabientes, en la medida en que no exista inventariado efectivo o bienes de fácil realización suficientes para el abono de las cuotas resultantes y se solicite antes de expirar el plazo de pago. La concesión del aplazamiento implicará la obligación de abonar el interés de demora correspondiente. En los mismos supuestos y condiciones se podrá acordar el fraccionamiento de pago, en cinco anualidades como máximo, siempre que se garantice el pago de la deuda.

- **Aplazamiento en caso de personas causahabientes desconocidas.** En las adquisiciones *mortis causa*, en la medida en que no exista inventariado efectivo o bienes de fácil realización, suficientes para el abono de la deuda tributaria a solicitud de las administradoras o poseedoras de los bienes hereditarios, la Administración tributaria podrá conceder el aplazamiento del pago de las cuotas resultantes de las autoliquidaciones presentadas por adquisiciones *mortis causa*, hasta que fuesen conocidas las personas causahabientes, siempre que concurran las condiciones siguientes:

  - Que se solicite antes de expirar el plazo general de presentación del impuesto.

  - Que en el inventario de los bienes no figuren efectivo o bienes de fácil realización suficientes para el pago del importe a ingresar resultado de las autoliquidaciones.

  - Que se acompañe compromiso de constituir garantía suficiente. La concesión definitiva del aplazamiento quedará subordinada a la constitución de la garantía.

  La concesión del aplazamiento implicará la obligación de abonar el interés de demora correspondiente.

- **Fraccionamiento de la cuota derivada de las cantidades percibidas en forma de renta por contratos de seguro sobre la vida.** En los seguros sobre la vida, cuando la persona causante sea a su vez la contratante o la asegurada en el seguro colectivo y cuyo importe se perciba en forma de renta, las personas beneficiarias deberán integrar en la base imponible el valor actual de dicha renta. El beneficiario podrá solicitar, durante el plazo general de presentación, el fraccionamiento, sin garantía, de la parte de la cuota resultante de aplicar el tipo de gravamen sobre el valor actual de la renta, vitalicia o temporal, deducidas, en su caso, las cantidades previstas en el artículo 44.2 de la norma foral del impuesto. La Administración tributaria notificará al o a la contribuyente la resolución de la solicitud. Solo podrá desestimarse la solicitud si esta está incompleta o no cumple con los requisitos exigidos. El importe del ingreso anual correspondiente al pago fraccionado resultará de dividir la cuota que se fracciona entre el número de años en que se perciba la renta si fuera temporal, o entre quince si fuera vitalicia; y el pago anual fraccionado se ingresará en los plazos que figuren en la resolución de concesión del fraccionamiento.

  En el supuesto en que se ejercite el derecho de rescate, la totalidad de los pagos fraccionados pendientes deberán ingresarse durante los 30 días siguientes a tal ejercicio.

  En el supuesto en que se produzca la extinción de la renta, solo resultará exigible el pago fraccionado pendiente que corresponda a la anualidad de renta efectivamente percibida y pendiente de ingreso.

- **Aplazamiento en caso de transmisión lucrativa de empresa individual.** La Administración tributaria, a solicitud del o de la contribuyente, podrá conceder el aplazamiento por cinco años del pago de las cuotas resultantes de autoliquidaciones presentadas como consecuencia de la adquisición lucrativa *inter vivos* o *mortis causa* de una empresa individual. La solicitud deberá presentarse antes de expirar el plazo general de presentación del impuesto, acompañada del compromiso de constituir garantía. En dicho supuesto, no se devengarán intereses de demora durante el período de aplazamiento. Terminado el plazo de cinco años podrá, con las mismas condiciones y requisitos, fraccionarse el pago en siete plazos semestrales, con el correspondiente abono del interés legal del dinero durante el tiempo de fraccionamiento. Los aplazamientos a que se refiere este punto afectarán a la parte proporcional de la deuda tributaria que corresponda al valor comprobado de la empresa transmitida, en relación con el total del caudal hereditario de cada una de las personas causahabientes.

A TENER EN CUENTA. En todos los supuestos, en lo no previsto será de aplicación el Reglamento de Recaudación del Territorio Histórico de Gipuzkoa, aprobado por Decreto Foral 38/2006, de 2 de agosto.

1.8.1. Comprobación de valores

Regulación del derecho de la Administración a comprobar valores en el ISD en el País Vasco

(Artículo 21 de la Norma Foral 11/2005, de 16 de mayo; artículos 37 a 41 de la Norma Foral 4/2015, de 25 de marzo; artículos 38 a 42 de la Norma Foral 2/2022, de 10 de marzo; artículos 25 y 26 del Decreto Foral 74/2006, de 29 de noviembre; artículos 7 y 8 del Decreto Foral de la Diputación Foral de Bizkaia 58/2015, de 21 de abril)

La Administración tributaria se reserva el derecho a comprobar los valores consignados en la autoliquidación presentada por el obligado tributario con apego a las siguientes normas:

La Administración podrá comprobar el valor real de los bienes y derechos transmitidos. Esta comprobación se llevará a cabo por los medios establecidos en la Norma Foral General Tributaria de la Diputación Foral correspondiente. Y, además, también podrán usarse para la comprobación de valores los siguientes medios:

- En **Álava**:
  - Los valores asignados a los terrenos a los efectos del Impuesto sobre el Incremento del Valor de los Terrenos de Naturaleza Urbana.
  - El precio en que, según la última enajenación, fueron vendidos los bienes de cuya adquisición se trate u otros de naturaleza y circunstancias análogas situados en la misma zona o distrito.
  - El capital asignado a los bienes en los contratos de seguros.
  - En la adquisición de fincas hipotecadas, el valor señalado a efectos hipotecarios, debiéndose entender por este valor el principal del préstamo.
  - Los balances, datos y valoraciones de que disponga la Administración y que hubiesen sido aceptados por el contribuyente a efectos de otros impuestos, sin perjuicio de la facultad de la oficina liquidadora para comprobar los elementos del activo por los medios más adecuados.

- En **Bizkaia**:
  - Las normas técnicas para la determinación del valor mínimo atribuible cuando se trate de bienes inmuebles de naturaleza rústica o urbana, siempre que dichas normas les resulten de aplicación.
  - Las tablas oficiales aprobadas periódicamente por la Administración tributaria para la determinación de los precios medios de mercado de determinados bienes.

    No obstante lo anterior, en Bizkaia, cuando los interesados hubieran consignado como valor real de los bienes transmitidos el resultante de la aplicación de las reglas especiales de valoración contenidas en las letras a) y b) del artículo 20.2 de la Norma Foral 4/2015, de 25 de marzo, no procederá la comprobación por ningún otro medio diferente.

Por lo demás, la comprobación de valores se regula en los siguientes términos generales en cada una de las provincias:

‖ Álava

- Si de la comprobación resultasen valores diferentes a los declarados por los interesados, éstos podrán impugnarlos en los plazos de reclamación de las liquidaciones que hayan de tener en cuenta los nuevos valores. Cuando los nuevos valores puedan tener repercusiones tributarias para otros interesados diferentes a los contribuyentes de este impuesto, se notificarán a estos por separado para que puedan proceder a su impugnación en reposición o en vía económico-administrativa o solicitar su corrección mediante tasación pericial contradictoria y, si la reclamación o la corrección fuesen estimadas en todo o en parte, la resolución dictada beneficiará también a los contribuyentes del ISD.

- El valor comprobado de los bienes o derechos transmitidos no podrá ser inferior al que tengan atribuido en la última declaración anterior a la transmisión efectuada por el causante o donante a efectos del Impuesto sobre el Patrimonio, excepto en las adquisiciones a que se refiere el grupo 0 del artículo 22.1 de la Norma Foral 11/2005, de 16 de mayo.

- En corrección del resultado obtenido en la comprobación de valores, los interesados podrán promover la práctica de la tasación pericial contradictoria mediante solicitud presentada dentro del plazo del primer recurso o reclamación que proceda contra la liquidación efectuada sobre la base de los valores comprobados administrativamente, o, en el supuesto de que la tasación fuese promovida por otros interesados diferentes a los contribuyentes de este impuesto como consecuencia de lo dispuesto en el primer punto, contra el acto de comprobación de valores debidamente notificado.

Si el interesado estimase que la notificación no contiene expresión suficiente de los datos y motivos tenidos en cuenta para modificar los valores declarados y denunciare la omisión en recurso de reposición o en reclamación económico-administrativa reservándose el derecho a promover la tasación pericial contradictoria, el plazo anterior se contará desde la fecha de firmeza en vía administrativa del acuerdo que resuelva el recurso o la reclamación interpuesta.

Si existiera disconformidad de los peritos sobre el valor de los bienes o derechos y la tasación practicada por el de la Administración o difiere de la hecha por el del interesado en más de un 10 % y no difiere en 120.202,42 euros, esta última servirá de base para la liquidación; si la tasación hecha por el perito de la Administración excede de los límites señalados a la practicada por el interesado, la oficina liquidadora procederá conforme a lo dispuesto en la Norma Foral General Tributaria. La valoración efectuada por el tercer perito no podrá ser objeto de recurso alguno.

- La presentación de la solicitud de tasación pericial contradictoria, o la reserva del derecho a promoverla, determinará la suspensión del ingreso de las liquidaciones practicadas y de los plazos de reclamación contra las mismas.

- El procedimiento de tasación pericial contradictoria se regula en el artículo 26 del Decreto Foral 74/2006, de 29 de noviembre.

|| Bizkaia y Gipuzkoa

- El valor comprobado por la Administración prevalecerá, en su caso, frente al declarado por los interesados aun cuando este último sea superior.

- El resultado de la comprobación de valores realizada se notificará, por regla general, a los contribuyentes, mediante acto administrativo suficientemente motivado e independiente del acto administrativo de liquidación posterior. La Administración no procederá a la práctica de la liquidación correspondiente hasta tanto no adquiera firmeza la comprobación de valores realizada, devengándose los intereses de demora correspondientes durante ese período de tiempo. Cuando los valores comprobados por la Administración puedan tener repercusiones tributarias para los transmitentes, el acto de comprobación de valores se notificará a éstos por separado para que puedan proceder a su impugnación en reposición o en vía económico-administrativa o solicitar su corrección mediante tasación pericial contradictoria; si la reclamación o corrección fuese estimada en todo o en parte, la resolución dictada surtirá efectos, en todo caso, en relación con los contribuyentes de este impuesto.

- No obstante lo anterior, la Administración tributaria podrá notificar a los interesados, conjuntamente y en un solo acto administrativo, la comprobación de valores realizada junto con la liquidación correspondiente. El ingreso de la deuda tributaria resultante de la liquidación practicada se suspenderá automáticamente, y sin necesidad de prestar garantía, cuando se impugne por los interesados el acto administrativo dictado, siempre que el motivo de la impugnación sea la comprobación de valores realizada por la Administración.

- Los actos administrativos derivados del procedimiento de comprobación de valores, se notifiquen separadamente o de forma conjunta con la liquidación correspondiente, serán impugnables en vía económico-administrativa, previa la substanciación, en su caso, del oportuno recurso de reposición, cuando la impugnación esté fundamentada en cuestiones de hecho o de derecho de naturaleza tributaria. En otro caso, las discrepancias que surjan como consecuencia de la comprobación de los valores de los bienes o derechos transmitidos se dirimirán exclusivamente mediante tasación pericial contradictoria.

- Los interesados podrán promover la práctica de la tasación pericial contradictoria contra el acto de comprobación de valores debidamente notificado o dentro del plazo del primer recurso o la primera reclamación que proceda contra la liquidación efectuada sobre la base de los valores comprobados administrativamente.

- Si el interesado estimase que la notificación no contiene expresión suficiente de los datos y motivos tenidos en cuenta para modificar los valores declarados y denunciase la omisión en recurso de reposición o reclamación económico-administrativa reservándose el derecho a promover la tasación pericial contradictoria, dispondrá del plazo de un mes para promover la tasación pericial contradictoria a partir de la fecha de firmeza en vía administrativa del acuerdo que resuelva el recurso o la reclamación interpuesta.

- La presentación de la solicitud de tasación pericial contradictoria, o la reserva del derecho a promoverla, determinará la suspensión del ingreso de las liquidaciones practicadas y de los plazos de reclamación contra las mismas.

- En el caso de Bizkaia, la tasación pericial contradictoria se tramitará de acuerdo con el procedimiento de los artículos 97 y siguientes del Reglamento de Gestión de los tributos del Territorio Histórico de Bizkaia.

2.
IMPUESTO SOBRE SUCESIONES Y DONACIONES EN NAVARRA

Concepto y regulación del ISD en Navarra

El Impuesto sobre Sucesiones y Donaciones en Navarra goza de una regulación autónoma respecto del resto del Estado. Navarra posee facultades legislativas independientes respecto a la regulación del Impuesto sobre Sucesiones y Donaciones, tal y como resulta del artículo 1 de la Ley 28/1990, de 26 de diciembre, por la que se aprueba el Convenio Económico entre el Estado y la Comunidad Foral de Navarra.

En uso de dichas facultades, la comunidad Foral de Navarra ha dictado el Decreto Foral Legislativo 250/2002, de 16 de diciembre, por el que se aprueba el Texto Refundido de las disposiciones del Impuesto sobre Sucesiones y Donaciones, y el Decreto Foral 16/2004, de 26 de enero, por el que se aprueba el Reglamento del Impuesto sobre Sucesiones y Donaciones.

Así, los actos jurídicos de herencia o donación funcionan como el hecho imponible del impuesto, de forma que se considera una sola figura impositiva que abarca las transmisiones a título gratuito, *mortis causa* en el caso de la sucesión, e *inter vivos* en el de la donación, y cuyo nexo está en el carácter gratuito de la adquisición que realiza el sujeto pasivo. Además, se configura como hecho imponible la percepción de cantidades relacionadas con los seguros de vida cuando el contratante sea persona distinta del beneficiario, que tributarán conforme a una serie de reglas especiales, pero siguiendo el mismo esquema liquidatorio.

El Impuesto sobre Sucesiones y Donaciones es un impuesto:

- Directo: recae sobre la adquisición de bienes y derechos.
- Personal: se establece en relación a una persona determinada. Se tendrá en cuenta el grado de parentesco y el patrimonio previo del adquirente.
- Subjetivo: en la determinación de las cuotas tributarias se tienen en cuenta algunas circunstancias que caracterizan a la persona obligada al pago.

- Progresivo: el tipo de gravamen será mayor cuanto mayor sea la base gravada.

- Instantáneo: el hecho imponible es un caso aislado que se devenga por la ocurrencia de un acto preciso y no periódico.

|| Esquema de liquidación del ISD en Navarra

El esquema de liquidación del impuesto en Navarra sigue el mismo patrón que el establecido tanto por la normativa estatal como por la normativa foral aprobada por cada uno de los Territorios Históricos del País Vasco.

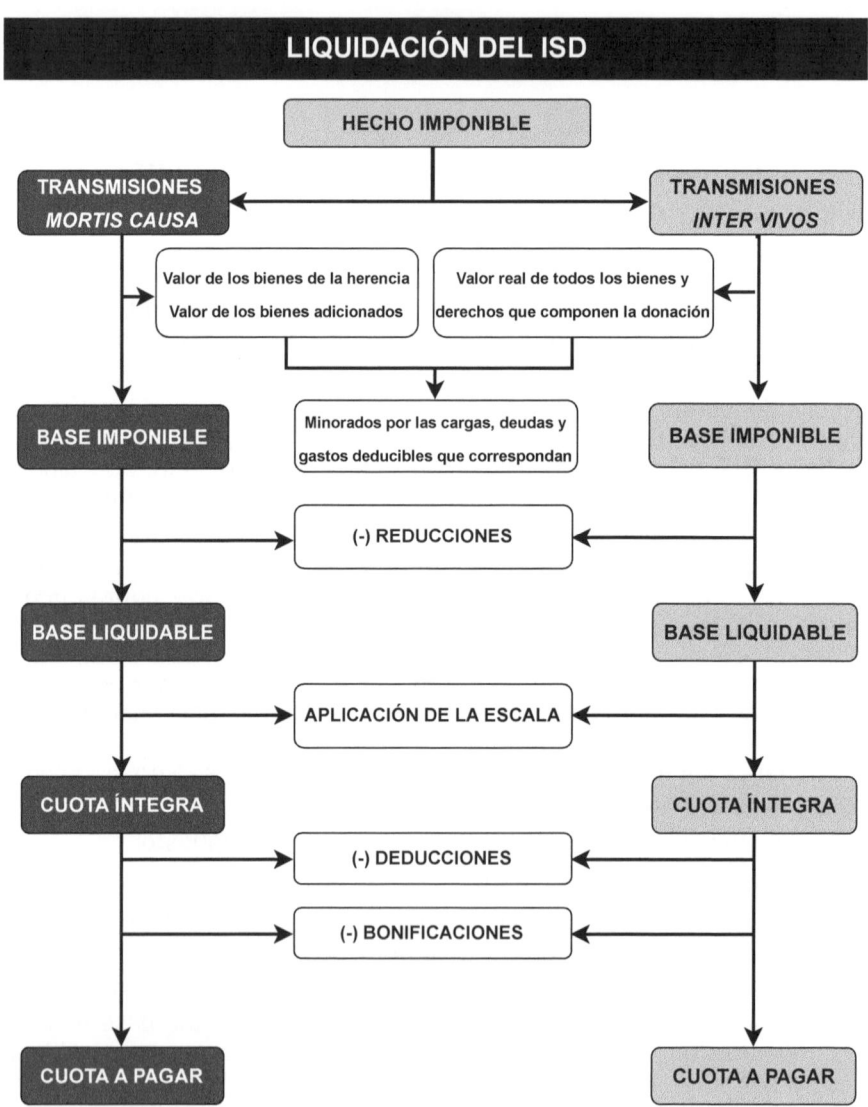

2.1. Hecho imponible

¿Cuál es el hecho imponible del Impuesto sobre Sucesiones y Donaciones?

Tal y como establece el artículo 20 de la Ley Foral 13/2000, de 14 de diciembre, de la Ley General Tributaria, el hecho imponible es el presupuesto de naturaleza jurídica fijado por la ley para configurar cada tributo y cuya realización origina el nacimiento de la obligación tributaria. La ley foral, en su caso, completará la determinación concreta del hecho imponible mediante la mención de supuestos de no sujeción.

En el ámbito del Impuesto sobre Sucesiones y Donaciones, el nacimiento de la obligación tributaria viene dado por la transmisión a título gratuito de bienes y/o derechos de una persona a otra, produciéndose una alteración patrimonial en esta segunda, que será la obligada al pago del impuesto.

‖ Nacimiento de la obligación tributaria en el Impuesto sobre ‖ Sucesiones y Donaciones

Constituye el hecho imponible del impuesto, conforme a lo establecido en el artículo 8 del Decreto Foral Legislativo 250/2002, de 16 de diciembre:

- La adquisición *mortis causa* de bienes y derechos por herencia, legado o cualquier otro título sucesorio, aun cuando no se hubieren formalizado los inventarios o particiones. A efectos de esta letra, los bienes y derechos se entenderán adquiridos *ipso iure* sin necesidad de aceptación expresa o tácita y sin perjuicio de la aplicación del artículo 44 del Decreto Foral Legislativo 250/2002, de 16 de diciembre.

- La adquisición de bienes y derechos por donación o cualquier otro negocio jurídico a título gratuito e *inter vivos*.

- La percepción de cantidades por los beneficiarios de contratos de seguro sobre la vida para caso de muerte del asegurado, siempre que el contratante sea persona distinta del beneficiario y haya sido contratado por el asegurado o se trate de un seguro colectivo.

- La percepción de cantidades por los beneficiarios de contratos de seguro sobre la vida para caso de sobrevivencia del asegurado, siempre que el contratante no sea el beneficiario.

- La percepción de cantidades provenientes de contratos individuales de seguro para caso de fallecimiento del asegurado, cuando este no sea el contratante.

A estos efectos, conforme a lo establecido en el artículo 4 del Decreto Foral 16/2004, de 26 de enero, se considerarán, entre otros, títulos sucesorios, además de la herencia y el legado, los contratos o pactos sucesorios y la donación *mortis causa* y la a ella asimilada, en los términos del primer párrafo del artículo 43 del Decreto Foral Legislativo 250/2002, de 16 de diciembre, así como los que atribuyan a los albaceas y a los herederos de confianza el derecho a la percepción de cantidades por la realización de sus trabajos como tales, en cuanto excedan de lo establecido por los usos y costumbres o del 10 % del valor comprobado del caudal hereditario.

> **A TENER EN CUENTA.** El artículo 43 anteriormente citado señala que «las donaciones *mortis causa* y las a ellas asimiladas, cualquiera que sea la clase de bienes en que consistan, tributarán como las herencias, según la cuantía y el grado de parentesco entre el donante y el donatario. No obstante, lo dispuesto en el párrafo anterior, cuando, conforme a la ley 166 de la Compilación del Derecho Civil Foral de Navarra, la donación se hiciere con entrega de bienes, tributará como donación *inter vivos*».

Por su parte, establece el artículo 5 del Decreto Foral 16/2004, de 26 de enero, que se considerarán negocios a título gratuito *inter vivos*, además de los mencionados en el artículo 8 del Decreto Foral Legislativo 250/2002, de 16 de diciembre, los siguientes:

- La donación *mortis causa* a que se refiere el segundo párrafo del artículo 43 del Decreto Foral Legislativo 250/2002, de 16 de diciembre.
- Los pactos o contratos sucesorios con transmisión actual de los bienes.
- La condonación de deuda, total o parcial, realizada con ánimo de liberalidad.
- La renuncia de derechos a favor de persona determinada.
- El desistimiento o el allanamiento en juicio o arbitraje en favor de la otra parte, realizados con ánimo de liberalidad, así como la transacción de la que resulte una renuncia, un desistimiento o un allanamiento realizados con el mismo ánimo.
- La asunción liberatoria de la deuda de otro sin contraprestación, salvo en el caso previsto en el artículo 27 del Decreto Foral Legislativo 250/2002, de 16 de diciembre (referido a la deducción de deudas).

CUESTIONES

1. Se produce el fallecimiento de una persona en enero de 2024. Ciertos bienes y derechos de su patrimonio han sido transmitidos a su hermana a causa del fallecimiento. ¿Está obligada la hermana a la presentación del impuesto?

La adquisición de bienes y derechos a título gratuito como consecuencia del fallecimiento de una persona determina el nacimiento de la obligación tributaria de presentar la declaración o autoliquidación correspondiente al impuesto. Por tanto, deberá presentar la declaración del mismo en el plazo y forma que por ley se determinen.

2. La hermana de esta persona decide ceder, con fecha del día siguiente al fallecimiento de su hermano, en favor de su sobrino (hijo del fallecido) un inmueble. ¿Determina dicha cesión la obligación de presentar declaración por el impuesto?

La cesión a título gratuito de bienes entre vivos (en este caso, un inmueble) determinará que el sobrino deba presentar declaración por el impuesto en la modalidad de donaciones.

3. ¿Podrá presentar el hijo del fallecido declaración conjunta por los bienes y derechos de su padre y por el inmueble cedido por su tía?

El modelo de presentación para ambos hechos imponibles es diferente (modelos 651, 652 y 660 para las adquisiciones *mortis causa* y modelo 661 para adquisiciones lucrativas *inter vivos*). Por tanto, el hijo tendrá que presentar ambos modelos en los plazos y formas que para cada uno se determinen.

Delimitación del hecho imponible del ISD

‖ Supuestos de sujeción del seguro de accidentes

Se establece una cláusula de cierre respecto de la percepción de cantidades por el beneficiario de un seguro de accidentes, estableciéndose que esta estará incluida como hecho imponible de las letras c), d) y e) del artículo 8 del Decreto Foral Legislativo 250/2002, de 16 de diciembre (últimos tres puntos de la enumeración antes realizada).

‖ Prestaciones periódicas

Respecto a los supuestos en que las cantidades, bienes y derechos que generen obligación a declarar por este impuesto se obtengan de manera periódica, estarán sujetas al impuesto, tanto si se reciben de una sola vez como si se reciben en forma de prestaciones periódicas, vitalicias o temporales, la percepción de cantidades:

- Por los beneficiarios de contratos de seguro sobre la vida para caso de muerte del asegurado, siempre que el contratante sea persona distinta del beneficiario y haya sido contratado por el asegurado o se trate de un seguro colectivo.

- Por los beneficiarios de contratos de seguro sobre la vida para caso de sobrevivencia del asegurado, siempre que el contratante no sea el beneficiario.

- Provenientes de contratos individuales de seguro para caso de fallecimiento del asegurado, cuando este no sea el contratante.

La percepción de prestaciones periódicas, vitalicias o temporales se regirá por lo dispuesto en el artículo 39 del Decreto Foral Legislativo 250/2002, de 16 de diciembre. En estos casos, la Administración podrá acudir, para determinar la base imponible, al cálculo actuarial del valor de la pensión a través del correspondiente dictamen pericial.

‖ Adquisición de créditos

Se establece en el artículo 4 del Decreto Foral Legislativo 250/2002, de 16 de diciembre, que las adquisiciones por título lucrativo de créditos líquidos tributarán por el impuesto, independientemente de la exigibilidad presente de los mismos.

‖ Presunción de titularidad y cotitularidad

Sin perjuicio del valor probatorio de los registros públicos, se presumirá, salvo prueba en contrario, que los bienes pertenecieron al transmitente cuando los mismos figurasen a su nombre en depósitos, cuentas corrientes, préstamos con garantía o en otros contratos similares, o bien inscritos en catastros, registro de la propiedad u otros de carácter público.

También se presumirá que los bienes y valores de todas clases existentes en las cajas de seguridad y los entregados a particulares, bancos, asociaciones, sociedades, cajas de ahorro o cualesquiera otras entidades públicas o privadas en depósito, cuenta corriente o bajo cualquier otra forma de contrato civil o mercantil, reconociendo a dos o más personas individual o indistintamente iguales derechos sobre la totalidad de aquellos, pertenecen en propiedad y por iguales partes a cada uno de los titulares, salvo prueba en contrario, que podrá practicarse tanto por la Administración tributaria como por los particulares o interesados.

Cuando los cotitulares fueren el marido y la mujer se aplicarán las disposiciones de la legislación civil reguladoras del régimen económico matrimonial de cada caso, sin perjuicio siempre de la prueba en contrario, que podrá practicarse tanto a iniciativa de la Administración como de los particulares.

2.1.1. Supuestos de no sujeción y exención

¿Cuáles son las operaciones que no están sujetas al ISD?

Tal y como recoge el artículo 9 del Decreto Foral Legislativo 250/2002, de 16 de diciembre, no estarán sujetas al Impuesto:

- Las prestaciones percibidas por los beneficiarios de planes de pensiones, así como por los beneficiarios de contratos de seguros sobre la vida cuando el contratante sea persona distinta del beneficiario, en los supuestos regulados en el artículo 14.2.a) de la Ley Foral 22/1998, de 30 de diciembre, del Impuesto sobre la Renta de las Personas Físicas y en los términos del mismo.

> **A TENER EN CUENTA.** Actualmente, la Ley Foral 22/1998, de 30 de diciembre, del Impuesto sobre la Renta de las Personas Físicas, se encuentra derogada por el Decreto Foral Legislativo 4/2008, de 2 de junio, por el que se aprueba el Texto Refundido de la Ley Foral del Impuesto sobre la Renta de las Personas Físicas.

- Las transmisiones entre cónyuges o miembros de una pareja estable que se produzcan como consecuencia de lo establecido en el artículo 55.1.9.º del Texto Refundido de la Ley Foral del Impuesto sobre la Renta de las Personas Físicas, aprobado por Decreto Foral Legislativo 4/2008, de 2 de junio, hasta el límite previsto en el citado precepto.

- Las subvenciones, becas, premios, primas, gratificaciones y auxilios que se concedan por entidades públicas o privadas con fines benéficos, docentes, culturales, deportivos o de acción social.

- Las cantidades percibidas por un acreedor, en cuanto beneficiario de un contrato de seguro sobre la vida celebrado con el objeto de garantizar el pago de una deuda anterior, siempre que resulten debidamente probadas estas circunstancias.

Operaciones exentas en el ISD

‖ Adquisiciones *mortis causa* exentas de ISD

Estarán exentas conforme a lo establecido en el artículo 11 del Decreto Foral Legislativo 250/2002, de 16 de diciembre:

- Las adquisiciones *mortis causa* de fincas rústicas o explotaciones agrarias en los términos establecidos en el Decreto Foral Legislativo 150/2002, de 2 de julio, por el que se aprueba el Texto Refundido de la Ley Foral del Registro de Explotaciones Agrarias de Navarra.

- Las adquisiciones *mortis causa* de las obligaciones y bonos de caja emitidos por los Bancos industriales o de negocios en las condiciones señaladas en el Real Decreto Ley de 29 de noviembre de 1962, siempre que hubiesen sido adquiridos por el causante con anterioridad al 24 de junio de 1992, así como los títulos o bonos de caja de los mismos Bancos en que se hayan reinvertido aquéllos en caso de amortización de los títulos primitivos.

- Las adquisiciones *mortis causa* que el cónyuge o miembro de pareja estable de la persona fallecida, o bien los parientes de ésta por consanguinidad que sean descendientes o ascendientes, de cualquier grado en ambos casos, o colaterales hasta el tercer grado inclusive, y también los adoptados o adoptantes de ella, efectúen de una empresa individual, de un negocio profesional o de participaciones en entidades, a los que sea de aplicación la exención regulada en el artículo 5.8 de la Ley Foral 13/1992, de 19 de noviembre, del Impuesto sobre el Patrimonio. Asimismo, estará exenta la adquisición hereditaria de derechos de usufructo sobre aquéllos. Dicha exención estará condicionada al cumplimiento de los siguientes requisitos:

  - Que la adquisición se mantenga durante los cinco años siguientes al fallecimiento del causante, salvo que el adquirente falleciere dentro de este plazo o que se liquidara la empresa o entidad como consecuencia de un procedimiento concursal.

  - Que el adquirente no practique actos de disposición ni operaciones societarias que, directa o indirectamente, puedan dar lugar a una minoración sustancial del valor de la adquisición. No obstante, se admitirá la subrogación real cuando se acredite fehacientemente y no dé lugar a la citada minoración.

En el caso de no cumplirse alguno de los requisitos anteriores, deberá pagarse la parte del impuesto que se hubiese dejado de ingresar como consecuencia de la exención, junto con los correspondientes intereses de demora.

A estos efectos, se entenderá por empresa individual o negocio profesional el conjunto de elementos patrimoniales afectos a las actividades empresariales o profesionales a que se refiere el artículo 37 del Decreto Foral Legislativo 4/2008, de 2 de junio, por el que se aprueba el Texto Refundido de la Ley Foral del Impuesto sobre la Renta de las Personas Físicas.

- Las adquisiciones *mortis causa* por las personas a que se refiere el artículo 34.1.a) del Decreto Foral Legislativo 250/2002, de 16 de diciembre, de los siguientes vehículos:

  – Ciclomotores.

  – Motocicletas, automóviles de turismo y vehículos todo terreno, de diez o más años de antigüedad.

Se exceptúan de lo dispuesto en el párrafo anterior las adquisiciones de los vehículos que de conformidad con la normativa vigente hayan sido calificados como históricos y los vehículos cuya base imponible sea igual o superior a 40.000 euros. Dicha base imponible será la determinada conforme a la Orden Foral que aprueba los precios medios de venta aplicables en la gestión del impuesto.

Los sujetos pasivos del impuesto no estarán obligados a presentar ante los órganos competentes de la Administración tributaria los documentos y declaraciones establecidos en el Reglamento y relativos a dichas adquisiciones.

‖ Adquisiciones *inter vivos* exentas de ISD

Por su parte, determina el artículo 12 del Decreto Foral Legislativo 250/2002, de 16 de diciembre, que estarán exentas las siguientes adquisiciones *inter vivos*:

- Las adquisiciones por donación o cualquier otro negocio jurídico a título gratuito e *inter vivos* de fincas rústicas o explotaciones agrarias en los términos establecidos en el Decreto Foral Legislativo 150/2002, de 2 de julio, por el que se aprueba el Texto Refundido de la Ley Foral del Registro de Explotaciones Agrarias de Navarra.

- Las transmisiones y demás actos y contratos cuando tengan por exclusivo objeto salvar la ineficacia de otros anteriores por los que ya se hubiera satisfecho el Impuesto y estuvieran afectados de vicio que implique su inexistencia o nulidad.

- Las adquisiciones por donación o por cualquier otro negocio jurídico a título gratuito e *inter vivos* por las personas a que se refiere el artículo 34.1.a) del Decreto Foral Legislativo 250/2002, de 16 de diciembre, de los vehículos previstos en la letra d) del artículo 11 del mismo, en las condiciones y con los requisitos que en la misma se señalan.

- Las adquisiciones por donación o por cualquier otro negocio jurídico a título gratuito e *inter vivos* por las personas a que se refiere a que se refiere el artículo 11.c) del Decreto Foral Legislativo 250/2002, de 16 de diciembre, de una empresa individual, de un negocio profesional o de participaciones en entidades. Asimismo, estará exenta la adquisición de derechos de usufructo sobre aquellos. Esta exención estará condicionada al cumplimiento de los siguientes requisitos:

  – En cuanto a las participaciones: han de concurrir las condiciones recogidas en el artículo 5.º.8 de la Ley Foral 13/1992, de 19 de noviembre, del Impuesto sobre el Patrimonio.

– En cuanto al transmitente:

» Que haya ejercido la actividad empresarial o profesional de forma habitual, personal y directa durante los cinco años anteriores a la fecha de transmisión o, tratándose de participaciones en entidades de las señaladas en esta letra, que el transmitente las hubiera adquirido con cinco años de antelación a la transmisión y que la entidad haya realizado la actividad durante dicho plazo.

» Que tenga una edad igual o superior a sesenta años, o se encuentre en situación de invalidez absoluta o de gran invalidez.

– En cuanto al adquirente:

» Deberá mantener la adquisición durante los cinco años siguientes a la fecha de la escritura pública en la que se documente la operación, salvo que falleciera dentro de este plazo, o que se liquidara la empresa o entidad como consecuencia de un procedimiento concursal.

» Que el adquirente no practique actos de disposición ni operaciones societarias que, directa o indirectamente, puedan dar lugar a una minoración sustancial del valor de la adquisición. No obstante, se admitirá la subrogación real cuando se acredite fehacientemente y no dé lugar a la citada minoración.

En caso de no cumplirse alguno de los requisitos, deberá pagarse la parte del impuesto que se hubiese dejado de ingresar como consecuencia de la exención, junto con los correspondientes intereses de demora.

• Las adquisiciones por donación o por cualquier otro negocio jurídico a título gratuito e *inter vivos* del pleno dominio o del usufructo de la vivienda habitual del transmitente, siempre que el adquirente sea descendiente en línea directa por consanguinidad o adoptado y acredite un grado de discapacidad igual o superior al 65 %.

• La adquisición a título lucrativo e *inter vivos* o por precio inferior al valor de mercado de acciones o participaciones en entidades cuando la persona adquirente y las acciones o participaciones adquiridas cumplan los requisitos establecidos para practicar la deducción recogida en el artículo 62.11 del Decreto Foral Legislativo 4/2008, de 2 de junio, por el que se aprueba el Texto Refundido de la Ley Foral del Impuesto sobre la Renta de las Personas Físicas. Esta exención tendrá un límite de 20.000 euros.

El incumplimiento de cualquier requisito establecido en el mencionado artículo 62.11 supondrá que el sujeto pasivo deberá efectuar la correspondiente regularización tributaria.

|| **Percepciones de cantidades derivadas de seguros exentas**

En las percepciones de cantidades por los beneficiarios de contratos de seguros sobre la vida a que se refiere el artículo 8.c) del decreto Foral Legislativo 250/2002, de 16 de diciembre, que se hubieran celebrado antes del 24 de junio de 1992, estarán exentos los primeros 3.005,06 euros cuando el parentesco entre el contratante y el beneficiario sea el de ascendiente o descendiente por afinidad.

2.1.2. Presunción de hechos imponibles

¿En qué consiste la presunción de hechos imponibles en el ISD?

La presunción de hechos imponibles, u otras cuestiones, es algo común a la mayoría de los impuestos. Estos supuestos se configuran para evitar, en su mayoría, el fraude que pudiese desprenderse de la ambigüedad que pudiera existir en la regulación o como cláusula de cierre a raíz de actuaciones comunes en los sujetos pasivos infractores.

Tal y como dispone el artículo 110 de la Ley Foral 13/2000, de 14 de diciembre, las presunciones en materia tributaria son *iuris tantum*, es decir, admiten prueba en contrario, salvo que se determine lo contrario de modo expreso en Norma Foral.

Así, se configuran en el artículo 10 del Decreto Foral Legislativo 250/2002, de 16 de diciembre, una serie de presunciones de hechos imponibles para Navarra que pasamos ahora a desgranar:

‖ Alteración patrimonial de cónyuges, parejas de hecho y ‖ descendientes

Se presumirá, cuando de los registros fiscales o de los datos obrantes en la Administración resultara la disminución del patrimonio de una persona y simultáneamente o con posterioridad, pero nunca después de dos años, el incremento patrimonial correspondiente en el cónyuge o pareja estable, o en los descendientes o cónyuges o parejas estables de cualquiera de ellos.

‖ Alteración patrimonial de herederos y legatarios

De igual modo se presumirá la existencia de transmisión lucrativa cuando, fallecida una persona sin dejar cónyuge viudo o pareja estable ni descendencia, los mismos registros o datos acusaren, en el desenvolvimiento del patrimonio del causante, disminuciones que, simultánea o posteriormente, pero nunca después de tres años, sean correlativas al incremento en el patrimonio de los herederos o legatarios.

‖ Alta de descendiente en el mismo IAE del causante

También se presumirá que existe transmisión lucrativa cuando de la investigación de las altas y bajas del Impuesto sobre Actividades Económicas resultara el alta de descendiente o cónyuge por razón del mismo negocio en el que se dio la baja el ascendiente o el otro cónyuge o miembro de pareja estable.

‖ Adquisiciones a título oneroso por ascendientes

Se presumirá así mismo que, en las adquisiciones a título oneroso realizadas por los ascendientes como representantes de los descendientes menores de edad, se presumirá la existencia de una transmisión lucrativa a favor de estos por el valor de los bienes o derechos transmitidos, a menos que se pruebe la previa existencia en el patrimonio del menor de bienes o medios suficientes para realizarla y su aplicación a este fin.

A TENER EN CUENTA. Las presunciones a que se refieren los apartados anteriores se pondrán en conocimiento de los interesados para que puedan formular cuantas alegaciones y pruebas estimen convenientes a su derecho, antes de girar las liquidaciones correspondientes.

2.2. Contribuyentes por el ISD

Tal y como se determina en el artículo 22 de la Ley Foral 13/2000, de 14 de diciembre, es contribuyente la persona física o jurídica a quien la ley foral impone la carga tributaria derivada del hecho imponible. Nunca perderá su condición de contribuyente quien según la ley foral deba soportar la carga tributaria, aunque realice su traslación a otras personas.

De esta manera, están obligados al pago del impuesto a título de contribuyentes:

- En las adquisiciones *mortis causa*, los causahabientes.
- En las donaciones y demás transmisiones lucrativas *inter vivos* equiparables, el donatario o el favorecido por ellas.
- En los seguros sobre la vida, los beneficiarios.

A TENER EN CUENTA. Lo anterior será aplicable cualesquiera que sean las estipulaciones establecidas por las partes o las disposiciones ordenadas por el testador.

Por otra parte, se establece que la participación atribuible al causante en bienes que estén integrados en herencias yacentes, comunidades de bienes y demás entidades que, carentes de personalidad jurídica, constituyan una unidad económica o un patrimonio separado, se adicionará al caudal hereditario en la proporción que resulte de las normas que sean aplicables o de los pactos entre los interesados y, si estos no constasen a la Administración en forma fehaciente, en proporción al número de interesados.

2.2.1. Responsable subsidiario del pago del ISD

¿Quiénes son los responsables subsidiarios del pago del ISD?

Se establece en el artículo 16 del Decreto Foral Legislativo 250/2002, de 16 de diciembre, que serán subsidiariamente responsables del pago del impuesto:

- En las adquisiciones *mortis causa* de depósitos, garantías o cuentas corrientes, los intermediarios financieros y las demás entidades o personas que hubieren entregado el metálico y valores depositados o devuelto las garantías constituidas. A estos efectos no se considerará entrega de metálico o de valores depositados, ni devolución de garantías, el libramiento de cheques bancarios con cargo a los depósitos, garantías o al resultado de la venta de los valores que sea necesario, que tenga como exclusivo fin el pago del propio Impuesto sobre Sucesiones y Donaciones que grave la adquisición *mortis causa*, siempre que el cheque sea expedido a nombre de la Administración acreedora del impuesto.

- En las entregas de cantidades a quienes resulten beneficiarios como herederos o designados en los contratos, las entidades de seguros que las verifiquen. A estos efectos no se considerará entrega de cantidades a los beneficiarios de contratos de seguro el pago a cuenta de la prestación que tenga como exclusivo fin el pago del propio Impuesto sobre Sucesiones y Donaciones que grave la percepción de dicha prestación, siempre que se realice mediante la entrega a los beneficiarios de cheque bancario expedido a nombre de la Administración acreedora del impuesto.

- Los mediadores en la transmisión de títulos valores que formen parte de la herencia. A estos efectos no se considerará que estos mediadores son responsables del tributo cuando se limiten a realizar, por orden de los herederos, la venta de los valores necesarios que tenga como exclusivo fin el pago del propio Impuesto sobre Sucesiones y Donaciones que grave la adquisición *mortis causa*, siempre que contra el precio obtenido en dicha venta se realice la entrega a los beneficiarios de cheque bancario expedido a nombre de la Administración acreedora del impuesto.

- Será también responsable subsidiario el funcionario que autorizase el cambio de sujeto pasivo de cualquier tributo o exacción foral, estatal, autonómica o local, cuando tal cambio suponga, directa o indirectamente, una adquisición gravada por el presente impuesto y no hubiere exigido previamente la justificación del pago del mismo.

2.3. Devengo y obligaciones formales del ISD

Devengo del ISD

Se determina el devengo de los diferentes hechos imponibles que configuran el ISD, tal y como recoge el artículo 36 del Decreto Foral Legislativo 250/2002, de 16 de diciembre, por el que se aprueba el Texto Refundido de las disposiciones del Impuesto sobre Sucesiones y Donaciones, de la manera que sigue:

- En las adquisiciones por causa de muerte y en la percepción de cantidades, cualquiera que sea su modalidad, por los beneficiarios de contratos de seguro sobre la vida para caso de muerte del asegurado, el impuesto se devengará el día del fallecimiento del causante o del asegurado, o cuando adquiera firmeza la declaración de fallecimiento del ausente, conforme al artículo 196 del Código Civil, todo ello sin perjuicio de lo dispuesto en el artículo 6 del Decreto Foral Legislativo 250/2002, de 16 de diciembre, referente al cumplimiento de las condiciones resolutorias y siempre que concurran las circunstancias determinadas en el artículo 197 del Código Civil.

- En las adquisiciones por donación o por otros negocios jurídicos lucrativos e *inter vivos*, el impuesto se devengará el día en que se cause el acto o contrato, entendiéndose por tal, cuando se trate de la adquisición de cantidades por el beneficiario de un seguro sobre la vida para caso de sobrevivencia del contratante o del asegurado, aquel en que la primera o única cantidad a percibir sea exigible por el beneficiario, y cuando se trate de adquisiciones producidas en vida del causante o donante como consecuencia de contratos y pactos sucesorios o de donaciones *mortis causa*, el día en que se causen o celebren dichos acuerdos.

- Sin perjuicio de lo dispuesto en los apartados anteriores, toda adquisición de bienes o derechos cuya efectividad se halle suspendida por la concurrencia de una condición, un término, un fideicomiso, una fiducia sucesoria de las reguladas en el título XI del libro II de la Compilación del Derecho Civil Foral de Navarra o cualquier otra limitación, se entenderá siempre realizada el día en que dichas limitaciones desaparezcan, atendiéndose a este momento para determinar el valor de los bienes y los tipos de gravamen.

HECHO IMPONIBLE	DEVENGO DEL ISD

Adquisiciones *mortis causa* y la percepción de cantidades por los beneficiarios de contratos de seguro sobre la vida en caso de muerte del asegurado

- Día del fallecimiento del causante o asegurado
- Cuando adquiera firmeza la declaración de fallecimiento del ausente conforme al artículo 196 del cc.

En caso de haber condiciones resolutorias

- Si fuere suspensiva no se exigirá el Impuesto hasta que esta se cumpla.
- Si fuese resolutoria se exigirá el Impuesto, a reserva, cuando la condición se cumpla, de hacer la oportuna devolución.

Adquisiciones producidas en vida del causante como consecuencia de contratos y pactos sucesorios

Día en que se cause o celebre dicho contrato o pacto

Adquisiciones por donación o por otros negocios jurídicos lucrativos e *inter vivos*

Día en que se cause el acto o contrato.

Cuando se trate de adquisición de cantidades por el beneficiariode un seguro sobre la vida para casod e sobrevivienda de contratante o asegurado

Día en que la primera o única cantidad a percibir sea exigible por el beneficiario

Adquisición de bienes cuya efectividad se halle suspendida por la existencia de una condición, un término, un fideicomiso, una fiducia sucesoria regulada en el Derechco Civil Foral de Navarra o cualquier otra limitación

Día en que las limitaciones desaparezcan.

Prescripción del ISD

Se establece en el artículo 37 del Decreto Foral Legislativo 250/2002, de 16 de diciembre, que la prescripción del impuesto se regulará por lo establecido en los artículos 55 y siguientes de la Ley Foral 13/2000, de 14 de diciembre, que en ese primer precepto establece lo siguiente:

> «Prescribirán a los cuatro años los siguientes derechos y acciones:
> a) El derecho de la Administración para determinar la deuda tributaria mediante la oportuna liquidación.
> (...)
> c) La acción para imponer sanciones tributarias.
> (...)».

A los efectos de la prescripción, se tomará como fecha de los documentos privados la de su presentación, a menos que con anterioridad concurra cualquiera de las circunstancias previstas en el artículo 1227 del Código Civil, en cuyo caso se computará la fecha de la incorporación, inscripción, fallecimiento o entrega, respectivamente. En los contratos no reflejados documentalmente se tomará como fecha, a iguales efectos, la del día en que los interesados den cumplimiento a lo prevenido en el artículo 53 del Decreto Foral Legislativo 250/2002, de 16 de diciembre, esto es, desde la presentación de la declaración tal y como tengan señalados los sujetos pasivos conforme a los hechos imponibles de la citada ley y con el contenido, plazos y forma que reglamentariamente estén fijados.

Obligaciones formales del ISD

Existen en el ISD, como para el resto de los impuestos, una serie de obligaciones formales que se le imponen a los contribuyentes como deberes inherentes a la obligación tributaria principal.

|| Obligación de presentar declaración del impuesto

Se establece en el artículo 53 del Decreto Foral Legislativo 250/2002, de 16 de diciembre, que los sujetos pasivos vendrán obligados a presentar una declaración tributaria, comprensiva de los hechos imponibles, con el contenido, en los plazos y en la forma que reglamentariamente se determinen.

Asimismo, la Administración puede conceder la prórroga de los plazos de presentación en los términos que reglamentariamente se determinen.

|| Efectos de la falta de presentación

Por su parte, el artículo 56 del Decreto Foral Legislativo 250/2002, de 16 de diciembre, señala que los documentos que contengan actos o contratos de los que resulte la existencia de un incremento de patrimonio adquirido a título lucrativo no se admitirán ni surtirán efectos en oficinas o registros públicos sin que conste en ellos el ingreso de la correspondiente autoliquidación, su exención o no sujeción, salvo lo previsto en la legislación hipotecaria o autorización expresa del departamento competente en materia tributaria.

El justificante de la recepción por parte de la Administración de la copia electrónica de la escritura a la que se refiere en el artículo 55.3 del Decreto Foral Legislativo 250/2002, de 16 de diciembre, junto con el justificante de la presentación del documento en la Administración tributaria o el ejemplar para el interesado de la autoliquidación en la que conste el pago del mismo o la declaración de no sujeción o exención, debidamente validada, todo ello en la forma y términos que determine la persona titular del departamento competente en materia tributaria, serán requisitos suficientes para la acreditación a que se refiere el párrafo anterior.

En todo caso el justificante de presentación o pago telemático regulado por la persona titular del departamento competente en materia tributaria servirá a todos los efectos como justificante de la presentación y pago de la autoliquidación.

Los juzgados y tribunales que hubiesen admitido los documentos anteriores sin las notas que en él se indican remitirán al Departamento de Economía y Hacienda copia autorizada de los mismos, en el plazo de los quince días siguientes al de su admisión.

El consejero de Economía y Hacienda habilitará un sistema de confirmación permanente e inmediata que posibilite a las oficinas y registros públicos, juzgados y tribunales, verificar la concordancia del justificante de presentación o pago telemático con los datos que constan en la Hacienda Tributaria de Navarra.

‖ Plazos de presentación del ISD

Establece el artículo 37 del Decreto Foral 16/2004, de 26 de enero, los siguientes plazos de presentación de la declaración del ISD en Navarra:

- Cuando se trate de adquisiciones por causa de muerte, incluidas las de los beneficiarios de contratos de seguro sobre la vida, en el de seis meses, contados desde la fecha del devengo. El mismo plazo será aplicable a las adquisiciones del usufructo y pensiones pendientes del fallecimiento del usufructuario o pensionista, cuando la desmembración del dominio hubiere tenido lugar a título gratuito. Cuando el fallecimiento hubiere tenido lugar fuera de España el plazo a que se refiere esta letra será de diez meses.

- En los demás supuestos, en el de dos meses, contados desde la fecha del devengo.

- En los supuestos previstos en los apartados 2 y 3 del artículo 31 del Convenio Económico, los sujetos pasivos presentarán los documentos ante la Comunidad Foral en los plazos señalados en este artículo.

| Prórrogas de los plazos

Tal y como se establece en el artículo 38 del Decreto Foral 16/2004, de 26 de enero, los plazos de presentación de los documentos o declaraciones relativos a adquisiciones **por causa de muerte** podrán ser prorrogados por la Administración tributaria, por plazos iguales a los señalados para su presentación.

Así, la solicitud de prórroga se presentará por los herederos, albaceas o administradores del caudal hereditario dentro de los cinco primeros meses del plazo de presentación, o nueve si el fallecimiento hubiera tenido lugar fuera de España, acompañada de certificado de defunción del causante expedido por el Registro Civil, y haciendo constar en ella el nombre y domicilio de los herederos declarados o presuntos y su grado de parentesco con el causante cuando fueren conocidos, la situación y el valor aproximado de los bienes y derechos y los motivos en que se fundamenta la solicitud. Transcurrido un mes sin haberse notificado acuerdo, se entenderá concedida la prórroga.

En ningún caso procederá la prórroga cuando la solicitud se presente después de transcurridos los plazos establecidos para ello.

En caso de denegación de la prórroga solicitada dentro de los plazos señalados para ello, los plazos de presentación se entenderán ampliados en los días transcurridos desde el siguiente al de la presentación de la solicitud hasta el de la notificación del acuerdo denegatorio.

La prórroga concedida comenzará a contarse desde que finalicen los plazos establecidos para la presentación del impuesto y llevará aparejada, únicamente, la obligación de satisfacer el interés de demora correspondiente al período transcurrido desde la finalización de los plazos de presentación inicialmente previstos hasta el día en que se presente el documento o declaración. Si, finalizado el plazo de prórroga, no se hubieren presentado los documentos, se podrá girar liquidación provisional con base en los datos de que disponga la Administración, sin perjuicio de los recargos y sanciones que, en su caso, procedan. En dicho supuesto los recargos se computarán desde la finalización del plazo inicial de presentación.

Suspensión de los plazos de presentación

Se establecen por el artículo 39 del Decreto Foral 16/2004, de 26 de enero, las siguientes situaciones que determinan la suspensión del plazo de presentación del ISD:

- Cuando, en relación con actos o contratos relativos a hechos imponibles gravados por el Impuesto sobre Sucesiones y Donaciones, se promueva litigio o juicio voluntario de testamentaría, se interrumpirán los plazos establecidos para la presentación de los documentos y declaraciones, empezando a contarse de nuevo desde el día siguiente a aquel en que sea firme la resolución definitiva que ponga término al procedimiento judicial.

- Cuando se promuevan después de haberse presentado en plazo el documento o la declaración, la Administración suspenderá la liquidación hasta que sea firme la resolución definitiva.

- Si se promovieran con posterioridad a la expiración del plazo de presentación o del de la prórroga que se hubiese concedido sin que el documento o la declaración hubiesen sido presentados, la Administración requerirá la presentación, pero podrá suspender la liquidación hasta que recaiga resolución firme, sin perjuicio de las sanciones que, en su caso, procedan.

- Si se promovieran después de practicada la liquidación, podrá acordarse el aplazamiento de pago, en base a lo dispuesto en el artículo 61.1 del Decreto Foral Legislativo 250/2002, de 16 de diciembre.

- No se considerarán cuestiones litigiosas, a los efectos de la suspensión de plazos a que se refieren los apartados anteriores, las diligencias judiciales que tengan por objeto la apertura de testamentos o elevación de éstos a escritura pública; la formación de inventarios para aceptar la herencia con dicho beneficio o con el de deliberar, o para aplicar el beneficio de separación previsto en la Ley 319 de la Compilación, el nombramiento de tutor, curador o defensor judicial, la prevención del abintestato o del juicio de testamentaría, la declaración de herederos cuando no se formule oposición y, en general, las actuaciones de jurisdicción voluntaria cuando no adquieran carácter contencioso. Tampoco producirán la suspensión la demanda de retracto legal o la del beneficio de justicia gratuita, ni las reclamaciones que se dirijan a hacer efectivas deudas contra la testamentaría o abintestato, mientras no se prevenga a instancia del acreedor el correspondiente juicio universal.

- La promoción del juicio voluntario de testamentaría interrumpirá los plazos, que empezarán a contarse de nuevo desde el día siguiente al en que quedare firme el Auto aprobando las operaciones divisorias, o la sentencia que pusiere término al pleito en caso de oposición, o bien desde que todos los interesados desistieren del juicio promovido.

- A los efectos de este artículo se entenderá que la cuestión litigiosa comienza en la fecha de presentación de la demanda.

- A los mismos efectos, se asimilan a las cuestiones litigiosas los procedimientos penales que versen sobre la falsedad del testamento o del documento determinante de la transmisión.

- Si las partes litigantes dejaren de instar la continuación del litigio durante un plazo de seis meses, la Administración podrá exigir la presentación del documento y practicar la liquidación oportuna respecto al acto o contrato litigioso, a reserva de la devolución que proceda si al terminar aquél se declarase que no surtió efecto. Si se diere lugar a que los Tribunales declaren la caducidad de la instancia que dio origen al litigio, no se reputarán suspendidos los plazos y la Administración exigirá las sanciones e intereses de demora correspondientes a partir del día siguiente al en que hubieren expirado los plazos reglamentarios para la presentación de los documentos. La suspensión del curso de los autos, por conformidad de las partes, producirá el efecto de que, a partir de la fecha en que la soliciten, comience a correr de nuevo el plazo de presentación interrumpido.

- En los casos previstos en los apartados anteriores se interrumpirá el plazo de prescripción de la Administración para liquidar el impuesto.

|| Modelos de presentación del ISD

El artículo 36 del Decreto Foral 16/2004, de 26 de enero señala que los sujetos pasivos presentaran los documentos, acompañados de copia simple, a la Administración tributaria para la práctica de las liquidaciones que procedan con arreglo a las normas del citado reglamento.

El documento, que tendrá la consideración de declaración tributaria, deberá contener, además de los datos identificativos de transmitente y adquirente y de la designación de un domicilio para la práctica de las notificaciones que procedan, una relación detallada de los bienes y derechos adquiridos que integren el incremento de patrimonio gravado, con expresión del valor real que atribuyen a cada uno, así como de las cargas, deudas y gastos cuya deducción se solicite. En dicha relación de bienes se deberá incluir, en su caso, los que tengan carácter de gananciales o conquistas.

Si el documento no contuviese todos los datos mencionados se presentará acompañado de una relación en la que figuren los omitidos. También se acompañará documentación justificativa de las exenciones, reducciones o bonificaciones que se consideren aplicables.

> **A TENER EN CUENTA.** En el caso de no existir documento se presentará una declaración, extendida en papel común, en la que se harán constar todos los datos señalados anteriormente.

Cuando se trate de **adquisiciones por causa de muerte**, junto con el documento o declaración, se presentarán:

- Certificado de defunción del causante expedido por el Registro Civil, Certificado del Registro de Actos de Ultima Voluntad y copia del Documento Nacional de Identidad del causante y de sus herederos y, en su caso, legatarios.

- Copia autorizada de las disposiciones testamentarias, si las hubiere y, en su defecto, testimonio de la declaración de herederos. En el caso de sucesión intestada, si no estuviere hecha la declaración judicial o notarial de herederos, se presentará una relación de los presuntos con expresión de su parentesco con el causante.

- Justificación documental del título de adquisición por el causante de los bienes inmuebles incluidos en la sucesión, aportando copia de las escrituras públicas de los bienes y derechos, salvo en los casos de presentación a liquidación de documentos públicos.

- Cuando entre los bienes y derechos objeto de la trasmisión figuren saldos en cuentas, imposiciones a plazo, libretas de ahorro o títulos cotizados deberán acompañarse los correspondientes certificados de Bancos, Cajas de Ahorros e Instituciones Financieras, así como de los depósitos de títulos de renta fija o variable admitidos a negociación en alguno de los mercados secundarios oficiales de valores.

- Cuando entre los bienes y derechos objeto de la transmisión figuren títulos no admitidos a negociación en alguno de los mercados secundarios oficiales de valores se adjuntará copia del último balance aprobado con anterioridad a la fecha de fallecimiento, a efectos del Impuesto sobre Sociedades, y certificado del número de acciones o participaciones en que se divide el capital social.

- Justificación documental de los demás bienes y derechos objeto de la transmisión.

- Justificación documental de las cargas, deudas y gastos de última enfermedad, entierro y funeral cuya deducción se solicite.

En el supuesto de que se presenten para su liquidación **pólizas de seguros de vida para el caso de fallecimiento**, los sujetos pasivos del impuesto deberán presentar la siguiente documentación:

- Certificado de defunción del causante expedido por el Registro Civil.

- Certificado de la Compañía de Seguros en el que se especifique el importe a percibir y la identificación de los beneficiarios.

- Copia del Documento Nacional de Identidad de los beneficiarios y del causante.

A TENER EN CUENTA. Para el caso en el que la póliza del seguro no hiciese mención expresa y determinada de los beneficiarios por remitirse a los herederos legales, será necesaria la presentación de la copia autorizada de las disposiciones testamentarias del causante, si las hubiere, junto con el Certificado del Registro de Actos de Ultima Voluntad. En caso de que no hubiera testamento se podrá sustituir por testimonio del correspondiente auto judicial o acta notarial de declaración de herederos.

Cuando se trate de donaciones y demás adquisiciones lucrativas *inter vivos*, junto con el documento o declaración, los sujetos pasivos deberán presentar:

- Copia del Documento Nacional de Identidad del donante y de los donatarios.

- Cuando entre los bienes y derechos objeto de la transmisión figuren títulos cotizados deberán acompañarse los correspondientes certificados de los depósitos de los mismos.

- Cuando entre los bienes y derechos objeto de la transmisión figuren títulos no admitidos a negociación en alguno de los mercados secundarios oficiales de valores se adjuntará copia del último balance aprobado con anterioridad a la fecha de la donación, a efectos del Impuesto sobre Sociedades, y certificado de número de acciones o participaciones en que se divide el capital social.

- Justificación documental de las cargas y deudas cuya deducción se solicite.

- En el supuesto de que se presenten pólizas de seguro de vida, los sujetos pasivos deberán presentar el certificado de la compañía de seguros en el que se especifique el importe a percibir y la identificación del asegurado y los beneficiarios.

Por otro lado, en cuanto a los modelos aprobados son los siguientes:

- Sucesiones

  - Modelo **651**. Impuesto sobre Sucesiones y Donaciones. Sucesiones. Autoliquidación.

– Modelo **652**. Impuesto sobre Sucesiones y Donaciones. Sucesiones. Seguros de Vida. Autoliquidación.

– Modelo **660**. Impuesto sobre Sucesiones y Donaciones. Sucesiones. Declaración.

> **A TENER EN CUENTA.** La presentación del modelo 651, requiere la previa presentación del modelo 660 relativo al causante cuya herencia es objeto de autoliquidación.

• Donaciones

– Modelo **661**. Impuesto sobre Sucesiones y Donaciones. Donaciones. Autoliquidación.

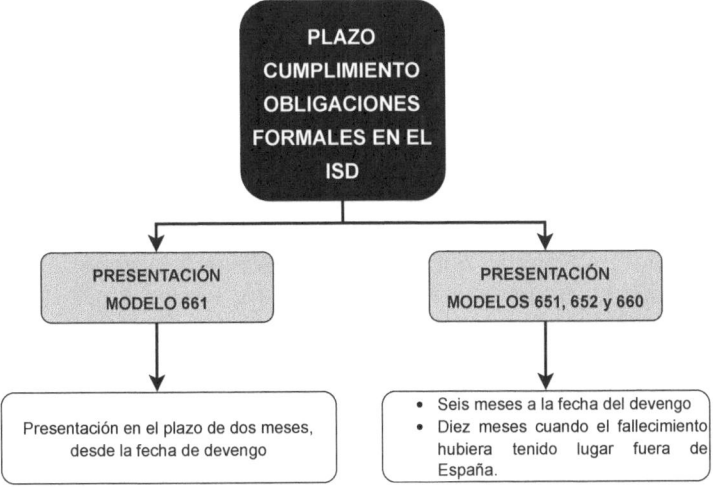

2.4. Normas especiales

Normas especiales en la liquidación del ISD en Navarra

En este apartado desarrollaremos todas aquellas cuestiones relativas a las especialidades que se dan en el proceso de liquidación del impuesto.

|| La sustitución en el ISD

La sustitución consiste en el reemplazo de una persona por otra en la titularidad de los derechos hereditarios, para aquellos casos en que el primer instituido no quiere o no puede adquirirla, señala el Derecho civil Foral de Navarra que en cualquier acto de liberalidad *inter vivos* o *mortis causa*, el disponente puede ordenar sustituciones en todos sus bienes o parte de ellos, puede establecer una o varias sustituciones para el caso de que el llamado o los sustitutos premueran, no quieran o no puedan aceptar la liberalidad. En cuanto a sus particularidades, establece:

- Cuando no se exprese el supuesto en que la sustitución tenga lugar, la misma comprenderá los tres referidos en el párrafo anterior salvo disposición expresa en contrario.

- Pueden ser sustituidos varios en lugar de uno, o uno en el de varios, o recíprocamente entre sí los mismos que han sido llamados.

- Si los llamados en partes desiguales hubieran sido sustituidos entre sí sin hacer mención de partes en la sustitución, tendrán como sustitutos partes proporcionales a las establecidas en la institución.

- Si dos personas fueran llamadas conjuntamente a una liberalidad y una de ellas fuese sustituida por la otra, el sustituto de esta se entenderá llamado a las dos partes.

Puede haber de varios tipos:

- **Sustitución vulgar:** aquella que se produce en virtud de una disposición testamentaria en la que el testador nombra a un segundo o ulterior heredero para el caso de que el primero o anterior muera antes que él, o no quiera o no pueda aceptar la herencia. Señala el derecho civil foral de Navarra que el disponente puede ordenar que se transmitan a uno o sucesivos fideicomisarios, en el tiempo y forma que señale, los bienes que de él haya recibido el fiduciario.

- **Sustitución fideicomisaria:** es aquella en virtud de la cual se encarga al heredero (fiduciario) que conserve y transmita a un tercero (fideicomisario) el todo o parte de la herencia. Según el derecho civil de Navarra, no existirá limitación de número en los llamamientos de fideicomisarios sucesivos a favor de personas que vivan o al menos estén concebidas al tiempo en que el primer fiduciario adquiera los bienes. Las sustituciones a favor de personas que no existan en ese momento no podrán exceder del cuarto llamamiento; en lo que excedan de ese límite se entenderán por no hechas. Los fideicomisarios, aunque lo sean por llamamientos sucesivos, adquieren siempre del fideicomitente. Asimismo, los fiduciarios podrán ser recíprocamente fideicomisarios en la cuota señalada por el fideicomitente y, en su defecto, en proporción a la que adquieran como fiduciarios.

- **Sustitución pupilar y ejemplar:** se considerarán sustituciones las que disponga un ascendiente en los bienes por él dejados a su descendiente para el caso de que este fallezca antes de llegar a los 14 años o de que, habiendo sido modificada judicialmente su capacidad, la misma no le haya permitido otorgar testamento válido.

> **A TENER EN CUENTA.** Respecto a estos tipos de sustituciones, debemos aclarar que tras la reforma operada por la Ley 8/2021, de 2 de junio, con entrada en vigor el 03/09/2021, la sustitución ejemplar fue suprimida del CC. Por su parte Navarra eliminó de su derecho civil propio ambas figuras desde el 16/12/2022 por la Ley Foral 31/2022, de 28 de noviembre.

- **Sustitución de residuo:** en las sustituciones de residuo, si no se hubiere ordenado otra cosa, el instituido sólo podrá disponer de los bienes por actos *ínter vivos* y a título oneroso. Si se le hubiese autorizado para disponer incluso a título lucrativo, se presumirá que está autorizado para disponer por actos *ínter vivos* o *mortis causa*. Los bienes de que el instituido no hubiese dispuesto válidamente pasarán, en el momento establecido o evento previsto, a la persona o personas designadas para recibirlos.

Se establece en el artículo 45 del Decreto Foral Legislativo 250/2002, de 16 de diciembre, que en la sustitución vulgar solo se exigirá el impuesto al sustituto y atendiendo a su grado de parentesco con el causante, cuando el heredero instituido falleciera antes que aquel o no pudiera aceptar la herencia. Si no quisiera aceptarla se estará a lo prevenido para el caso de renuncia.

En la sustitución pupilar contemplada en el Código Civil se exigirá el impuesto al sustituto cuando se realice aquella, atendiendo al grado de parentesco con el descendiente sustituido y sin perjuicio de lo satisfecho por este al fallecimiento del testador.

Respecto de las sustituciones se establecen las siguientes particularidades:

- En la sustitución fideicomisaria, se pagará el impuesto en la institución y en cada sustitución con arreglo al parentesco entre el sustituto y el causante, haciéndose aplicación de lo dispuesto en el artículo 36.3 del Decreto Foral Legislativo 250/2002, de 16 de diciembre.

- Si los herederos instituidos en tal concepto no tuviesen derecho en ningún caso a disponer de los bienes de la herencia sujetos a la sustitución, ya por actos *ínter vivos* o por causa de muerte, se reputarán como meros usufructuarios.

- Cuando la autorización para disponer de dichos bienes se halle afecta a una condición puramente potestativa, cuyo cumplimiento dependa de la exclusiva voluntad de cualquiera de los herederos, albaceas, contadores-partidores o de otra persona expresamente designada en el testamento, se liquidará por la plena propiedad de aquéllos; pero los derechohabientes del heredero podrán solicitar la devolución del impuesto satisfecho por su causante en la parte correspondiente a la nuda propiedad si justifican el incumplimiento de la condición y la transmisión de los bienes afectados por la sustitución íntegramente al sustituto designado. Será de igual aplicación cuando el testador autorice al heredero para disponer de los bienes en caso de necesidad, ya le imponga o no la obligación de justificar ésta, enajenando antes sus bienes propios, así como cuando dicha autorización deban otorgarla los coherederos, albaceas, contadores-partidores u otra persona expresamente designada por el testador.

Para que la devolución proceda deberá también acreditarse en estos casos la transmisión íntegra al sustituto de los bienes de la herencia sujetos a la sustitución.

A TENER EN CUENTA. Lo dispuesto anteriormente se aplicará a los casos de sustitución de legados.

|| Los fideicomisos en el ISD

La sustitución fideicomisaria es aquella en virtud de la cual se encarga al heredero (fiduciario) que conserve y transmita a un tercero (fideicomisario) el todo o parte de la herencia. No existirá limitación de número en los llamamientos de fideicomisarios sucesivos a favor de personas que vivan o al menos estén concebidas al tiempo en que el primer fiduciario adquiera los bienes. Las sustituciones a favor de personas que no existan en ese momento no podrán exceder del cuarto llamamiento; en lo que excedan de ese límite se entenderán por no hechas.

Respecto de los fideicomisos se disponen, recogidas en el artículo 46 del Decreto Foral Legislativo 250/2002, de 16 de diciembre, las siguientes notas comunes:

- En los fideicomisos, cuando dentro de los plazos en que debe presentarse la autoliquidación no sea conocido el heredero fideicomisario, pagará el fiduciario con arreglo a los tipos establecidos para las herencias entre extraños, cualquiera que sea su parentesco con el causante.

- Lo pagado aprovechará al fideicomisario cuando sea conocido. Si el tipo de gravamen que le correspondiese fuese inferior al aplicado al fiduciario, quien hubiese hecho el pago superior o sus causahabientes tendrán derecho a la devolución del exceso satisfecho.

- Si dentro de dichos plazos se conociese el heredero fideicomisario, satisfará éste el impuesto con arreglo a la escala de las herencias que corresponde al grado de parentesco con el causante y al valor de los bienes adquiridos.

- Si el fiduciario o persona encargada por el testador de transmitir la herencia pudiera disfrutarla en todo o en parte, temporal o vitaliciamente, o tuviese la facultad de disponer de los productos o rentas de los bienes hasta su entrega al heredero fideicomisario, pagará el impuesto en concepto de usufructuario y con arreglo al grado de parentesco que le una con el causante. En este caso el fideicomisario satisfará también al entrar en posesión de los bienes el Impuesto correspondiente, no computándose en su favor lo pagado por el fiduciario.

- En los fideicomisos en que se dejen en propiedad los bienes hereditarios al heredero fiduciario, aun cuando sea con la obligación de levantar alguna carga, en los términos que establece el artículo 788 del Código Civil, se liquidará el impuesto como herencia en propiedad, con deducción de la carga, si fuese deducible, por la cual satisfará el impuesto el que adquiera el beneficio consiguiente al gravamen impuesto al heredero, por el título o concepto que jurídicamente corresponda al acto, y si el beneficiario no fuese conocido, satisfará el Impuesto correspondiente a dicho concepto el heredero, pudiendo repercutir el impuesto satisfecho por la carga al beneficiario cuando fuese conocido.

En los fideicomisos se tendrá en cuenta, para la liquidación correspondiente al fideicomisario, lo dispuesto en el artículo 36.3 del Decreto Foral Legislativo 250/2002, de 16 de diciembre.

> **A TENER EN CUENTA.** El heredamiento de confianza, regulado en el título XII del libro II de la Compilación del Derecho Civil Foral de Navarra, se considerará como fideicomiso a los efectos del impuesto.

|| Reserva de bienes

Son limitaciones a la libertad del testador, en virtud de las cuales ciertos bienes del caudal hereditario deben seguir un determinado destino.

Las reservas hereditarias constituyen una limitación a la libertad del testador de distribuir sus bienes como desee, puesto que la legislación específica el destino que han de seguir algunos de los que integran la herencia, a fin de que se adquieran por determinados miembros de la familia de la que proceden.

En el Código Civil se contemplan dos tipos de reservas: la lineal, troncal o familiar (prevista en el artículo 811 del CC) y la ordinaria, vidual o clásica (regulada en los artículos 968 y siguientes del CC).

- **Reserva lineal, troncal o familiar:** se regula en el artículo 811 del CC, según el cual «el ascendiente que heredare de su descendiente bienes que éste hubiese adquirido por título lucrativo de otro ascendiente, o de un hermano, se halla obligado a reservar los que hubiere adquirido por ministerio de la ley en favor de los parientes que estén dentro del tercer grado y pertenezcan a la línea de donde los bienes proceden».

- **Reserva ordinaria, vidual clásica:** en este tipo de reserva, el viudo, viuda que pase a segundo matrimonio estará obligado a reservar a los hijos y descendientes del primero la propiedad de todos los bienes que haya adquirido de su difunto consorte por testamento, por sucesión intestada, donación u otro cualquier título lucrativo; pero no su mitad de gananciales.

En **Navarra** (ley 273) se prevé la denominada **«reserva del bínubo»** por la cual, el progenitor que contrajera matrimonio o constituyera pareja estable con otra persona está obligado a reservar y dejar a los hijos de la unión anterior, o a los descendientes de los mismos, la propiedad de todos los bienes que por cualquier título lucrativo, hubiera recibido de su anterior cónyuge o pareja estable, de los hijos que con ellos hubiera tenido o de los descendientes de estos.

Esta obligación subsistirá mientras existan descendientes reservatarios, aunque en el momento de su muerte el reservista hubiera dejado de estar casado o de convivir en pareja estable. Será nula la dispensa de la obligación de reservar hecha por un progenitor en favor del otro para el caso de que este contrajera nuevo matrimonio o constituyera pareja estable con otra persona. Como también, toda disposición del progenitor que contraiga nuevo matrimonio o constituya nueva pareja estable que contravenga de cualquier otro modo lo establecido en esta ley.

También se hace mención a las reservas en las leyes 177 y 179 de la Compilación.

Respecto al ISD y esta figura de las reservas la legislación navarra se refiere a ella en el artículo 48 del Decreto Foral Legislativo 250/2002, de 16 de diciembre, al establecer lo siguiente:

- En la herencia de bienes reservables, conforme a las leyes 273 y 177 y 179 de la Compilación y al artículo 811 del Código Civil, satisfará el impuesto el reservista, en concepto de usufructuario; pero si la reserva se extinguiera vendrá obligado el reservista a satisfacer el impuesto correspondiente a la nuda propiedad, con aplicación, en tal caso, de lo previsto en el artículo 36.3 del Decreto Foral Legislativo 250/2002, de 16 de diciembre, y sin perjuicio de la aplicación, en su caso, de lo dispuesto en el artículo 46 de la misma norma.

- En la reserva ordinaria a que se refieren los artículos 968, 969, 979 y 980 del Código Civil, se exigirá el impuesto al reservista por el pleno dominio, sin perjuicio del derecho a la devolución de lo satisfecho por la nuda propiedad de los bienes a que afecte, cuando se acredite la transmisión de los mismos bienes o sus subrogados al reservatorio.

- Si el reservista enajenare los bienes sobre los que está constituida la reserva con el consentimiento de todos los que en el momento de la enajenación sean presuntos reservatarios, se considerará fiscalmente extinguida la reserva y liquidará por tal concepto.

- El reservatario satisfará el impuesto según la escala de herencias teniendo en cuenta lo dispuesto en el artículo 36.3 del Decreto Foral Legislativo 250/2002, de 16 de diciembre, y atendiendo el grado de parentesco entre aquél y la persona de quien procedan los bienes, prescindiendo del que le una con el reservista.

|| Partición

Establece el artículo 41 del Decreto Foral Legislativo 250/2002, de 16 de diciembre, lo siguiente:

- En las sucesiones hereditarias, cualesquiera que sean las particiones y adjudicaciones que los interesados hagan, se considerará, a los efectos del impuesto, como si se hubiesen hecho con estricta igualdad y con arreglo a las normas reguladoras de la sucesión, estén o no los bienes sujetos al pago del Impuesto, exentos o bonificados y, en consecuencia, los aumentos que en la comprobación de valores resulten se prorratearán entre los distintos adquirentes o herederos.

- Si los bienes en cuya comprobación resulte aumento de valores o a los que deba aplicarse la no sujeción, exención o bonificación fuesen legados específicamente por el testador a persona determinada o adjudicados en concepto distinto del de herencia, los aumentos o disminuciones afectarán sólo al que adquiera dichos bienes.

|| Excesos de adjudicación

Tal y como recoge el artículo 42 del Decreto Foral Legislativo 250/2002, de 16 de diciembre, cuando en las sucesiones hereditarias se adjudiquen a un heredero o legatario bienes que, según el valor declarado, excedan del importe de su haber en concepto de tal, a expensas de los demás herederos con quienes contraigan el compromiso de reintegrarles en metálico de dichos excesos, pagará aquel heredero o legatario el impuesto, cuando proceda, por el concepto de adjudicación por el exceso percibido, conforme a las normas del Impuesto sobre Transmisiones Patrimoniales y Actos Jurídicos

Documentados; pero todos y cada uno de los herederos vendrán obligados a pagar el correspondiente a las cantidades que tuviesen asignadas por el concepto de herencia.

‖ Repudiación y renuncia a la herencia

La repudiación o renuncia a la herencia produce efectos significativos a la hora de llevar a cabo la liquidación del Impuesto sobre Sucesiones y Donaciones, ya que determina un nuevo sujeto pasivo del impuesto: el beneficiario de la renuncia.

De esta manera, regula el artículo 44 del Decreto Foral Legislativo 250/2002, de 16 de diciembre, que, en la repudiación o renuncia pura, simple y gratuita de la herencia o legado, los beneficiarios de la misma tributarán por la adquisición de la parte repudiada o renunciada con arreglo a la tarifa que correspondería aplicar al renunciante o al que repudia salvo que por el parentesco del causante con el favorecido proceda la aplicación de otra tarifa más gravosa. Si el favorecido por la renuncia recibiese directamente otros bienes del causante, solo se aplicará lo anterior cuando la suma de las autoliquidaciones practicadas por la adquisición separada de ambos grupos de bienes fuese superior a la autoliquidación correspondiente al valor de todos, con aplicación de la tarifa que corresponda en función del grado de parentesco del favorecido por la renuncia con el causante.

En los demás casos de renuncia a favor de persona determinada, se exigirá el impuesto al renunciante, sin perjuicio de lo que deba liquidarse, además, por la cesión o donación de la parte renunciada.

Toda repudiación o renuncia hecha después de prescrito el impuesto correspondiente a la herencia o legado, se reputará a efectos fiscales como donación del repudiante o renunciante hacia el favorecido por la misma.

‖ Donaciones especiales

| Donaciones *mortis causa*

Las donaciones *mortis causa* y las a ellas asimiladas, cualquiera que sea la clase de bienes en que consistan, tributarán como las herencias, según la cuantía y el grado de parentesco entre el donante y el donatario.

No obstante, cuando, conforme a la ley 166 de la Compilación del Derecho Civil Foral de Navarra, la donación se hiciere con entrega de bienes, tributará como donación *inter vivos*.

| Dotes y dotaciones

Las dotes y dotaciones se considerarán donaciones a los efectos del impuesto. Cuando las mismas consistan en el abono de una renta o pensión, vitalicia o temporal, se estará a lo dispuesto para las pensiones.

| Donaciones onerosas y remuneratorias

Se establece en el artículo 49 del Decreto Foral Legislativo 250/2002, de 16 de diciembre, que las donaciones con causa onerosa y las remuneratorias tributarán por tal concepto y por su total importe. Si existieran recíprocas prestaciones o se impusiera algún gravamen al donatario, tributarán por el mismo concepto solamente por la diferencia, sin perjuicio de la tributación que pudiera proceder por las prestaciones concurrentes o por el establecimiento de los gravámenes.

Las cesiones de bienes a cambio de pensiones vitalicias o temporales tributarán como donación por la parte en que el valor de los bienes exceda al de la pensión, con arreglo a lo establecido en el Impuesto sobre Transmisiones Patrimoniales y Actos Jurídicos Documentados.

|| Acumulación de donaciones

| Acumulación de donaciones entre sí

Tal y como se establece en el artículo 51 del Decreto Foral Legislativo 250/2002, de 16 de diciembre, las donaciones y demás transmisiones *inter vivos* equiparables que se otorguen por un mismo donante a un mismo donatario dentro del plazo de tres años, a contar desde la fecha de cada una, se considerarán como una sola transmisión a los efectos de la liquidación del impuesto, y los tipos aplicables serán fijados en función de la suma de todas las bases determinadas.

Procederá asimismo la acumulación cuando, dentro de ese plazo de tres años, se perciban cantidades por el beneficiario-donatario de un seguro sobre la vida para caso de sobrevivencia del asegurado-donante.

En ningún caso procederá la devolución de las cuotas satisfechas con anterioridad por las donaciones, las demás transmisiones lucrativas equiparables y los seguros acumulados a la adquisición actual.

| Acumulación de donaciones a la herencia

Las donaciones y demás hechos imponibles referidos para la acumulación de donaciones entre sí se acumularán a la sucesión que se cause por el donante a favor del donatario, siempre que el plazo que medie entre aquellos y esta no exceda de tres años. Todos estos hechos imponibles se considerarán a los efectos de determinar el tipo aplicable como una sola adquisición.

En ningún caso procederá la devolución de las cuotas satisfechas con anterioridad por las donaciones, las demás transmisiones lucrativas equiparables y los seguros acumulados a la sucesión.

2.5. Base imponible

¿Qué bienes y derechos conforman la base imponible del ISD en Navarra?

La base imponible en el ámbito tributario se define como la magnitud dineraria o en especie que resulta de la medición o valoración del hecho imponible.

Como ya hemos definido, el hecho imponible en el ISD se configura por la transmisión a título gratuito de bienes o derechos, bien por causa de fallecimiento, bien por donación, bien por ser beneficiario de un seguro sobre la vida cuando el contratante es distinto del beneficiario.

Así, para cada uno de estos hechos imponibles se configuran una serie de cargas, deudas y gastos deducibles. En particular, se establece que constituye la base imponible del impuesto, una vez aplicadas las exenciones que, en su caso, correspondan:

- En las transmisiones *mortis causa*, el valor neto de la participación individual de cada causahabiente en el caudal relicto, entendiéndose como tal el valor real de los bienes y derechos minorado por las cargas, deudas y gastos que sean deducibles de acuerdo con lo dispuesto en el Decreto Foral Legislativo 250/2002, de 16 de diciembre.

- En las donaciones y demás transmisiones lucrativas *inter vivos* equiparables, el valor neto de los bienes y derechos adquiridos, entendiéndose como tal el valor real de los bienes y derechos minorado por las cargas y deudas que sean deducibles según lo dispuesto en el Decreto Foral Legislativo 250/2002, de 16 de diciembre.

- En los seguros sobre la vida, las cantidades percibidas por cada beneficiario. Las cantidades percibidas por razón de contratos de seguros sobre la vida se liquidarán acumulando su importe entre sí y al del resto de los bienes y derechos que integran la adquisición hereditaria del beneficiario cuando el causante sea, a su vez, el contratante del seguro individual o el asegurado en el seguro colectivo. Cuando el seguro se hubiese contratado por cualquiera de los cónyuges con cargo a la sociedad de conquistas o gananciales y el beneficiario fuese el cónyuge sobreviviente, la base imponible estará constituida por la totalidad de la cantidad percibida.

Con carácter general, la base imponible se determinará por la Administración tributaria en régimen de estimación directa, salvo las excepciones recogidas de manera expresa en el Decreto Foral Legislativo 250/2002, de 16 de diciembre, para la determinación por estimación indirecta de bases imponibles.

2.5.1. Sucesiones. Base imponible en adquisiciones *mortis causa*

La base imponible del ISD en la modalidad de sucesiones

El artículo 11 del Decreto Foral 16/2004, de 26 de enero, señala que en las adquisiciones por causa de muerte constituye la base imponible del impuesto, el valor neto de la participación individual de cada causahabiente en el caudal hereditario, entendiéndose como tal el valor real de los bienes y derechos adquiridos minorado por las cargas o gravámenes, deudas y gastos que fueren deducibles.

El esquema de liquidación del impuesto contempla una serie de reglas especiales aplicables a las adquisiciones *mortis causa*. Así, los pasos a seguir serán, básicamente, los siguientes:

- Determinación del caudal relicto bruto. Integrado por los bienes que integren la herencia del fallecido conforme a la normativa civil y los bienes que deban adicionarse por aplicación de la normativa tributaria.

- Determinación del caudal relicto neto. Deducción del pasivo formado por las cargas, deudas y gastos deducibles.

- Determinación de la porción hereditaria individual de cada causahabiente. Se aplicarán al caudal hereditario neto las disposiciones recogidas en el testamento o, en su defecto, las normas que hayan de regir la sucesión para fijar la cuota hereditaria individual de cada sujeto pasivo.

- Adición, en su caso, de seguros de vida y acumulación de donaciones que procedan.

|| Determinación del caudal hereditario

El caudal relicto se define por la Real Academia Española como el conjunto de bienes, derechos, acciones y deudas que deja una persona a su fallecimiento y que constituyen su herencia. Dejando de lado cualquier vicisitud jurídica sobre los bienes que forman parte o no de dicho caudal relicto, a todos ellos les serán de aplicación las normas generales contenidas en la normativa foral sobre cargas, deudas y gastos deducibles.

Señala el artículo 20 del Decreto Foral Legislativo 250/2002, de 16 de diciembre, que se entiende por caudal hereditario el valor real de los bienes y derechos adquiridos, junto con los de los bienes que resulten adicionados por el juego de presunciones, conforme a lo dispuesto en la sección segunda de dicha norma.

A efectos de determinar la participación individual de cada causahabiente, señala el artículo 12 del Decreto Foral 16/2004, de 26 de enero que se incluirán también en el caudal hereditario del causante los bienes que resulten adicionados por el juego de las presunciones establecidas en el artículo 22 del Texto Refundido del Impuesto, salvo que con arreglo al citado artículo deban ser imputados en la base imponible de personas determinadas.

Lo dispuesto en el párrafo anterior no se aplica para determinar la participación individual de aquellos causahabientes a quienes el testador hubiese atribuido bienes determinados con exclusión de cualesquiera otros del caudal hereditario. En el caso de que les hubiera atribuido bienes determinados y una participación en el resto de la masa hereditaria, se les computará la parte de bienes adicionados que proporcionalmente les corresponda, según su participación en el resto de la masa hereditaria.

En el caso de los legados a que se refiere el artículo 20.3 del Decreto Foral Legislativo 250/2002, de 16 de diciembre, el importe de la cuota impositiva no incrementará la base imponible de la liquidación a girar a cargo del legatario.

‖ Determinación del valor neto de la participación individual

Tal como dispone el artículo 13 del Decreto Foral 16/2004, de 26 de enero, para poder fijar el valor neto de la participación de cada causahabiente se deducirá del valor de los bienes y derechos:

- El de las cargas o gravámenes que pesaren sobre los mismos y que sean deducibles.
- El de las deudas que reúnan las condiciones exigidas para su deducción.
- El de aquellos que disfruten de algún beneficio fiscal en su adquisición, en la proporción que para el beneficio se establezca.
- El importe de los gastos deducibles.

> **A TENER EN CUENTA.** Cuando los bienes afectos por la carga o los que disfruten del beneficio fiscal en su adquisición hayan sido atribuidos por el testador en favor de persona determinada, o cuando, por disposición de aquel, el pago de la deuda quede a cargo de uno de los causahabientes, la deducción afectará solo a la persona o causahabiente de que se trate.

‖ Deducción de cargas, gravámenes y gastos

Determina el artículo 23 del Decreto Foral Legislativo 250/2002, de 16 de diciembre, que en las adquisiciones por causa de muerte únicamente serán deducibles las cargas o gravámenes de naturaleza perpetua, temporal o redimible que aparezcan directamente establecidas sobre los bienes y disminuyan realmente su capital y valor, como los censos y las pensiones, sin que merezcan tal consideración las que constituyan obligación personal del adquirente ni las que, como las hipotecas y las prendas, no supongan disminución del valor de lo transmitido, sin perjuicio de que las deudas que garanticen puedan ser deducidas si concurren los requisitos establecidos en el artículo 24 del Decreto Foral Legislativo 250/2002, de 16 de diciembre.

Cuando en los documentos presentados no constase expresamente la duración de las pensiones, cargas o gravámenes deducibles, se considerará ilimitada.

Se entenderá como valor del censo, a efectos de su deducción, el del capital que deba entregarse para su redención según las normas de la legislación civil.

A dichos efectos, el valor de las pensiones se obtendrá capitalizándolas al tipo de interés legal del dinero determinado en la Ley de Presupuestos Generales del Estado y tomando del capital resultante aquella parte que, según las reglas establecidas para valorar los usufructos, corresponda a la edad del pensionista, si la pensión es vitalicia, o la duración de la pensión si es temporal.

Respecto a los gastos, establece el artículo 25 del Decreto Foral Legislativo 250/2002, de 16 de diciembre, que en las adquisiciones por causa de muerte son deducibles para la determinación de la base imponible:

- Los gastos que cuando la testamentaría o abintestato adquieran carácter litigioso se ocasionen en el litigio en interés común de todos los herederos por la representación legítima de dichas testamentarías o abintestatos, excepto los de administración del caudal relicto, siempre que resulten aquéllos cumplidamente justificados con testimonio de los autos.

- Los gastos de última enfermedad, entierro y funeral, en cuanto se justifiquen. Los de entierro y funeral deberán guardar, además, la debida proporción con el caudal hereditario, conforme a los usos y costumbres de la localidad.

‖ Deducción de deudas del causante

Por su parte, el artículo 24 del Decreto Foral Legislativo 250/2002, de 16 de diciembre, dispone que:

> «1. En las adquisiciones por causa de muerte **serán deducibles con carácter general las deudas que dejare contraídas el causante de la sucesión siempre que su existencia se acredite por documento público o por documento privado que reúna los requisitos del artículo 1.227 del Código Civil** o se justifique de otro modo la existencia de aquéllas, salvo que lo fuesen a favor de los herederos o de los legatarios de parte alícuota o de los cónyuges, miembros de parejas estables, ascendientes, descendientes o hermanos de dichos herederos o legatarios aunque renuncien a la herencia. La Administración podrá exigir que se ratifique la deuda en documento público por los herederos, con la comparecencia del acreedor.
>
> 2. En especial serán deducibles las cantidades que adeudare el causante por razón de tributos de la Comunidad Foral, del Estado, de Comunidades Autónomas o de Corporaciones Locales o por deudas de la Seguridad Social, y que se satisfagan por los herederos, albaceas o administradores del caudal hereditario, aunque correspondan a liquidaciones giradas después del fallecimiento.
>
> 3. En el caso de que proceda la deducción de deudas y no haya metálico para satisfacerlas, si se hace adjudicación expresa de bienes en pago o para su pago, satisfará el impuesto el adjudicatario por el correspondiente concepto, según las normas establecidas en el Impuesto sobre Transmisiones Patrimoniales y Actos Jurídicos Documentados.
>
> A estos efectos, se aplicarán en primer término, y hasta donde alcancen, los bienes muebles, y sólo en su defecto los inmuebles».

‖ Bienes adicionables

En las adquisiciones *mortis causa*, a efectos de la determinación de la participación individual de cada causahabiente, se presumirá que forman parte del caudal hereditario, los siguientes bienes:

‖ Bienes que hubiesen pertenecido al causante hasta un año antes del fallecimiento

En las adquisiciones por causa de muerte se presumirá que forman parte del caudal hereditario los bienes de todas clases que hubiesen pertenecido al causante de la sucesión hasta un año antes del fallecimiento, salvo prueba fehaciente de que tales bienes fueron transmitidos por aquel y de que se hallan en poder de persona distinta de un heredero, legatario, pariente dentro del tercer grado o cónyuge de cualquiera de ellos o del causante.

Como toda presunción en el ámbito tributario, admitirá prueba en contra, quedando desvirtuada mediante la justificación suficiente de que, en el caudal figuran incluidos, con valor equivalente, el metálico u otros bienes subrogados en el lugar de los desaparecidos. A estos efectos, se estimará como prueba bastante de que tales bienes pertenecieron al causante, además de las generales de derecho, la circunstancia de que los mismos figurasen a su nombre en depósito, cuentas corrientes, préstamos o similares, o bien inscritos en Catastro y registros públicos. Contra tales medios de prueba solo podrá prevalecer la demostración fundada en cualquiera de los medios de prueba previstos en el artículo 107 de la Ley Foral General Tributaria de que, con anterioridad a un año, los bienes de que se trata habían dejado de pertenecer al causante.

La adición realizada al amparo de esta presunción afectará a todos los causahabientes en la misma proporción en que fuesen herederos, salvo que fehacientemente se acredite la transmisión a alguna de las personas antes indicadas; en cuyo caso afectará solo a esta que asumirá a efectos fiscales, si ya no la tuviese, la condición de heredero o legatario.

Bienes y derechos que se hubieran adquirido en usufructo por el causante en los tres años anteriores al fallecimiento

Se determina que, en las adquisiciones *mortis causa*, se presumirá que forman parte del caudal hereditario los bienes y derechos que, durante los tres años anteriores al fallecimiento del causante, hubiesen sido adquiridos por este a título oneroso en usufructo y en nuda propiedad por un heredero, legatario, pariente dentro del tercer grado, cónyuge o pareja estable de cualquiera de ellos o del causante. Esta presunción quedará desvirtuada mediante la justificación suficiente de que el adquirente de la nuda propiedad satisfizo al transmitente el dinero o le entregó bienes o derechos de valor equivalente, suficientes para su adquisición. La no justificación de la existencia de dinero o de bienes subrogados no obstará al derecho de los interesados para probar la realidad de la transmisión onerosa.

La adición realizada al amparo de esta presunción afectará exclusivamente al adquirente de la nuda propiedad al que se le liquidará por la adquisición *mortis causa* del pleno dominio del bien o derecho de que se trate. La práctica de esta liquidación excluirá la que hubiese correspondido por la consolidación del pleno dominio.

Bienes con respecto a los cuales hubiese transmitido el causante su nuda propiedad en los cuatro años anteriores al fallecimiento

Se presumirá que forman parte del caudal hereditario los bienes y derechos transmitidos por el causante a título oneroso durante los cuatro años anteriores a su fallecimiento, reservándose el usufructo de los mismos o de otros del adquirente, o cualquier otro derecho vitalicio, salvo cuando se trate de seguros de renta vitalicia contratados con entidades dedicadas legalmente a este género de operaciones. Esta presunción quedará desvirtuada mediante la justificación suficiente de que en el caudal hereditario figura dinero u otros bienes recibidos en contraprestación de la transmisión de la nuda propiedad por valor equivalente. La no justificación de la existencia de dinero o de bienes subrogados no obstará al derecho de los interesados para probar la realidad de la transmisión.

La adición realizada al amparo de esta presunción afectará exclusivamente al adquirente de la nuda propiedad, que será considerado como legatario si fuese persona distinta de un heredero y que deberá tributar por la adquisición *mortis causa* del pleno dominio del bien o derecho de que trate. La práctica de esta liquidación excluirá la que hubiese correspondido por la consolidación del pleno dominio.

| Bienes derivados de supuestos de endoso de valores o efectos

Se presumirá que forman parte del caudal hereditario los valores y efectos depositados cuyos resguardos se hubiesen endosado, si con anterioridad al fallecimiento del endosante no se hubiesen retirado aquellos o tomado razón del endoso en los libros del depositario, y los valores nominativos que hubiesen sido igualmente objeto de endoso, si la transferencia no se hubiese hecho constar en los libros de la entidad emisora con antelación al fallecimiento del causante. No tendrá lugar esta presunción cuando conste de modo suficiente que el precio o equivalencia del valor de los bienes o efectos transmitidos se ha incorporado al patrimonio del vendedor o cedente y figura en el inventario de su herencia, que ha de ser tenido en cuenta para la liquidación del impuesto, o si se justifica suficientemente que la retirada de valores o efectos o la toma de razón del endoso no ha podido verificarse con anterioridad al fallecimiento del causante por causas independientes de la voluntad de este y del endosatario. Esta presunción es compatible con las adiciones de bienes anteriormente mencionadas.

La adición realizada en base a este artículo afectará exclusivamente al endosatario de los valores, que será considerado como legatario si no tuviese la condición de heredero.

A TENER EN CUENTA. El adquirente y los endosatarios a que se refieren los dos últimos supuestos de presunción serán considerados como legatarios si fuesen personas distintas del heredero. Por lo demás, el valor de los bienes se adicionará al caudal hereditario, imputándolo al heredero o legatario respectivo, tanto si se hallasen en su poder como en el de su cónyuge o pareja estable. El importe de los bienes o valores retirados en virtud de poder o autorización con posterioridad al fallecimiento del poderdante se adicionará al caudal líquido hereditario propiamente dicho y, en consecuencia, los interesados están obligados a incluir dichos bienes en el inventario de los relictos, sin que ello les releve de las responsabilidades en que, como consecuencia de haberlos retirado fuera de las condiciones legales, hayan podido incurrir en su caso.

Exclusión de la adición y posibilidad de deducción del ITPyAJD

Asimismo, se establece que no habrá lugar a las adiciones ahora mencionadas cuando por la transmisión onerosa de los bienes se hubiese satisfecho por el Impuesto sobre Transmisiones Patrimoniales y Actos Jurídicos Documentados una cantidad superior a la que resulte de aplicar a su valor comprobado al tiempo de la adquisición el tipo medio efectivo que correspondería en el Impuesto sobre Sucesiones y Donaciones al heredero o legatario afectado por la presunción, si en la liquidación se hubiese incluido dicho valor.

Si la cantidad ingresada por el Impuesto sobre Transmisiones Patrimoniales y Actos Jurídicos Documentados fuese inferior, habrá lugar a la adición, pero el sujeto pasivo tendrá derecho a que se le deduzca de la liquidación practicada por el Impuesto sobre Sucesiones y Donaciones lo corresponda satisfacer por aquel.

Presunción sobre la proporción atribuible al causante en bienes en situación de indivisión

Establece el artículo 19 del Decreto Foral 16/2004, de 26 de enero, lo siguiente:

> «La participación atribuible al causante en bienes que estén integrados en herencias yacentes, comunidades de bienes y demás entidades que, carentes de personalidad jurídica, constituyan una unidad económica o un patrimonio separado, se adicionará al caudal hereditario en la proporción que resulte de las normas que sean aplicables o de los pactos entre los interesados y, si éstos no constasen a la Administración en forma fehaciente, en proporción al número de interesados».

2.5.2. Donaciones. Base imponible en adquisiciones *mortis causa*

La base imponible del ISD en Navarra para transmisiones lucrativas entre vivos

Constituye la base imponible del impuesto, una vez aplicadas las exenciones que correspondan y demás disposiciones legales en las donaciones y demás adquisiciones lucrativas *inter vivos* equiparables, el valor neto de los bienes y derechos adquiridos, entendiéndose como tal el valor real de los bienes y derechos minorado por las cargas y deudas que fueren deducibles.

Cargas deducibles

En las donaciones y demás adquisiciones lucrativas *inter vivos* equiparables, del valor real de los bienes y derechos adquiridos se deducirán las cargas que reúnan los requisitos establecidos para el supuesto de adquisiciones *mortis causa*.

‖ Deudas deducibles

Del valor de los bienes o derechos donados o adquiridos por otro título lucrativo *inter vivos* equiparable, serán deducibles las deudas que constituyan obligación personal del adquirente, así como las garantizadas por derechos reales, en la parte pendiente de pago, si concurren las circunstancias del artículo 24 del Decreto Foral Legislativo 250/2002, de 16 de diciembre, y el adquirente ha asumido fehacientemente la obligación de pagar la deuda, sin perjuicio de la tributación que, en su caso, proceda conforme a la normativa reguladora del ITPyAJD.

Si el adquirente no asumiese fehacientemente la obligación de pagar la deuda garantizada no será deducible el importe de la deuda, sin perjuicio del derecho a la devolución de la porción de la cuota tributaria correspondiente a dicho importe, si acreditase fehacientemente el pago de la deuda por su cuenta dentro del plazo de prescripción del impuesto.

‖ Procedimiento para la devolución del impuesto por deudas del donante satisfechas por el donatario

El procedimiento para la devolución del impuesto por deudas del donante satisfechas por el donatario se recoge en el artículo 24 del Decreto Foral 16/2004, de 26 de enero. Se ajustará a las siguientes reglas:

- Se entenderá como porción del impuesto correspondiente a la deuda pagada y no deducida en la base imponible de la donación la diferencia entre la cantidad ingresada y la que se hubiese ingresado si al practicar la liquidación o autoliquidación se hubiese deducido el importe de la deuda.

- El interesado deberá solicitar la rectificación mediante escrito presentado dentro del plazo de cuatro años desde el día en que hubiese finalizado el plazo reglamentario para presentar el correspondiente documento, declaración o declaración-liquidación, en la oficina que hubiese practicado la liquidación o tramitado la autoliquidación, acompañando los documentos que acrediten el pago de la deuda por su cuenta.

- Si la Administración estimase acreditado fehacientemente el pago de la deuda por el donatario, adoptará el acuerdo en el que se reconozca el derecho a la devolución. En otro caso, adoptará acuerdo denegatorio de la devolución, que se notificará al interesado con expresión de los recursos procedentes contra él.

2.5.3. Usufructos y otras instituciones

¿Cómo tributa el usufructo e instituciones similares a este en el ISD de Navarra?

En cuanto a la normativa civil Navarra, el usufructo se recoge en la Ley 408 y siguientes de la Ley 1/1973, de 1 de marzo, por la que se aprueba la Compilación del Derecho civil Foral de Navarra, que señala que el derecho real de usufructo concede a su titular, por tiempo limitado, las facultades dominicales con exclusión de la de disponer de la cosa objeto del usufructo, añade que se constituye por disposición de la ley o por voluntad del propietario, manifestada tanto en actos *mortis causa* como *inter vivos*, sea por constitución directa a favor de otra persona, sea mediante reserva de ese derecho en un acto de transmisión de la propiedad, por la adjudicación en juicio divisorio o por acto particional. En cuanto a su duración va a presumirse vitalicio, salvo que conste haberse constituido por tiempo determinado.

En cuanto a los derechos de habitación, uso o derechos similares en la normativa civil Navarra señala el artículo 424 que salvo que por disposición legal o voluntaria se establezcan limitaciones al derecho de habitación, se presumirá que este concede a su titular la facultad de ocupar la vivienda total y exclusivamente, para sí y los que con él convivan, así como de arrendar la vivienda total o parcialmente, y el arrendamiento cesará al extinguirse el derecho de habitación, sin prórroga alguna. Los titulares de estos derechos concurrirán en su ejercicio con el uso ordinario del propietario o persona que le sustituya; y no podrán ceder totalmente su derecho, aunque sí compartir su ejercicio con otras personas, tanto mediante retribución como sin ella. En cuanto a los frutos y productos, en los derechos que no se refieran a un aprovechamiento determinado de los frutos o productos naturales, el titular podrá aprovechar todos los que la cosa produzca, pero tan solo en la medida del consumo ordinario de las personas que participan en el ejercicio del derecho, y sin facultad de venderlos.

Por otro lado, el artículo 28 del Decreto Foral 16/2004, de 26 de enero, respecto de las adquisiciones *mortis causa* señala que siempre que, como consecuencia de las disposiciones del causante o de la aplicación de las normas civiles reguladoras de la sucesión, se atribuya a una persona el derecho a disfrutar en todo o en parte de los bienes de una herencia, temporal o vitaliciamente, se entenderá a efectos fiscales la existencia de un derecho de usufructo o de uso, valorándose el respectivo derecho, cualquiera que sea su nombre, conforme a las reglas establecidas para los usufructos o derechos de uso temporales o vitalicios. No obstante, si el adquirente tuviese el derecho a disponer de los bienes se le liquidará el impuesto por el pleno dominio, sin perjuicio de la devolución que proceda de la porción de impuesto que corresponda a la nuda propiedad si se justifica la transmisión de los mismos bienes a la persona indicada por el testador o por la normativa aplicable.

El artículo 38 del Decreto Foral Legislativo 250/2002, de 16 de diciembre, establece que, para la determinación del valor a consignar en la autoliquidación o declaración que deba presentarse por el ISD de los derechos de usufructo, uso, habitación y nuda propiedad, se seguirán las siguientes reglas:

- El valor del usufructo temporal se reputará, según su duración, en un tanto por ciento del valor total de los bienes, que será del 10 % hasta cinco años inclusive de duración; y por cada año más se aumentará la estimación del mismo en un 2 % del valor total de los bienes, sin que, en ningún caso, pueda exceder del 70 % de dicho valor total.

- En los usufructos vitalicios se estimará que el valor es igual al 70 % del valor total de los bienes cuando el usufructuario cuente menos de 20 años, minorándose el porcentaje a medida que aumenta la edad, en la proporción de un 1 % menos por cada año más, con el límite mínimo del 10 % del valor total.

- El valor de la nuda propiedad se computará por la diferencia entre el valor del usufructo, uso y habitación y el valor total de los bienes. En los usufructos vitalicios que, a su vez, sean temporales, la nuda propiedad se valorará aplicando, de las reglas anteriores, aquella que le atribuya menor valor.

- Cuando el usufructo se hubiese constituido a favor de una persona jurídica, para determinar el valor de la nuda propiedad atribuida a una persona física se aplicarán las reglas de los puntos primero y tercero anteriores; y si se estableciere por tiempo indeterminado el usufructo se valorará en el 60 % del valor total atribuido a los bienes.

- El valor de los derechos reales de uso y habitación será el que resulte de aplicar al 75 % del valor de los bienes sobre los que fueren impuestos las reglas correspondientes a la valoración de los usufructos temporales o vitalicios, según los casos.

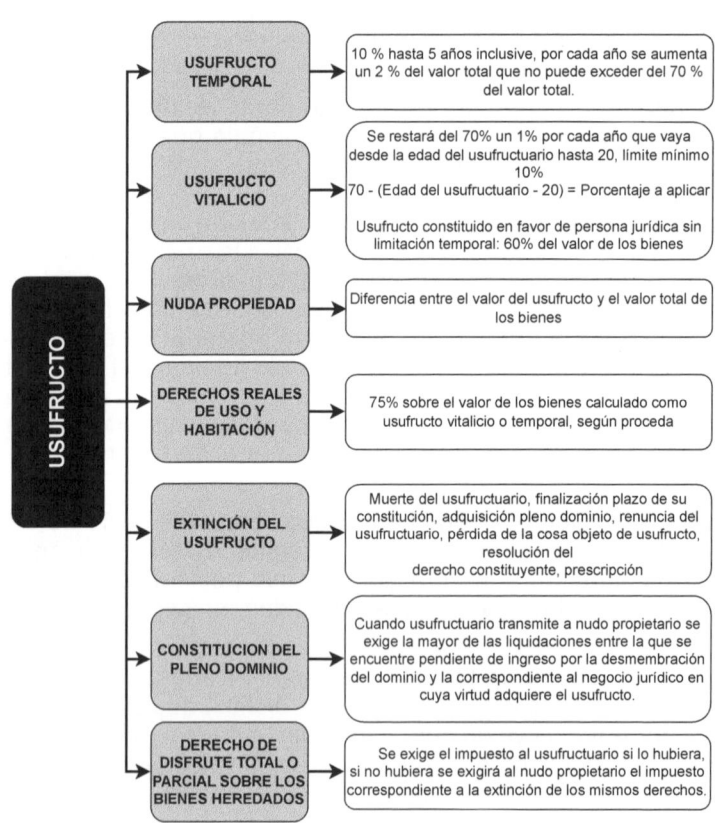

Asimismo, se recogen una serie de reglas especiales respecto de los derechos ahora mencionados:

- Siempre que el adquirente tenga facultad de disponer de los bienes, se liquidará el impuesto en pleno dominio, sin perjuicio de la devolución que, en su caso, proceda.

- Al adquirirse los derechos de usufructo, uso y habitación se le exigirá el impuesto al adquirente, conforme a la naturaleza jurídica de su título de adquisición, sobre la base del valor de estos derechos.

- Al adquirente de la nuda propiedad se le exigirá el impuesto, conforme a la naturaleza jurídica del título por el que adquiere, sobre la base del valor de la misma y aplicándose el tipo que corresponda al valor íntegro de los bienes. Sin perjuicio de lo anterior, al extinguirse el usufructo, el primer nudo propietario viene obligado por el mismo título de adquisición a pagar por el concepto de extinción de usufructo, sobre el tanto por ciento por el que no se haya liquidado el impuesto al adquirirse la nuda propiedad, cuyo porcentaje se aplicará sobre el valor que tuviesen los bienes en el momento de la consolidación del dominio, con sujeción a las tarifas vigentes en tal fecha y por el tipo que corresponda al valor íntegro de los bienes. Cuando en la extinción de un usufructo no se acredite el título del primer nudo propietario se presumirá, a los efectos fiscales de dicha extinción, que el título fue el de herencia entre extraños. Cuando en la extinción de un usufructo no se acredite el título del primer nudo propietario se presumirá, a los efectos fiscales de dicha extinción, que el título fue el de herencia entre extraños.

  Las obligaciones del nudo propietario nacidas de los apartados anteriores son, en todo caso, transmisibles a los adquirentes de la nuda propiedad, que tendrán que pagar, en el momento de la extinción del usufructo, lo que hubiera tenido que satisfacer el primer nudo propietario.

- Si se transmite el usufructo o la nuda propiedad se practicará una nueva autoliquidación evaluándolos con arreglo a las reglas anteriores y teniendo en cuenta el vínculo jurídico entre el transmitente y el adquirente, con independencia de las liquidaciones procedentes con arreglo a los apartados anteriores.

- Si el usufructuario transmite su derecho al nudo propietario se le exigirá a éste la mayor de las liquidaciones entre la que se encuentre pendiente de ingreso por la desmembración del dominio y la correspondiente al negocio jurídico en cuya virtud adquiere el usufructo. Si el nudo propietario transmite su derecho al usufructuario, o si ambos lo transmiten a un tercero, se exigirán únicamente las liquidaciones correspondientes a tales adquisiciones.

- La renuncia, aunque sea pura y simple, de un usufructo ya aceptado se considerará a efectos fiscales como donación del usufructuario al nudo propietario.

- En los usufructos sucesivos se exigirá el impuesto al nudo propietario teniendo en cuenta el usufructo de mayor porcentaje y a la extinción de este usufructo pagará el nudo propietario por el aumento de valor que la nuda propiedad experimenta como consecuencia de comenzar el usufructo de menor porcentaje, por título de consolidación parcial si el usufructo de mayor coeficiente era el primero y por cumplimiento de condición suspensiva o de plazo si era posterior, y así sucesivamente al extinguirse los demás usufructos.

- Si el usufructo se establece con condición resolutoria distinta de la vida del usufructuario se autoliquidará por las reglas establecidas en los apartados anteriores para los usufructos vitalicios a reserva de que, cumplida la condición resolutoria, se practique nueva autoliquidación, conforme a las reglas establecidas para el usufructo temporal, y se hagan, en virtud de la misma, las rectificaciones que procedan en beneficio de la Comunidad Foral o del interesado.

- Al extinguirse los derechos de uso y habitación se exigirá el impuesto al usufructuario, si lo hubiere, en razón del aumento del valor del usufructo, y si dicho usufructo no existiese se exigirá al nudo propietario el impuesto correspondiente a la extinción de los mismos derechos. Si el usufructo se extinguiese antes que los derechos de uso y habitación, el nudo propietario pagará el impuesto correspondiente por la consolidación parcial operada por la extinción de dicho derecho de usufructo, en cuanto al aumento que, en virtud de la misma, experimente el valor de su nuda propiedad.

Las pensiones en el ISD en Navarra

Establece el artículo 39 del Decreto Foral Legislativo 250/2002, de 16 de diciembre, que las pensiones constituidas a título gratuito tributarán según el parentesco entre el pensionista y el que la constituya, y se valorarán conforme a las reglas señaladas en el artículo 23.4 de la mencionada norma.

Dicho artículo 23.4 dispone lo siguiente:

«4. A dichos efectos, el valor de las pensiones se obtendrá capitalizándolas al tipo de interés legal del dinero determinado en la Ley de Presupuestos Generales del Estado y tomando del capital resultante aquella parte que, según las reglas establecidas para valorar los usufructos, corresponda a la edad del pensionista, si la pensión es vitalicia, o la duración de la pensión si es temporal».

En las pensiones constituidas por testamento, cuando el capital de las mismas se rebaje del caudal hereditario, al extinguirse aquéllas, el adquirente del bien vendrá obligado a satisfacer el impuesto correspondiente al capital de la pensión, según la tarifa vigente en el momento de constituirse esta.

Las pensiones constituidas a cambio de cesión de bienes o derechos, cuando el transmitente sea persona distinta del pensionista, tributarán por la tarifa del impuesto correspondiente al grado de parentesco entre ambos.

A TENER EN CUENTA. Serán aplicables las reglas de valoración del ITPyAJD a la constitución a título gratuito de promesas y opciones de contratos y de censos. En las transacciones se liquidará el impuesto según el título por el que se adjudiquen, declaren o reconozcan los bienes o derechos litigiosos.

2.6. Base liquidable

Concepto de base liquidable en el ISD de Navarra

La base liquidable del ISD es la magnitud resultante de practicar, en su caso, en la base imponible las reducciones establecidas en la Norma Foral de cada tributo.

2.6.1. Equiparaciones

Grado de parentesco

El artículo 3 del Decreto Foral Legislativo 250/2002, de 16 de diciembre, establece una serie de reglas a tener en cuenta a la hora de hablar del parentesco en el ISD en Navarra:

- Los grados de parentesco a que se refiere esta Ley Foral son todos de consanguinidad y han de regularse, así como las demás circunstancias relativas a la condición y capacidad de las personas, por la legislación civil.

- A los efectos del Impuesto la adopción se equipara a la consanguinidad. Asimismo, se entenderá que la persona adoptada conserva el grado de parentesco que tenía con su familia de origen antes de constituirse la adopción.

- A los efectos del Impuesto, los parientes por afinidad, que no sean ascendientes ni descendientes, se asimilarán a los consanguíneos de grado inmediatamente posterior.

- A efectos de lo previsto en la normativa de este impuesto, los miembros de una pareja estable se equipararán a los cónyuges cuando así lo hayan solicitado y se cumplan los requisitos señalados en la Disposición adicional vigesimoprimera de la Ley Foral 13/2000, de 14 de diciembre, General Tributaria.

  De conformidad con ello, cuantas menciones se efectúen en dicha normativa a las parejas estables se entenderán referidas solamente a las parejas estables a que se refiere el párrafo anterior.

- A efectos de ISD:
  - Las personas objeto de un acogimiento familiar permanente o en guarda para la convivencia preadoptiva se equipararán a las adoptadas.
  - Las personas que realicen un acogimiento familiar permanente o que tengan delegada la guarda para la convivencia preadoptiva se equipararán a las adoptantes.

> **A TENER EN CUENTA.** El acogimiento familiar permanente o la guarda para la convivencia preadoptiva se considerarán acreditados cuando sea certificado por los órganos competentes de la Comunidad Foral, de la Administración del Estado o de la correspondiente comunidad autónoma.

2.6.2. Reducciones aplicables a la base imponible

Reducciones para las adquisiciones *mortis causa*

‖ Reducción por adquisición de terrenos declarados como espacios naturales protegidos

Se determina por el artículo 30 del Decreto Foral Legislativo 250/2002, de 16 de diciembre, que las adquisiciones *mortis causa*, del pleno dominio o de la nuda propiedad, de terrenos declarados como espacios naturales protegidos o propuestos como lugares de Interés Comunitario de la Red ecológica europea Natura 2000, disfrutarán de una reducción en la base imponible del Impuesto del 95 %. Igual reducción se practicará en la extinción del usufructo.

‖ Reducción por discapacidad

Determina el artículo 32 bis del Decreto Foral Legislativo 250/2002, de 16 de diciembre, que las adquisiciones *mortis causa* efectuadas por sujetos pasivos que acrediten un grado de discapacidad igual o superior al 33 % e inferior al 65 % gozarán de una reducción de 60.000 euros. Dicho importe será de 180.000 euros cuando el sujeto pasivo acredite un grado de discapacidad igual o superior al 65 %.

> **A TENER EN CUENTA.** La reducción se aplicará una vez practicadas el resto de las reducciones.

‖ Reducción para las donaciones

Se determina por el artículo 31 del Decreto Foral Legislativo 250/2002, de 16 de diciembre, que las donaciones *inter vivos*, del pleno dominio o de la nuda propiedad, de terrenos declarados como espacios naturales protegidos o propuestos como lugares de Interés Comunitario de la Red ecológica europea Natura 2000, disfrutarán de una reducción en la base imponible del Impuesto del 95 %. Igual reducción se practicará en la extinción del usufructo que se hubiera reservado el transmitente.

‖ Reducción para las cantidades percibidas por los beneficiarios de seguros de vida

Dispone el artículo 32 del Decreto Foral Legislativo 250/2002, de 16 de diciembre, que las percepciones de cantidades de las entidades aseguradoras por los beneficiarios de contratos de seguros sobre la vida, que se hubieran celebrado antes del 24 de junio de 1992, disfrutarán de las siguientes reducciones en la base imponible:

- Reducción del 90 % de las cantidades que excedan de 3.005,06 euros cuando el parentesco entre el contratante y el beneficiario sea el de ascendiente o descendiente por afinidad.

- Reducción del 50 % cuando el parentesco entre el contratante y el beneficiario sea el de colateral de segundo grado.

- Reducción del 25 % cuando el parentesco entre el contratante y el beneficiario sea el de colateral de tercero o cuarto grado.

- Reducción del 10 % cuando dicho parentesco sea más distante o no exista parentesco.

2.7. Deuda tributaria

Reglas de tributación en el ISD en Navarra

Las adquisiciones *mortis causa* por herencia, legado o cualquier otro título sucesorio tributan conforme al grado de parentesco entre el causante y el causahabiente. Cuando no fuesen conocidos los causahabientes se exige el impuesto por la tarifa correspondiente a la sucesión entre extraños, sin perjuicio de la devolución que proceda una vez que son conocidos.

Las adquisiciones por donación o cualquier otro negocio jurídico a título gratuito e *inter vivos* tributan con arreglo al grado de parentesco que medie entre el donante y el donatario. Cuando se trate de adquisiciones por parte de descendientes o adoptados, precedida de otra u otras adquisiciones de los mismos bienes o derechos en los últimos tres años inmediatamente anteriores a la adquisición, por donación o negocio jurídico a título gratuito e *inter vivos* a favor del ascendiente o adoptante y realizada por otro descendiente o adoptado del mismo, se tributará teniendo en cuenta el parentesco del primer donante con respecto al último donatario, descontándose, en su caso, la cuota ingresada correspondiente a las donaciones precedentes.

En cuanto a los seguros de vida, tributan por el grado de parentesco entre el contratante o tomador del seguro y el beneficiario. En los seguros colectivos, así como en los contratados por las empresas a favor de sus empleados se estará al grado de parentesco entre el asegurado y el beneficiario. (Artículo 33 del Decreto Foral Legislativo 250/2002, de 16 de diciembre).

2.7.1. Tarifa

Tarifa en Navarra

Los tipos de gravamen del Impuesto sobre Sucesiones y Donaciones en Navarra encuentran su regulación en el artículo 34 del Decreto Foral Legislativo 250/2002, de 16 de diciembre.

La cuota del impuesto se obtiene aplicando a la base liquidable los tipos de gravamen que correspondan en función del grado de parentesco y del título jurídico de la adquisición.

De esta manera, se definen las siguientes tarifas a aplicar en el ISD:

- **Cónyuges o miembros de una pareja estable**, según su legislación específica, en adquisiciones *mortis causa* por herencia, legado o cualquier otro título sucesorio, y percepción de cantidades por los beneficiarios de contratos de seguro sobre la vida para caso de muerte del asegurado siempre que el contratante sea distinto del beneficiario y haya sido contratado por el asegurado o se trate de seguro colectivo.

  – Tipo de gravamen:

    » Base liquidable hasta 250.000 euros: 0 %.

    » Resto de base: 0,80 %.

> **A TENER EN CUENTA.** Esta tarifa tiene carácter progresivo y cada tipo de gravamen se aplica sobre cada uno de los tramos de la base liquidable que se indican.

- **Cónyuges o miembros de una pareja estable**, según su legislación específica, en adquisiciones por **donación o cualquier otro negocio jurídico a título gratuito e *inter vivos***, así como de percepción de cantidades por los beneficios de contratos de seguro de vida para caso de sobrevivencia del asegurado, cuando el contratante no sea el beneficiario, y de percepción de cantidades provenientes de contratos individuales de seguro en caso de fallecimiento del asegurado, cuando este no sea el contratante.

  – Tipo de gravamen: 0,80 %.

- **Ascendientes o descendientes en línea recta por consanguinidad, adoptantes o adoptados**, cuando se trate de adquisiciones *mortis causa* por herencia, legado o cualquier otro título sucesorio, así como de la percepción de cantidades por los beneficiarios de contratos de seguro sobre la vida para caso de muerte del asegurado siempre que el contratante sea persona distinta del beneficiario y haya sido contratado por el asegurado o se trate de un seguro colectivo.

  Tipo de gravamen que se indica en la siguiente tarifa:

Base liquidable hasta (euros)	Cuota íntegra (euros)	Resto base hasta (euros)	Tipo de gravamen
250.000	0	250.000	2 %
500.000	5.000	500.000	4 %
1.000.000	25.000	800.000	8 %
1.800.000	89.000	1.200.000	12 %
3.000.000	233.000	Resto de la base	16 %

> **A TENER EN CUENTA.** Esta tarifa tiene carácter progresivo y cada tipo de gravamen se aplica sobre cada uno de los tramos de la base liquidable que se indican.

- **Ascendientes o descendientes en línea recta por consanguinidad, adoptantes o adoptados,** cuando se trate de adquisiciones por donación o cualquier otro negocio jurídico a título gratuito e *inter vivos*, así como de percepción de cantidades por los beneficiarios de contratos de seguro sobre la vida para caso de sobrevivencia del asegurado, siempre que el contratante no sea el beneficiario y por la percepción de cantidades provenientes de contratos individuales de seguro para caso de fallecimiento del asegurado, cuando este no sea el contratante.

  Tipo de gravamen que se indica en la siguiente tarifa:

Base liquidable (hasta euros)	Cuota íntegra (euros)	Resto base hasta (euros)	Tipo de gravamen
-	-	250.000	0,80 %
250.000	2.000	250.000	2 %
500.000	7.000	500.000	3 %
1.000.000	22.000	800.000	4 %
1.800.000	54.000	1.200.000	6 %
3.000.000	126.000	Resto de base	8 %

> **A TENER EN CUENTA.** Esta tarifa tiene carácter progresivo y cada tipo de gravamen se aplica sobre cada uno de los tramos de la base liquidable que se indican.

- **Ascendientes y descendientes por afinidad y colaterales de segundo y tercer grado,** cuando se trate de adquisiciones *mortis causa*, así como de percepciones de contratos de seguro sobre la vida para caso de muerte del asegurado, siempre que el contratante sea persona distinta del beneficiario y haya sido contratado por el asegurado o se trate de un seguro colectivo.

Base liquidable	Tipo de gravamen
Hasta 7.813,16	0,80 %
Exceso sobre 7.813,16	El que corresponda conforme a los tres puntos siguientes

> **A TENER EN CUENTA.** Esta tarifa no tiene carácter progresivo y se aplica sobre la total base liquidable.

- Tarifa aplicable a ascendientes y descendientes por afinidad

  En los supuestos previstos en el apartado anterior, se grava el exceso sobre la cantidad mencionada:

Base liquidable	Tipo de gravamen
Hasta 6.010,12	6,00 %
De 6.010,13 a 12.020,24	7,00 %

Base liquidable	Tipo de gravamen
De 12.020,25 a 30.050,61	8,00 %
De 30.050,62 a 60.101,21	10,00 %
De 60.101,22 a 90.151,82	11,00 %
De 90.151,83 a 120.202,42	13,00 %
De 120.202,43 a 150.253,03	14,00 %
De 150.253,04 a 300.506,05	16,00 %
De 300.506,06 a 601.012,10	17,00 %
De 601.012,11 a 1.803.036,31	18,00 %
De 1.803.036,32 a 3.005.060,52	19,00 %
De 3.005.060,53 en adelante	20,00 %

> **A TENER EN CUENTA.** Esta tarifa no tiene carácter progresivo y se aplica sobre la total base liquidable.

- Tarifa aplicable a colaterales de segundo grado

Cuando se trate de adquisiciones *mortis causa,* así como de percepciones de contratos de seguro sobre la vida para caso de muerte del asegurado, siempre que el contratante sea persona distinta del beneficiario y haya sido contratado por el asegurado o se trate de un seguro colectivo, se grava el exceso del siguiente modo:

Base liquidable	Tipo de gravamen
Hasta 6.010,12	8,00 %
De 6.010,13 a 12.020,24	9,00 %
De 12.020,25 a 30.050,61	10,00 %
De 30.050,62 a 60.101,21	11,00 %
De 60.101,22 a 90.151,82	13,00 %
De 90.151,83 a 120.202,42	15,00 %
De 120.202,43 a 150.253,03	17,00 %
De 150.253,04 a 300.506,05	20,00 %
De 300.506,06 a 601.012,10	23,00 %
De 601.012,11 a 1.803.036,31	26,00 %
De 1.803.036,32 a 3.005.060,52	30,00 %
De 3.005.060,53 en adelante	35,00 %

> **A TENER EN CUENTA.** Esta tarifa no tiene carácter progresivo y se aplica sobre la total base liquidable.

La adquisición *mortis causa* del pleno dominio de la vivienda habitual del causante, por uno o varios de sus hermanos, tributa al tipo especial de gravamen del 0,8 % cuando se cumplan las siguientes condiciones:

– Que el adquirente haya convivido con el causante, en la vivienda habitual de este, durante los cinco años anteriores al fallecimiento.

– Que el adquirente no enajene la vivienda heredada y esta constituya su residencia habitual durante los cinco años siguientes a su adquisición, salvo que concurra alguna de las circunstancias previstas en la normativa del IRPF en virtud de las cuales se exonera de la obligación temporal de mantener la vivienda como habitual.

El tipo será el resultante de la aplicación de la tarifa de la tabla anterior sobre la base liquidable calculada conforme a lo establecido en el capítulo VI del Decreto Foral Legislativo 250/2002, de 16 de diciembre, sobre el valor integro de los bienes, incluyendo el valor de la vivienda.

La aplicación del tipo especial de gravamen procederá igualmente cuando la vivienda estuviera incluida dentro del lote adjudicado al heredero, siempre que tal adjudicación no conlleve exceso de adjudicación a favor del adjudicatario de la misma.

A estos efectos se atenderá al concepto de vivienda habitual definido en la normativa del IRPF.

- Tarifa aplicable a colaterales de tercer grado

Cuando se trate de adquisiciones *mortis causa,* así como de percepciones de contratos de seguro sobre la vida para caso de muerte del asegurado, siempre que el contratante sea persona distinta del beneficiario y haya sido contratado por el asegurado o se trate de un seguro colectivo, se grava el exceso del siguiente modo:

Base liquidable	Tipo de gravamen
Hasta 6.010,12	9,00 %
De 6.010,13 a 12.020,24	10,00 %
De 12.020,25 a 30.050,61	11,00 %
De 30.050,62 a 60.101,21	13,00 %
De 60.101,22 a 90.151,82	15,00 %
De 90.151,83 a 120.202,42	17,00 %
De 120.202,43 a 150.253,03	20,00 %
De 150.253,04 a 300.506,05	23,00 %
De 300.506,06 a 601.012,10	26,00 %
De 601.012,11 a 1.803.036,31	30,00 %
De 1.803.036,32 a 3.005.060,52	34,00 %
De 3.005.060,53 en adelante	39,00 %

A TENER EN CUENTA. Esta tarifa no tiene carácter progresivo y se aplica sobre la total base liquidable.

- Tarifa aplicable a colaterales de cuarto grado

Base liquidable	Tipo de gravamen
Hasta 6.012,12	11,00 %
De 6.010,13 a 12.020,24	12,00 %
De 12.020,25 a 30.050,61	13,00 %
De 30.050,62 a 60.101,21	15,00 %
De 60.101,22 a 90.151,82	17,00 %
De 90.151,83 a 120.202,42	20,00 %
De 120.202,43 a 150.253,03	23,00 %
De 150.253,04 a 300.506,05	26,00 %
De 300.506,06 a 601.012,10	31,00 %
De 601.012,11 a 1.803.036,31	35,00 %
De 1.803.036,32 a 3.005.060,52	39,00 %
De 3.005.060,53 en adelante	43,00 %

A TENER EN CUENTA. Esta tarifa no tiene carácter progresivo y se aplica sobre la total base liquidable.

- Tarifa aplicable a colaterales de grados más distantes y extraños

Base liquidable	Tipo de gravamen
Hasta 6.010,12	11,00 %
De 6.010,13 a 12.020,24	12,00 %
De 12.020,25 a 30.050,61	14,00 %
De 30.050,62 a 60.101,21	16,00 %
De 60.101,22 a 90.151,82	18,00 %
De 90.151,83 a 120.202,42	21,00 %
De 120.202,43 a 150.253,03	24,00 %
De 150.253,04 a 300.506,05	29,00 %
De 300.506,06 a 601.012,10	36,00 %
De 601.012,11 a 1.803.036,31	40,00 %
De 1.803.036,32 a 3.005.060,52	45,00 %
De 3.005.060,53 en adelante	48,00 %

A TENER EN CUENTA. Esta tarifa no tiene carácter progresivo y se aplica sobre la total base liquidable.

Cuando de la aplicación de tipos resulte que a un incremento de la base corresponde una porción de cuota superior a dicho incremento, se reducirá de oficio la cuota en el importe del exceso o diferencia.

2.7.2. Deducción por doble imposición internacional y cuota del ISD

Deducción por doble imposición internacional y cuota del ISD en Navarra

La cuota líquida del ISD en Navarra será el resultado de aplicar la tarifa que corresponda conforme al grupo de parentesco y tablas ahora recogidas; además, se deberá minorar el resultado de la aplicación de la tarifa por las deducciones y bonificaciones que la normativa haya establecido. En este caso, la única deducción a tener en cuenta en la Comunidad Foral de Navarra es la deducción por doble imposición internacional.

Así, el artículo 35 de la Decreto Foral Legislativo 250/2002, de 16 de diciembre, dispone lo siguiente:

> «Cuando el contribuyente tenga su residencia en territorio español, en los términos establecidos en la normativa estatal, tendrá derecho a deducir la menor de las dos cantidades siguientes:
>
> a) El importe efectivo de lo satisfecho en el extranjero por razón de gravamen similar que afecte al incremento patrimonial sometido a este Impuesto.
>
> b) El resultado de aplicar el tipo medio efectivo de gravamen de este Impuesto al incremento patrimonial correspondiente a bienes que radiquen o derechos que puedan ser ejercitados fuera de España, cuando hubiesen sido sometidos a gravamen en el extranjero por un impuesto similar».

Cuota tributaria = (base liquidable x tarifa) - deducción por doble imposición internacional

2.8. Régimen de autoliquidación

Régimen de autoliquidación del ISD en Navarra

La competencia para la gestión, inspección, liquidación y recaudación del ISD corresponde al Departamento de Economía y Hacienda.

Como norma general, tal y como establece el artículo 33 del Decreto Foral 16/2004, de 26 de enero, los sujetos pasivos deberán presentar ante los órganos competentes de la Administración tributaria los documentos a los que se hayan incorporado los actos o contratos sujetos o, a falta de incorporación, una declaración escrita sustitutiva en la que consten las circunstancias relevantes para la liquidación, para que por aquéllos se proceda a su examen, calificación, comprobación y a la práctica de las liquidaciones que procedan, en los términos y en los plazos que se señalan en los artículos siguientes.

Los sujetos pasivos pueden optar por presentar una autoliquidación en relación con los actos y negocios jurídicos que determine el consejero de Economía y Hacienda. Asimismo, el consejero de Economía y Hacienda determinará los supuestos y operaciones para los que resulta aplicable con carácter obligatorio el régimen de autoliquidación.

Por lo que, en base al apartado anterior, los sujetos pasivos van a tener que practicar, en los modelos aprobados, las operaciones necesarias para determinar el importe de la deuda tributaria y van a tener que aportar el documento o declaración que contenga o constate el hecho imponible.

2.8.1. Autoliquidaciones parciales a cuenta, pago, aplazamiento y fraccionamiento de pago

Autoliquidaciones parciales a cuenta

Establece el artículo 58 del Decreto Foral Legislativo 250/2002, de 16 de diciembre, que los interesados en sucesiones hereditarias y seguros a que se refiere el artículo 8.c) de la misma norma podrán practicar una autoliquidación parcial del impuesto a los solos efectos de cobrar seguros sobre la vida, créditos del causante, haberes devengados y no percibidos por el mismo, retirar bienes, valores, efectos o dinero que se hallaren en depósito y demás supuestos análogos.

En las autoliquidaciones parciales que se practiquen para el cobro de seguros sobre la vida se tendrán en cuenta las exenciones que se recogen en el Decreto Foral Legislativo 250/2002, de 16 de diciembre.

Las autoliquidaciones parciales tendrán el carácter de ingresos a cuenta de la autoliquidación que proceda por la sucesión hereditaria de que se trate.

|| Aplazamiento de la presentación de la autoliquidación

Dispone el artículo 59 del Decreto Foral Legislativo 250/2002, de 16 de diciembre, que tendrá lugar el aplazamiento de la presentación de la autoliquidación del Impuesto en los siguientes supuestos:

- Cuando en los actos o contratos medie alguna condición suspensiva.

- En las adquisiciones a título lucrativo de créditos ilíquidos o de cuantía desconocida, hasta que sean líquidos.

- Cuando no pueda determinarse de una manera cierta la cuantía de una adquisición, hasta que sea determinada esta, comenzando desde tal fecha a contarse de nuevo el plazo para presentar la autoliquidación.

- Cuando no pueda determinarse de una manera cierta quien sea el adquirente de los bienes o derechos de una participación hereditaria, hasta que sea conocido este, comenzando desde tal fecha a contarse de nuevo el plazo para presentar la autoliquidación. Lo prevenido en este punto se entenderá sin perjuicio de lo dispuesto sobre fideicomisos puros.

Pago, aplazamiento y fraccionamiento de pago del ISD en Navarra

‖ Pago del impuesto

Los sujetos pasivos, al tiempo de presentar la declaración del ISD, deberán determinar la deuda tributaria correspondiente, practicar la autoliquidación de esta e ingresarla en el lugar, forma y plazos que establezca la persona titular del departamento competente en materia tributaria.

El pago de las liquidaciones practicadas por la Administración deberá realizarse en los plazos señalados en el Decreto Foral 177/2001, de 2 de julio, por el que se aprueba el Reglamento de Recaudación de la Comunidad Foral de Navarra.

‖ Aplazamiento y fraccionamiento de pago del ISD

Señala el artículo 61 del Decreto Foral Legislativo 250/2002 de 16 de enero que serán aplicables las normas sobre aplazamiento y fraccionamiento de pago establecidas en el Reglamento de Recaudación de la Comunidad Foral de Navarra

Respecto a los seguros sobre la vida a que se refiere el artículo 8.c) del Decreto Foral Legislativo 250/2002, de 16 de enero, cuyo importe se perciba en forma de renta, se fraccionará a solicitud del beneficiario el pago del impuesto correspondiente en el número de años en los que perciba la pensión, si la renta fuera temporal, o en un número máximo de quince años si fuere vitalicia, mientras no se ejercite el derecho de rescate. Este aplazamiento no exigirá la constitución de ningún tipo de caución ni devengará tampoco ningún tipo de interés.

Por la extinción de la pensión dejarán de ser exigibles los pagos fraccionados pendientes que, no obstante, lo serán en caso de ejercitarse el derecho de rescate.

Fraccionamiento de la cuota derivada de las cantidades percibidas en forma de renta por contratos de seguro sobre la vida para caso de muerte del asegurado

El artículo 48 del Decreto Foral 16/2004, de 26 de enero, señala que en los seguros sobre la vida a que se refiere el artículo 8.c) del Decreto Foral

Legislativo 250/2002, de 16 de enero, y cuyo importe se perciba por los beneficiarios en forma de renta, vitalicia o temporal, éstos deberán integrar en la base imponible el valor actual de dicha renta, este valor se acumulará al resto de bienes y derechos que integran la porción hereditaria del beneficiario.

El beneficiario puede solicitar, durante el plazo de 6 meses desde la fecha de devengo y de 10 meses cuando el fallecimiento es fuera de España, el fraccionamiento de la parte de la cuota resultante de aplicar sobre el valor actual de la renta, vitalicia o temporal, practicadas, en su caso, las reducciones previstas en el artículo 32 de la Decreto Foral Legislativo 250/2002. El Departamento de Economía y Hacienda acordará el fraccionamiento en el número de años en que se perciba la renta, si fuera temporal, o en quince años si fuera vitalicia, no exigiéndose la constitución de ningún tipo de caución ni devengándose intereses de demora.

La Administración notificará al contribuyente la resolución de la solicitud en el plazo de tres meses. Si transcurrido dicho plazo no se ha notificado resolución expresa la solicitud se considerará estimada. Sólo podrá desestimarse la solicitud si ésta está incompleta o no cumple con los requisitos fijados en la norma.

El importe del ingreso anual correspondiente al pago fraccionado resultará de dividir la cuota que se fracciona entre el número de años en que se perciba la renta si fuera temporal, o entre quince si fuera vitalicia.

El pago anual fraccionado se ingresará en los plazos que figuren en la resolución de concesión del fraccionamiento, dentro del mes de enero siguiente a la percepción íntegra de cada anualidad de renta.

En el supuesto en que se ejercite el derecho de rescate, la totalidad de los pagos fraccionados pendientes deberán ingresarse durante el mes siguiente a tal ejercicio.

En el supuesto en que se produzca la extinción de la renta, sólo resultará exigible el pago fraccionado pendiente que corresponda a la anualidad de renta efectivamente percibida y pendiente de ingreso.

La responsabilidad subsidiaria de las entidades de seguros se extingue en relación con el primer pago fraccionado cuando el beneficiario acredite la obtención, en forma expresa o por silencio, del fraccionamiento regulado en el presente precepto.

El mantenimiento de la extinción de la responsabilidad exige la acreditación por el contribuyente ante la entidad de seguros del ingreso del pago fraccionado correspondiente a cada anualidad de renta.

En el supuesto del ejercicio del derecho de rescate, las entidades de seguros podrán exigir la presentación de certificación expedida por la Administración tributaria sobre el importe del impuesto pendiente de pago, a los efectos de conocer la cuantía de su responsabilidad subsidiaria y, en su caso, poder entregar a los beneficiarios cheque bancario expedido a nombre de la Administración acreedora del impuesto, de acuerdo con lo previsto en el artículo 16.1.b) del Decreto Foral Legislativo 250/2002, de 16 de enero.

2.8.2. Comprobación de valores

La comprobación de valores en el ISD

La Administración tributaria podrá comprobar el valor de los bienes y derechos adquiridos por los medios de comprobación establecidos en el artículo 44 de la Ley Foral General Tributaria y, además, el artículo 28 del Decreto Foral Legislativo 250/2002, de 16 de enero, señala que:

- Utilizando los balances y datos obrantes en poder de la Administración.

  Cuando se trate de acciones o participaciones en sociedades que no coticen en mercados nacionales o extranjeros, o de empresas no societarias, se presumirá, a efectos fiscales, que los balances tienen plena vigencia durante todo el siguiente ejercicio económico de la empresa, salvo prueba documental pública en contrario, sin perjuicio de exigir el balance correspondiente a la fecha de la adquisición.

- Utilizando, con carácter subsidiario, las reglas de valoración establecidas en la Ley Foral 13/1992, de 19 de noviembre, del Impuesto sobre el Patrimonio de las Personas Físicas, referidas a la fecha del devengo del impuesto.

- Mediante estimación por referencia a los valores que figuren en los registros oficiales de carácter fiscal.

  Dicha estimación por referencia podrá consistir en la aplicación de los coeficientes multiplicadores que se determinen y publiquen por la Administración tributaria de Navarra, en los términos que se establezcan reglamentariamente, a los valores que figuren en el registro oficial de carácter fiscal que se tome como referencia a efectos de la valoración de cada tipo de bienes. Tratándose de bienes inmuebles, el registro oficial de carácter fiscal que se tomará como referencia a efectos de determinar los coeficientes multiplicadores para la valoración de dichos bienes será el Registro de la Riqueza Territorial de Navarra.

- Mediante estimación por referencia a los precios medios del mercado.

> **A TENER EN CUENTA.** Dicha estimación por referencia podrá consistir en el empleo de un método estadístico de comprobación de los precios de mercado, definido reglamentariamente, a partir del cual se obtenga el valor más probable del bien en un mercado libre regido por el principio de la oferta y la demanda.

- Las tablas evaluatorias que se aprueben por el Gobierno de Navarra.

- El precio de venta que aparezca en la última enajenación de los mismos bienes o de otros de análoga naturaleza situados en igual zona o distrito.

- El valor asignado para la subasta en las fincas hipotecadas en cumplimiento de lo previsto en la legislación hipotecaria.

- Los valores asignados a los terrenos a efectos del Impuesto sobre el Incremento del Valor de los Terrenos de Naturaleza Urbana.

Por otro lado, la Administración tributaria podrá utilizar indistintamente cualquiera de los medios de comprobación señalados, pero sin que sea preciso valerse de todos, cuando el resultado obtenido por alguno de ellos se conceptúe justificativo del valor real.

Los sujetos pasivos deberán consignar en la declaración que están obligados a presentar el valor real, en la fecha del devengo, que atribuyen a cada uno de los bienes y derechos incluidos en el incremento de patrimonio gravado. Este valor prevalecerá sobre el comprobado si fuese superior.

La notificación de la comprobación de valores se efectuará conjuntamente con la liquidación que, en su caso, practique la Administración tributaria.

Si de la comprobación de valores resultasen valores superiores a los declarados por los interesados, estos podrán impugnarlos en los mismos plazos establecidos para la reclamación de las liquidaciones que vayan a tener en cuenta los nuevos valores o promover la práctica de la tasación pericial contradictoria en la forma y plazos que reglamentariamente se establezcan. La presentación de la solicitud de la tasación pericial contradictoria determinará la suspensión del ingreso de las liquidaciones practicadas y de los plazos de reclamación contra las mismas.

En el caso de adquisiciones lucrativas *inter vivos*, cuando los valores resultantes de la comprobación administrativa puedan tener repercusiones tributarias para los transmitentes, se notificarán a éstos por separado para que puedan proceder a su impugnación en el mismo plazo o solicitar su corrección mediante tasación pericial contradictoria, y si la reclamación o corrección fuesen estimadas, en todo o en parte, la resolución dictada beneficiará también a los sujetos pasivos del Impuesto sobre Sucesiones y Donaciones.

|| La tasación pericial contradictoria

En corrección del resultado obtenido en la comprobación de valores, los interesados podrán promover la práctica de la tasación pericial contradictoria mediante solicitud presentada en el plazo de 15 días a contar desde el siguiente al de la notificación de dicha comprobación. La presentación determinará la suspensión del ingreso de las liquidaciones practicadas y de los plazos de reclamación contra ellas.

En el supuesto de que la tasación fuese promovida por los transmitentes o donantes, el escrito de solicitud deberá presentarse dentro de los 15 días siguientes a la notificación separada de los valores resultantes de la comprobación.

La tramitación de la tasación pericial contradictoria se ajustará a las siguientes reglas, contenidas en el artículo 26 del Decreto Foral 16/2004, de 26 de enero:

- En el caso de que no figurase ya en el expediente la valoración motivada de un perito de la Administración, por haberse utilizado para la comprobación del valor un medio distinto al dictamen de peritos de la Administración previsto en el artículo 44.1.d) de la Ley Foral General Tributaria, la oficina gestora remitirá a los servicios técnicos correspondientes una relación de los bienes y derechos a valorar para que, por personal con título adecuado a la naturaleza de los mismos, se proceda a la formulación, en el plazo de 15 días, de la correspondiente hoja de aprecio por duplicado en la que deberán constar no solo el resultado de la valoración realizada sino también los fundamentos tenidos en cuenta para el avalúo.

- Recibida la valoración del perito de la Administración, o la que ya figure en el expediente por haber utilizado la misma como medio de comprobación el de dictamen de peritos de la Administración, se trasladará a los interesados, concediéndoles un plazo de un mes para que puedan proceder al nombramiento de un perito, que deberá tener título adecuado a la naturaleza de los bienes y derechos a valorar y que deberá formular dentro de dicho plazo la hoja de aprecio debidamente fundamentada.

- Transcurrido el plazo de un mes sin hacer la designación del perito o sin haber sido formulada la hoja de aprecio, se entenderá la conformidad del interesado con el valor comprobado, dándose por terminado el expediente y procediéndose, en consecuencia, a girar la liquidación que corresponda con los correspondientes intereses de demora.

- Si la tasación del perito de la Administración no excede en más del 10 % y no es superior en 120.202,43 euros a la realizada por el del interesado, servirá de base el valor resultante de esta, si fuese mayor que el valor declarado, o este valor en caso contrario, practicándose la liquidación que proceda con los correspondientes intereses de demora.

- Si la tasación hecha por el perito de la Administración excede de los límites indicados deberá designarse un perito tercero. A tal efecto, el Departamento de Economía y Hacienda interesará en el mes de enero de cada año, de los distintos colegios profesionales y asociaciones o corporaciones profesionales legalmente reconocidas, el envío de una lista de colegiados o asociados dispuestos a actuar como peritos terceros. Elegido uno por sorteo público de cada lista, las designaciones se efectuarán a partir del mismo, por orden correlativo, teniendo en cuenta la naturaleza de los bienes o derechos a valorar y salvo renuncia a aceptar el nombramiento por causa justificada. Cuando no exista colegio profesional competente por la naturaleza de los bienes o derechos a valorar o profesionales dispuestos a actuar como peritos terceros, se interesará del Banco de España la designación de una sociedad de tasación inscrita en el correspondiente registro oficial. Realizada la designación, se remitirá a la persona o entidad designada la relación de bienes y derechos a valorar y copia de las hojas de aprecio de los peritos anteriores, para que en plazo de 15 días proceda a confirmar alguna de ellas o realice una nueva valoración, que será definitiva.

- En ningún caso podrá servir de base para la liquidación el resultado de la tasación pericial si fuese menor que el valor declarado por los interesados.

- A la vista del resultado obtenido de la tasación pericial contradictoria, la Administración girará la liquidación que proceda con intereses de demora, sin perjuicio de su posible impugnación en reposición o en vía económico-administrativa.

- El perito de la Administración percibirá las retribuciones a que tenga derecho conforme a la legislación vigente. Los honorarios del perito del sujeto pasivo serán satisfechos por éste. La tasación practicada por el tercer perito será abonada por la parte cuya tasación pericial sea cuantitativamente más distante de la efectuada por el tercer perito, y sin son equidistantes se abonará a mitades. Si la tasación practicada por el tercer perito fuese inferior al valor declarado, el sujeto pasivo tendrá derecho a ser reintegrado de los gastos ocasionados por el depósito a que se refiere el inciso siguiente. El perito tercero podrá exigir que, previamente al desempeño de su cometido, se haga provisión del importe de sus honorarios, lo que se realizará mediante depósito en la Tesorería de la Comunidad Foral en el plazo de diez días. La falta de depósito por cualquiera de las partes supondrá la aceptación de la valoración realizada por el perito de la otra, cualquiera que fuera la diferencia entre ambas valoraciones. Entregada en la Administración tributaria la valoración por el tercer perito, se comunicará al interesado y, al mismo tiempo, se le concederá, si procede, un plazo de 15 días para justificar el pago de los honorarios a su cargo. En su caso, se autorizará la disposición de la provisión de honorarios depositados en la Tesorería de la Comunidad Foral.

ANEXO.
CASOS PRÁCTICOS

Caso práctico | Liquidación del ISD (Álava)

PLANTEAMIENTO

José fallece en Vitoria en marzo de 2024, a los 63 años de edad, dejando la siguiente relación de bienes y derechos:

- Participaciones de su empresa de la que era socio, pero estaba jubilado, valoradas en 300.000 euros.
- Su residencia habitual, valorada en 500.000 euros.
- Dinero depositado en una cuenta privativa por importe de 100.000 de euros.
- La casa de verano de la familia valorada en 200.000 euros.
- Un seguro sobre la vida, donde la beneficiaria es su cónyuge, por importe de 12.000 euros.

De los anteriores bienes, únicamente la vivienda habitual es un bien ganancial.

José tenía pendiente una deuda por importe de 75.000 euros.

Los gastos de entierro y funeral satisfechos ascendieron a 5.000 euros.

La hija mayor, de 25 años, posee un patrimonio preexistente, a efecto del Impuesto sobre Patrimonio, de 402.700 euros; el hijo menor, de 10 años y con una discapacidad física del 33 %, no supera la cantidad de 402.678,11 euros. Su cónyuge tiene también 63 años y su patrimonio no supera la cantidad de 402.678,11 euros.

En testamento, José lega la casa de verano a su viuda (no responderá de las deudas y cargas de la herencia), así como el usufructo vitalicio de la vivienda habitual en la que ambos residían con el hijo menor. El resto del caudal hereditario se lo deja a ambos hijos por partes iguales a los que instituye como herederos.

¿Qué importe les corresponderá pagar a los hijos y al cónyuge por el ISD?

RESPUESTA

Cálculo del caudal hereditario

Bien	Patrimonio total (euros)	Patrimonio ganancial (euros)	Patrimonio privativo (euros)
Participaciones de la empresa	300.000,00	0	300.000,00
Vivienda habitual	500.000,00	250.000,00	250.000,00
Dinero en cuentas	100.000,00	0	100.000,00
Casa de verano	200.000,00	0	200.000,00
Total	1.100.000,00	250.000,00	850.000,00

El caudal hereditario total es, por lo tanto, de 850.000 euros.

Deudas, cargas y gastos deducibles

En la base imponible del impuesto ha de consignarse el valor real de los bienes y derechos objeto de transmisión minorado por las cargas, deudas y gastos deducibles.

En este caso, se deducirá de la base imponible el importe de la deuda pendiente de 75.000,00 euros, así como los gastos de funeral y entierro de 5.000,00 euros. En total, 80.000,00 euros.

Deuda, carga o gasto	Valor (euros)
Entierro y funeral	5.000,00
Deuda	75.000,00
Total =	80.000,00

Base imponible

La base imponible será el resultado de sumar al patrimonio del causante (850.000 euros) los bienes adicionables (que en este caso no existen) y restarle el importe de las cargas, deudas y gastos deducibles (80.000 euros). Quedaría una base imponible total de 850.000 - 80.000 = 770.000 euros.

De esta manera, la participación individual neta de cada uno de los causahabientes quedará como sigue:

- **Cónyuge**, que obtiene el legado del usufructo de la residencia habitual y la plena propiedad de la casa de verano. Por lo que se refiere al valor del usufructo: valor del bien x [(89 - edad del usufructuario)/100] = 65.000 euros; a los que habrá que sumar el valor de la casa de verano. 65.000 + 200.000 = 265.000 euros.

- **Hijos:** 770.000 - 265.000 (usufructo y casa de verano del cónyuge) = 505.000 euros. Importe que habrá que dividir entre dos para calcular la parte de cada uno = 252.500 euros cada uno.

De esta manera, la base imponible de cada hijo estará constituida por el valor real de los bienes y derechos heredados menos las cargas, deudas y gastos deducibles: 252.500 euros.

A la base imponible del cónyuge habrá que añadir el valor de la **contraprestación establecida en el seguro** (12.000 euros). 265.000 + 12.000 = 277.000 euros.

A TENER EN CUENTA. En el caso de la provincia de Álava, el artículo 9.d) de la Norma Foral 11/2005, de 16 de mayo, prevé una exención para las adquisiciones por herencia o cualquier otro título sucesorio de acciones o participaciones en entidades respecto de las que se hubiera podido aplicar la deducción establecida en el artículo 90 de la Norma Foral del IRPF, sin que se tenga en cuenta a estos efectos lo dispuesto en los apartados 3 y 7 del mencionado precepto. Para su aplicación de lo dispuesto, el contribuyente deberá aportar la certificación a que se refiere el artículo 90.6 de la Norma Foral del IRPF. En este supuesto no la aplicaremos.

Reducciones aplicables

- Reducción por parentesco

Se establece una reducción de 400.000 euros para el grupo 0, al que pertenecen el cónyuge y los descendientes en línea recta por consanguinidad.

- Reducción por percepción de cantidades de seguros de vida

Se establece una reducción de 400.000 euros para el grupo 0, al que pertenece el cónyuge.

- Reducción por adquisición *mortis causa* de empresa individual, negocio profesional o participación en entidades

Se establece para las adquisiciones *mortis causa* una reducción del 95 % del valor, siempre que la adquisición se mantenga durante un período no inferior a 5 años y se cumplan los restantes requisitos para la reducción.

Cada hijo obtuvo la mitad de las participaciones valoradas en 300.000 euros. Por lo tanto, obtuvo participaciones por valor de 150.000 euros, por lo que la reducción es la siguiente:

Reducción del hijo por la adquisición de participaciones: 150.000 x 0,95 = 142.500 euros.

Reducción de la hija por la adquisición de participaciones: 150.000 x 0,95 = 142.500 euros.

- Reducción por la adquisición *mortis causa* del usufructo y la nuda propiedad de la vivienda habitual del causante

Se establece una reducción del 95 % cuando el adquiriente hubiese convivido en los dos años anteriores con el causante, con el límite de 212.242 euros.

Reducción por el usufructo del cónyuge: 65.000 x 0,95 = 61.750 euros.

Reducción por la nuda propiedad del hijo: (125.000 - 32.500) x 0,95 = 87.875 euros.

Reducción por la nuda propiedad de la hija: en el supuesto de hecho se da a entender que los padres únicamente convivían con el hijo, por lo que aquí parece que faltaría el requisito de convivencia y la hija no tendría derecho a esta reducción.

- Reducción por discapacidad igual o superior al 33 % e inferior al 65 %

Al amparo del artículo 22.1 de la Norma Foral 11/2005 de 16 de mayo, esta reducción no se aplica en aquellos supuestos en los que se encuentran en el grupo 0, como es el caso del hijo menor de edad.

Contribuyente	Hijo	Hija	Cónyuge
Reducción por parentesco	400.000,00	400.000,00	400.000,00
Reducción por percepción de cantidades de seguros de vida	0	0	12.000,00
Reducción por adquisición de empresa individual, negocio profesional o participaciones en entidades	142.500,00	142.500,00	0
Reducción por adquisición del usufructo y nuda propiedad de la vivienda habitual	87.875,00	0	61.750,00
Reducción por discapacidad igual o superior al 33 % e inferior al 65 %	0	0	0
Total	630.375,00	542.500,00	473.750,00

Base liquidable

De esta manera, la base liquidable, que es el resultado de minorar la base imponible en las reducciones aplicables a cada causahabiente, quedará como sigue:

	Hijo	Hija	Cónyuge
Base imponible	252.500,00	252.500,00	277.000,00
Reducciones	630.375,00	542.500,00	473.750,00
Base liquidable	0	0	0

Tarifa a aplicar

La tarifa a aplicar en Álava se encuentra regulada en el artículo 24 de la Norma Foral 11/2005, de 16 de mayo, que establece para el grupo 0 de parentesco (en el que se incluyen los cónyuges y descendientes por línea directa) un tipo fijo del 1,5 %.

De esta manera, para calcular la cuota íntegra habría que multiplicar la base liquidable por el tipo fijo del 1,5 %. Ahora bien, en este supuesto, al exceder las reducciones del valor de la base imponible, el resultado será 0 para los tres interesados en la herencia.

Caso práctico | Liquidación del ISD (Bizkaia)

PLANTEAMIENTO

José fallece en Bilbao en marzo de 2024, a los 63 años de edad, dejando la siguiente relación de bienes y derechos:

- Participaciones de su empresa de la que era socio, pero estaba jubilado, valoradas en 300.000 euros.
- Su residencia habitual, valorada en 500.000 euros.
- Dinero depositado en una cuenta privativa por importe de 100.000 de euros.
- La casa de verano de la familia valorada en 200.000 euros.
- Un seguro sobre la vida, donde la beneficiaria es su cónyuge, por importe de 12.000 euros.

De los anteriores bienes, únicamente la vivienda habitual es un bien ganancial.

José tenía pendiente una deuda por importe de 75.000 euros.

Los gastos de entierro y funeral satisfechos ascendieron a 5.000 euros.

La hija mayor, de 25 años, posee un patrimonio preexistente, a efecto del Impuesto sobre Patrimonio, de 402.700 euros; el hijo menor, de 10 años y con una discapacidad física del 33 %, no supera la cantidad de 402.678,11 euros. Su cónyuge tiene también 63 años y su patrimonio no supera la cantidad de 402.678,11 euros.

En testamento, José lega la casa de verano a su viuda (no responderá de las deudas y cargas de la herencia), así como el usufructo vitalicio de la vivienda habitual en la que ambos residían con el hijo menor. El resto del caudal hereditario se lo deja a ambos hijos por partes iguales a los que instituye como herederos.

¿Qué importe les corresponderá pagar a los hijos y al cónyuge por el ISD?

RESPUESTA

Cálculo del caudal hereditario

Bien	Patrimonio total (euros)	Patrimonio ganancial (euros)	Patrimonio privativo (euros)
Participaciones en la empresa	300.000,00	0	300.000,00
Vivienda habitual	500.000,00	250.000,00	250.000,00
Dinero en cuentas	100.000,00	0	100.000,00
Casa de verano	200.000.00	0	200.000,00
Total	1.100.000,00	250.000,00	850.000,00

El caudal hereditario es, por lo tanto, de 850.000 euros.

Deudas, cargas y gastos deducibles

En la base imponible del impuesto ha de consignarse el valor real de los bienes objeto de transmisión minorado por las cargas, deudas y gastos deducibles.

En este caso, se deducirá de la base imponible el importe de la deuda pendiente de 75.000,00 euros, así como los gastos de funeral y entierro de 5.000,00 euros. En total, 80.000,00 euros.

Deuda, carga o gasto	Valor (euros)
Entierro y funeral	5.000,00
Deuda	75.000,00
Total =	80.000,00

Base imponible

La base imponible será el resultado de sumar al patrimonio del causante (850.000 euros) los bienes adicionales (que en este caso no existen) y restarle el importe de las cargas, deudas y gastos deducibles (80.000 euros). Quedaría una base imponible total de 850.000 - 80.000 = 770.000 euros.

De esta manera, la participación individual neta de cada uno de los causahabientes quedará como sigue:

- **Cónyuge**, que obtiene el legado del usufructo de la residencia habitual y la plena propiedad de la casa de verano. El calor del usufructo se calculará del siguiente modo: valor del bien x [(89 - edad del usufructuario) /100] = 65.000 euros; a los que habrá que sumar el valor de la casa de verano. 65.000 + 200.000 = 265.000 euros.

- **Hijos:** 770.000 - 265.000 (usufructo y casa de verano del cónyuge) = 505.000 euros. Importe que habrá que dividir entre dos para calcular la parte de cada uno = 252.500 euros cada uno.

De esta manera, la base imponible de cada hijo estará constituida por el valor real de los bienes y derechos heredados menos las cargas, deudas y gastos deducibles: 252.500 euros.

A la base imponible del cónyuge habrá que añadir el valor de la **contraprestación establecida en el seguro** (12.000 euros). 265.000 + 12.000 = 277.000 euros.

A TENER EN CUENTA. En el caso de la provincia de Bizkaia, el artículo 12.8 de la Norma Foral 4/2015, de 25 de marzo, prevé una exención para las adquisiciones por herencia o cualquier otro título sucesorio de acciones o participaciones en entidades respecto de las que se hubiera podido aplicar la deducción establecida en el artículo 90 de la Norma Foral del IRPF, sin que se tenga en cuenta a estos efectos lo dispuesto en los apartados 3 y 7 del mencionado precepto; para cuya aplicación el contribuyente deberá aportar la certificación a que se refiere el artículo 90.6 de la Norma Foral del IRPF. Asimismo, también prevé una exención para las adquisiciones por herencia o cualquier otro título sucesorio de acciones, participaciones o derechos de contenido económico a que se refiere el artículo 56 quater de la Norma Foral del IRPF. En este supuesto no aplicaremos ninguna de ellas.

Reducciones aplicables

- Reducción por parentesco

Se establece una reducción de 400.000 euros para el grupo I de parentesco, al que pertenecen el cónyuge y los descendientes en línea recta por consanguinidad.

- Reducción por discapacidad del hijo

Se prevé una reducción de 100.000 euros en las adquisiciones por personas con discapacidad, como sería el caso del hijo menor.

- Reducción por percepción de cantidades de un seguro sobre la vida

Se establece una reducción de 400.000 euros cuando el beneficiario del seguro de vida forme parte del mismo grupo I.

- Reducción por adquisición *mortis causa* de empresa individual, negocio profesional o participación en entidades

Se establece para las adquisiciones *mortis causa* una reducción del 95 % del valor, siempre que la adquisición se mantenga durante un período no inferior a 5 años y que se cumplan el resto de los requisitos necesarios para la reducción.

Cada hijo obtuvo la mitad de las participaciones valoradas en 300.000 euros. Por lo tanto, obtuvo participaciones por valor de 150.000 euros, por lo que la reducción es la siguiente:

Reducción del hijo por la adquisición de participaciones: 150.000 x 0,95 = 142.500 euros.

Reducción de la hija por la adquisición de participaciones: 150.000 x 0,95 = 142.500 euros.

- Reducción por la adquisición *mortis causa* del usufructo y la nuda propiedad de la vivienda habitual del causante

Se establece una reducción del 95 % cuando el adquiriente hubiese convivido en los dos años anteriores con el causante, con el límite de 215.000 euros.

Reducción por el usufructo del cónyuge: 65.000 x 0,95 = 61.750 euros.

Reducción por la nuda propiedad del hijo: (125.000 - 32.500) x 0,95 = 87.875 euros.

Reducción por la nuda propiedad de la hija: en el supuesto de hecho se da a entender que los padres únicamente convivían con el hijo, por lo que aquí parece que faltaría el requisito de convivencia y la hija no tendría derecho a esta reducción.

Contribuyente	Hijo	Hija	Cónyuge
Reducción por parentesco	400.000,00	400.000,00	400.000,00
Reducción por percepción de cantidades por seguros de vida	0	0	12.000,00
Reducción por adquisición de empresa individual, negocio profesional o participaciones en entidades	142.500,00	142.500,00	0
Reducción por usufructo y nuda propiedad de la vivienda habitual	87.875,00	0	61.750,00
Reducción por discapacidad	100.000,00	0	0
Total	730.375,00	542.500,00	473.750,00

Base liquidable

De esta manera, la base liquidable, que es el resultado de minorar la base imponible en las reducciones aplicables a cada causahabiente, quedará como sigue:

	Hijo	Hija	Cónyuge
Base imponible	252.500,00	252.500,00	277.000,00
Reducciones	730.375,00	542.500,00	473.750,00
Base liquidable	0	0	0

Tarifa a aplicar

La tarifa a aplicar en Bizkaia se encuentra regulada en el artículo 47 de la Norma Foral 4/2015, de 25 de marzo, que establece, para el grupo 1 de parentesco, en el que se incluyen a los cónyuges y descendientes por línea directa, un tipo fijo del 1,5 %.

De esta manera, para calcular la cuota íntegra habría que multiplicar la base liquidable por el tipo fijo del 1,5 %. Ahora bien, en este supuesto, al exceder las reducciones del valor de la base imponible, el resultado será 0 en los tres casos.

Caso práctico | Liquidación del ISD (Gipuzkoa)

PLANTEAMIENTO

José fallece en Zarauz en marzo de 2024, a los 63 años de edad, dejando la siguiente relación de bienes y derechos:

- Participaciones de su empresa de la que era socio, pero estaba jubilado, valoradas en 300.000 euros.
- Su residencia habitual, valorada en 500.000 euros.
- Dinero depositado en una cuenta privativa por importe de 100.000 de euros.
- La casa de verano de la familia valorada en 200.000 euros.
- Un seguro sobre la vida, donde la beneficiaria es su cónyuge, por importe de 12.000 euros.

De los anteriores bienes, únicamente la vivienda habitual es un bien ganancial.

José tenía pendiente una deuda por importe de 75.000 euros.

Los gastos de entierro y funeral satisfechos ascendieron a 5.000 euros.

La hija mayor, de 25 años, posee un patrimonio preexistente, a efecto del Impuesto sobre Patrimonio, de 402.700 euros; el hijo menor, de 10 años y con una discapacidad física del 33 %, no supera la cantidad de 402.678,11 euros. Su cónyuge tiene también 63 años y su patrimonio no supera la cantidad de 402.678,11 euros.

En testamento, José lega la casa de verano a su viuda (no responderá de las deudas y cargas de la herencia), así como el usufructo vitalicio de la vivienda habitual en la que ambos residían con el hijo menor. El resto del caudal hereditario se lo deja a ambos hijos por partes iguales a los que instituye como herederos.

¿Qué importe les corresponderá pagar a los hijos y al cónyuge por el ISD?

RESPUESTA

Cálculo del caudal hereditario

Bien	Patrimonio total (euros)	Patrimonio ganancial (euros)	Patrimonio privativo (euros)
Participaciones de la empresa	300.000,00	0	300.000,00
Vivienda habitual	500.000,00	250.000,00	250.000,00
Dinero en cuentas	100.000,00	0	100.000,00
Casa de verano	200.000,00	0	200.000,00
Total	1.100.000,00	250.000,00	850.000,00

El caudal hereditario total es, por lo tanto, de 850.000,00 euros.

Deudas, cargas y gastos deducibles

En la base imponible del impuesto ha de consignarse el valor real de los bienes y derechos objeto de transmisión minorado por las cargas, deudas y gastos deducibles.

En este caso, se deducirá de la base imponible el importe de la deuda pendiente de 75.000,00 euros, así como los gastos de funeral y entierro de 5.000,00 euros. En total, 80.000,00 euros.

Deuda, carga o gasto	Valor (euros)
Entierro y funeral	5.000,00
Deuda	75.000,00
Total =	80.000,00

Base imponible

La base imponible será el resultado de sumar al patrimonio del causante (850.000 euros) los bienes adicionables (que en este caso no existen) y restarle el importe de las cargas, deudas y gastos deducibles (80.000 euros). Quedaría una base imponible total de 850.000 - 80.000 = 770.000 euros.

De esta manera, la participación individual neta de cada uno de los causahabientes quedará como sigue:

- **Cónyuge**, que obtiene el legado del usufructo de la residencia habitual y la plena propiedad de la casa de verano. Por lo que se refiere al valor del usufructo: valor del bien x [(89 - edad del usufructuario)/100] = 65.000 euros; a los que habrá que sumar el valor de la casa de verano. 65.000 + 200.000 = 265.000 euros.

- **Hijos**: 770.000 - 265.000 (usufructo y casa de verano del cónyuge) = 505.000 euros. Importe que habrá que dividir entre dos para calcular la parte de cada uno = 252.500 euros cada uno.

De esta manera, la base imponible de cada hijo estará constituida por el valor real de los bienes y derechos heredados menos las cargas, deudas y gastos deducibles: 252.500 euros.

A la base imponible del cónyuge habrá que añadir el valor de la contraprestación establecida en el seguro (12.000 euros). 265.000 + 12.000 = 277.000 euros.

> **A TENER EN CUENTA.** En el caso de la provincia de Gipuzkoa, el artículo 13.c) de la Norma Foral 2/2022, de 10 de marzo, se prevé la exención de las adquisiciones por herencia o cualquier otro título sucesorio de opciones sobre acciones o participaciones que fueron recibidas por el causante de su entidad empleadora, siempre que, en el momento de su concesión, la misma tuviera la consideración de entidad innovadora de nueva creación en virtud de lo dispuesto en el apartado 1 del artículo 89 ter de la Norma Foral 3/2014, de 17 de enero, del IRPF del Territorio Histórico de Gipuzkoa, y cumpliera los requisitos a que se refiere el apartado 4 del mismo. En este supuesto no la aplicaremos.

Reducciones aplicables

- Reducción por parentesco

Se establece una reducción de 400.000 euros para el grupo I, al que pertenecen el cónyuge y los descendientes en línea recta por consanguinidad.

- Reducción por percepción de cantidades de seguros de vida

Se establece una reducción de 400.000 euros para el grupo I de parentesco, al que pertenece el cónyuge.

- Reducción por adquisición *mortis causa* de empresa individual, negocio profesional o participación en entidades

Se establece para las adquisiciones *mortis causa* una reducción del 95 % del valor, siempre que la adquisición se mantenga durante un período no inferior a 5 años y se cumplan el resto de los requisitos necesarios para la reducción. El artículo 44.3 de la Norma Foral 2/2022, de 10 de marzo, señala que «en las adquisiciones de participaciones en entidades y derechos de usufructo sobre las mismas (...) la reducción se calculará teniendo en cuenta la proporción existente entre el valor de los activos necesarios para el desarrollo de la actividad económica, minorado en el importe de las deudas derivadas de la misma, y el valor del patrimonio neto de la entidad, aplicándose, en su caso, estas mismas reglas en la valoración de las participaciones de entidades participadas para determinar el valor de las de su entidad tenedora. A efectos de considerar si un activo es necesario para el desarrollo de una actividad económica, se estará a lo dispuesto en el apartado cuatro del artículo 6 de la Norma Foral 2/2018, de 11 de junio, del Impuesto sobre el Patrimonio».

Cada hijo obtuvo la mitad de las participaciones valoradas en 300.000 euros. Por lo tanto, obtuvo participaciones por valor de 150.000 euros, por lo que la reducción es la siguiente:

Reducción del hijo por la adquisición de participaciones: 150.000,00 x 0,95 = 142.500 euros.

Reducción de la hija por la adquisición de participaciones: 150.000,00 x 0,95 = 142.500 euros.

- Reducción por la adquisición *mortis causa* del usufructo y la nuda propiedad de la vivienda habitual del causante

Se establece una reducción del 95 % cuando el adquiriente hubiese convivido en los dos años anteriores con el causante, con el límite de 220.000 euros.

Reducción por el usufructo del cónyuge: 64.000 x 0,95 = 61.750 euros.

Reducción por la nuda propiedad de hijo: (125.000 - 32.500) x 0,95 = 87.875 euros.

Reducción por la nuda propiedad de la hija: en el supuesto de hecho se da a entender que los padres únicamente convivían con el hijo, por lo que aquí parece que faltaría el requisito de convivencia y la hija no tendría derecho a esta reducción.

- Reducción por discapacidad del hijo

Al amparo del artículo 44.1 de la Norma Foral 2/2022, de 10 de marzo, además de la reducción en función del parentesco con la persona causante, se aplicará una reducción de 80.000 euros en las adquisiciones por personas con discapacidad. Por lo tanto, en este caso al hijo le corresponderá el derecho a esta reducción.

Contribuyente	Hijo	Hija	Cónyuge
Reducción por parentesco	400.000,00	400.000,00	400.000,00
Reducción por percepción de cantidades de seguros de vida	0	0	12.000,00

Reducción por adquisición de empresa individual, negocio profesional o participaciones en entidades	142.500,00	142.500,00	0
Reducción por usufructo y nuda propiedad de la vivienda habitual	87.875,00	0	61.750,00
Reducción por discapacidad	80.000,00	0	0
Total	**710.375,00**	**542.500,00**	**473.750,00**

Base liquidable

De esta manera, la base liquidable, que es el resultado de minorar la base imponible en las reducciones aplicables a cada causahabiente, quedará como sigue:

	Hijo	Hija	Cónyuge
Base imponible	252.500,00	252.500,00	277.000,00
Reducciones	710.375,00	542.500,00	473.750,00
Base liquidable	0	0	0

Tarifa a aplicar

La tarifa a aplicar en Gipuzkoa se encuentra regulada en el artículo 47 de la Norma Foral 2/2022, de 10 de marzo, que establece, para el grupo I, en el que se incluyen a los cónyuges y descendientes por línea directa, un tipo fijo del 1,5 %.

De esta manera, para calcular la cuota íntegra habría que multiplicar la base liquidable por el tipo fijo del 1,5 %. Ahora bien, en este supuesto, al exceder las reducciones del valor de la base imponible, el resultado será 0 para los tres interesados en la herencia.

Caso práctico | Liquidación del ISD (Navarra)

PLANTEAMIENTO

José fallece en Pamplona en marzo de 2024, a los 63 años de edad, dejando la siguiente relación de bienes y derechos:

- Participaciones de su empresa de la que era socio, pero estaba jubilado, valoradas en 300.000 euros.
- Su residencia habitual, valorada en 500.000 euros.
- Dinero depositado en una cuenta privativa por importe de 100.000 de euros.
- La casa de verano de la familia valorada en 200.000 euros.
- Un seguro sobre la vida, donde la beneficiaria es su cónyuge, por importe de 12.000 euros.

De los anteriores bienes, únicamente la vivienda habitual es un bien ganancial.

José tenía pendiente una deuda por importe de 75.000 euros.

Los gastos de entierro y funeral satisfechos ascendieron a 5.000 euros.

La hija mayor, de 25 años, posee un patrimonio preexistente, a efecto del Impuesto sobre Patrimonio, de 402.700 euros; el hijo menor, de 10 años y con una discapacidad física del 33 %, no supera la cantidad de 402.678,11 euros. Su cónyuge tiene también 63 años y su patrimonio no supera la cantidad de 402.678,11 euros.

En testamento, José lega la casa de verano a su viuda, así como el usufructo vitalicio de la vivienda habitual en la que ambos residían con el hijo menor (no responderá por tanto de las deudas y cargas de la herencia). El resto del caudal hereditario se lo deja a ambos hijos por partes iguales a los que instituye como herederos.

¿Qué importe les corresponderá pagar a los hijos y al cónyuge por el ISD?

RESPUESTA

Cálculo del caudal hereditario

Bien	Patrimonio total (euros)	Patrimonio ganancial (euros)	Patrimonio privativo (euros)
Participaciones en su empresa	300.000,00	0	300.000,00
Vivienda habitual	500.000,00	250.000,00	250.000,00
Dinero en cuentas	100.000,00	0	100.000,00
Casa de verano	200.000,00	0	200.000,00
Total	1.100.000,00	250.000,00	850.000,00

El caudal hereditario total es, por lo tanto, de 850.000 euros.

Deudas, cargas y gastos deducibles

En la base imponible del impuesto ha de consignarse el valor real de los bienes y derechos objeto de transmisión minorado por las cargas, deudas y gastos deducibles.

En este caso, se deducirá de la base imponible el importe de la deuda pendiente de 75.000,00 euros (suponemos que se cumplen los requisitos para su deducción), así como los gastos de funeral y entierro de 5.000,00 euros. En total, 80.000,00 euros.

Deuda, cargo o gasto	Valor (euros)
Deuda	75.000,00
Entierro y funeral	5.000, 00
Total	80.000,00

Exenciones

Los artículos 11.c) y 13 del Decreto Foral legislativo 250/2002, de 16 de diciembre, establece que estarán exentas:

- Las adquisiciones *mortis causa* que el cónyuge o miembro de pareja estable de la persona fallecida, o bien los parientes de esta por consanguinidad que sean descendientes o ascendientes, de cualquier grado en ambos casos, o colaterales hasta el tercer grado inclusive, y también los adoptados o adoptantes de ella, efectúen de una empresa individual, de un negocio profesional o de participaciones en entidades, a los que sea de aplicación la exención regulada en el artículo 5.º8 de la Ley Foral 13/1992, de 19 de noviembre, del Impuesto sobre el Patrimonio. Asimismo, estará exenta la adquisición hereditaria de derechos de usufructo sobre aquellos. Ahora bien, la exención se condiciona al cumplimiento de ciertos requisitos.

- En las percepciones de cantidades por los beneficiarios de contratos de seguros sobre la vida que se hubieran celebrado antes del 24 de junio de 1992, estarán exentos los primeros 3.005,06 euros cuando el parentesco entre el contratante y el beneficiario sea el de ascendiente o descendiente por afinidad. En este caso como no tenemos datos acerca de la fecha del seguro, vamos a presuponer que su celebración es posterior y, por lo tanto, no lo vamos a aplicar.

Base imponible

La base imponible será el resultado de sumar al patrimonio del causante (850.000 euros) los bienes adicionales (que en este caso no existen) y restarle el importe de las cargas, deudas y gastos deducibles (80.000 euros). Quedaría una base imponible total de 850.000 - 80.000 = 770.000 euros.

De esta manera, la participación individual neta de cada uno de los causahabientes quedará como sigue:

- **Cónyuge supérstite**, que obtiene el legado del usufructo de la residencia habitual y la plena propiedad de la casa de verano. Por lo que se refiere al valor del usufructo: valor del bien x [(89 - edad del usufructuario)/100] = 65.000 euros; a los que habrá que sumar el valor de la casa de verano. 65.000 + 200.000 = 265.000 euros.

- **Hijos**: 770.000 - 265.000 (usufructo y casa de verano del cónyuge) = 505.000 euros. Importe que habrá que dividir entre dos para calcular la parte de cada uno = 252.500 euros cada uno.

A la base imponible del cónyuge habrá que añadir el valor de la **contraprestación establecida en el seguro** (12.000 euros). 265.000 + 12.000 = 277.000 euros.

Así, en principio, la base imponible de cada hijo estará constituida por el valor real de los bienes y derechos heredados menos las cargas, deudas y gastos deducibles: 252.500 euros. Ahora bien, dado que las participaciones quedarían exentas según lo indicado en el apartado previo (suponemos que se cumplen los requisitos para ello), la base imponible de cada hijo será de 252.500 - 150.000 = 102.500 euros.

Reducciones aplicables

Reducción por discapacidad

Se aplica una reducción de 60.000 euros por discapacidad para las adquisiciones *mortis causa* efectuadas por sujetos pasivos que acrediten un grado de discapacidad igual o superior al 33 % e inferior al 65 %.

No existen más reducciones reguladas por la normativa foral navarra respecto al ISD que sean de aplicación al caso práctico planteado, con lo cual, la base imponible para la hija mayor y el cónyuge coincidirá con la base liquidable.

Base liquidable

Base liquidable de la hija mayor: **102.500 euros.**

Base liquidable del hijo menor: 102.500 - 60.000,00 = **42.500 euros.**

Base liquidable de la cónyuge supérstite, que coincide con la base imponible: **277.000 euros.**

Tarifa a aplicar

La tarifa a aplicar en Navarra se encuentra regulada en el artículo 34 del Decreto Foral Legislativo 250/2002, de 16 de diciembre.

De esta manera, la cuota íntegra será:

Cuota íntegra de la hija mayor: 0 euros

 – Hasta 250.000 la cuota íntegra es de 0 euros.

Cuota íntegra del hijo menor: 0 euros.

 – Hasta 250.000 la cuota íntegra es de 0 euros.

Cuota íntegra del cónyuge: 216 euros.

 – Hasta 250.000 euros el tipo de gravamen es cero.
 – A partir de 250.000 euros el tipo es de 0,80 %.
 – 277.000 - 250.000 = 27.000 euros x 0,008 = 216 euros.

Caso práctico | Valoración de participaciones sociales en el ISD (Álava)

PLANTEAMIENTO

Una sociedad limitada es propiedad de dos cónyuges. Uno posee el 62,34% de participación y el otro el 37,66 %. Uno de los cónyuges fallece y el otro debe valorar las participaciones que hereda a efectos del Impuesto sobre Sucesiones y Donaciones, de acuerdo con la normativa del impuesto de Álava.

¿Cómo debe efectuar esa valoración?

RESPUESTA

Sin perjuicio de la facultad de la comprobación de la Administración, la valoración de los bienes y derechos adquiridos a efectos del ISD se llevará a cabo de acuerdo con las normas establecidas en el artículo 13 de la Norma Foral 11/2005, de 16 de mayo, siendo aplicables las reglas de valoración establecidas en el Impuesto sobre el Patrimonio únicamente con carácter subsidiario.

En ese sentido, el artículo 13 de la Norma Foral 11/2005, de 16 de mayo, establece lo siguiente:

«(…)
2. Las interesadas y los interesados deberán consignar en la declaración o autoliquidación que están obligados a presentar, según lo dispuesto en el artículo 38 de esta Norma Foral, el valor real de cada uno de los bienes y derechos incluidos en el incremento de patrimonio gravado. El valor declarado prevalecerá, en todo caso, sobre el comprobado, si fuese superior, salvo en las adquisiciones a que se refiere el grupo 0 del apartado 1 del artículo 22 de esta Norma Foral.

3. La fijación de este valor real, sin perjuicio de la facultad de la comprobación de la Administración, se llevará a cabo de acuerdo con las normas que a continuación se establecen, siendo aplicables las reglas de valoración establecidas en el Impuesto sobre el Patrimonio, únicamente con carácter subsidiario.

4. Las normas concretas de valoración a que se refiere el apartado anterior son las siguientes:

(…)

i) En las transmisiones de valores que se negocien en un mercado secundario oficial, servirá de base imponible el valor de cotización del día en que tenga lugar la adquisición o, en su defecto, la del primer día inmediato anterior en que se hubieren negociado, dentro del trimestre inmediato precedente.

En las transmisiones de **títulos valores que no se negocien en un mercado secundario oficial**, la base imponible será la que se derive del **valor del patrimonio neto que corresponda a las participaciones transmitidas resultante del balance correspondiente al último ejercicio cerrado con anterioridad** a la fecha de realización de la transmisión.

(…)»».

Caso práctico | Tributación en ISD de una herencia percibida del extranjero (Álava)

PLANTEAMIENTO

Un ciudadano extranjero, residente habitual en Vitoria, recibe una herencia de su tía, que vivía fuera de España. Se pregunta si estas cantidades deben declararse en Álava y pagar los impuestos respectivos (Impuesto sobre Sucesiones y Donaciones) o si es suficiente con que tributen en Alemania.

RESPUESTA

En principio, y sin perjuicio de lo que pudiera establecerse en algún convenio o tratado internacional suscrito por España, el adquirente tendrá que liquidar el ISD en la provincia de Álava. En su caso, podrá beneficiarse de la deducción por doble imposición internacional que contempla la normativa foral del impuesto de dicho territorio.

El artículo 2 de la Norma Foral 11/2005, de 16 de mayo, referido al ámbito de aplicación de la norma y a la exacción del impuesto, establece lo siguiente:

> «1. Lo dispuesto en esta norma foral será de aplicación, por obligación personal, cuando el contribuyente tenga su residencia habitual en España, en los siguientes supuestos:
>
> a) En las adquisiciones "mortis causa", cuando el causante tenga su residencia habitual en Álava a la fecha del devengo.
>
> b) En los casos de percepción de cantidades por los beneficiarios de seguros sobre la vida para caso de fallecimiento, cuando el asegurado tenga su residencia habitual en Álava a la fecha del devengo.
>
> (...)
>
> En los supuestos previstos en las letras a) y b) anteriores, **cuando el causante tuviera su residencia en el extranjero, será aplicable lo dispuesto en esta norma foral cuando el contribuyente tuviera su residencia habitual en Álava.**
>
> No obstante lo establecido en las letras a), b) y d) anteriores, será de aplicación la normativa que corresponda del Impuesto sobre Sucesiones y Donaciones en territorio común cuando el causante, asegurado, o donatario hubiera permanecido en territorio común un mayor número de días del período de los 5 años inmediatos anteriores, contados desde la fecha de devengo del impuesto. Esta norma no será aplicable a quienes hayan conservado la condición política de vascos con arreglo al artículo 7.°.2 del Estatuto de Autonomía del País Vasco.
>
> (...)
>
> 3. **Corresponderá a la Diputación Foral de Álava la exacción del Impuesto** en los supuestos previstos en los apartados anteriores.
>
> (...)
>
> 6. Lo dispuesto en este artículo se entenderá sin perjuicio de lo establecido en los Tratados o Convenios Internacionales firmados y ratificados por el Estado español, o a los que éste se adhiera.
>
> (...)».

El artículo 3 de la Norma Foral 11/2005, de 16 de mayo, especifica, por su parte, cuándo se considera que las personas físicas tienen su residencia habitual en Álava. Dado el enunciado de este caso práctico, entendemos que en este supuesto el adquirente sí tendría su residencia habitual en dicho territorio.

Por lo tanto, en principio, parece que el adquirente tendría que liquidar el ISD por la adquisición *mortis causa* de la que es beneficiario en la provincia de Álava y conforme a su normativa foral de impuesto. Y, en su caso, podrá beneficiarse de la deducción por doble imposición internacional prevista en el artículo 25 de la Norma Foral 11/2005, de 16 de mayo, a cuyo tenor:

«De la cuota íntegra de este Impuesto se deducirá la menor de las dos cantidades siguientes:

a) El importe efectivo de lo satisfecho en el extranjero por razón de gravamen similar que afecte al incremento patrimonial sometido a este Impuesto.

b) El resultado de aplicar el tipo medio efectivo de este Impuesto al incremento patrimonial correspondiente a bienes que radiquen o derechos que puedan ser ejercitados fuera de España, cuando hubiesen sido sometidos a gravamen en el extranjero por un impuesto similar.

El tipo medio efectivo será el que se obtenga de multiplicar por 100 el cociente obtenido de dividir la cuota resultante de la aplicación de la tarifa por la base liquidable, el tipo medio se expresará con dos decimales».

Caso práctico | Tributación consolidación dominio por muerte usufructuario en el ISD (Bizkaia)

PLANTEAMIENTO

Marcela fallece en 2024. En 2016, había donado la nuda propiedad de una casa a su hijo, reservándose el usufructo vitalicio. En el momento de constituirse el usufructo, Marcela tenía 65 años.

Una vez fallecida Marcela, ¿cómo ha de liquidar el Impuesto sobre Sucesiones y Donaciones su hijo de acuerdo con la normativa del impuesto de Bizkaia?

RESPUESTA

A la muerte de Marcela, su hijo tendrá que liquidar el ISD por la consolidación del dominio sobre la vivienda que se produce con la muerte de la usufructuaria. En concreto, ha de liquidar el impuesto sobre el porcentaje del valor total de los bienes por el que no se hubiese satisfecho el impuesto al adquirirse la nuda propiedad. Ese porcentaje se aplicará sobre el valor que tuvieran los bienes en el momento de la consolidación del dominio, y de conformidad con las reglas de la normativa del impuesto vigentes en el momento de la extinción.

En ese sentido, el artículo 49.2.b) de la Norma Foral 4/2015, de 25 de marzo, establece lo siguiente:

> «b) Al adquirir la nuda propiedad se girará una liquidación teniendo en cuenta el valor correspondiente a aquélla, minorado, en su caso, por el importe de todas las reducciones a que tenga derecho el nudo propietario.
>
> Sin perjuicio de la liquidación anterior, al extinguirse el usufructo el primer nudo propietario viene obligado a satisfacer, por este concepto, la liquidación correspondiente sobre el porcentaje del valor total de los bienes por el que no se hubiese satisfecho el Impuesto al adquirirse la nuda propiedad. Dicho porcentaje se aplicará sobre el valor que tuvieran los bienes en el momento de la consolidación del dominio, y de conformidad con las reglas de la normativa del Impuesto vigentes en el momento de la extinción».

En su día, al constituirse el usufructo, su valor se habría calculado conforme al artículo 22 de la Norma Foral 4/2015, de 25 de marzo, a cuyo tenor:

> «En los usufructos vitalicios se estimará que el valor es igual al 70 por 100 del valor total de los bienes, cuando el usufructuario tenga menos de veinte años, minorando a medida que aumente la edad, en la proporción de un 1 por 100 por cada año de más, con el límite mínimo del 10 por 100 del valor total.
>
> El valor del derecho de nuda propiedad se computará por la diferencia entre el valor total de los bienes y el valor del usufructo».

Resultando, en aplicación de la regla simplificada de cálculo (89 - edad del usufructuario), un porcentaje del 24 % para calcular el valor del usufructo (89 - 65). Por lo que el nudo propietario, en el momento de constituir el usufructo, debió de haber liquidado el impuesto sobre el 76 % restante.

Caso práctico | Diferencias entre heredero y legatario a efectos fiscales en el ISD (Bizkaia)

PLANTEAMIENTO

Diferencias entre heredero y legatario.

Cuando una persona fallece puede dejar uno o varios bienes o derechos determinados a alguien en particular. Estos bienes se separan de la herencia y no son objeto de reparto entre los herederos.

Se pretende responder las siguientes preguntas:

1. ¿En qué se diferencian ambas figuras?
2. ¿Qué diferencias podemos encontrar a efectos fiscales?
3. ¿El legado tiene la consideración de hecho imponible a efectos del ISD?

RESPUESTA

1. Mientras que el heredero es aquel que sucede a título universal, el legatario sucede a título particular.

Los artículos 660 y 661 del Código Civil establecen como definición de **heredero** aquel que sucede al difunto en la titularidad de sus bienes y deudas, a título universal y adquiere todos los derechos y las obligaciones que no se extingan con la muerte de un individuo.

Por su parte, los artículos 657 y siguientes del Código Civil determinan que los derechos de sucesión de una persona se transmiten desde el momento de su muerte, comprendiendo la herencia todos los bienes, derechos y obligaciones de una persona que no se extingan por su muerte.

Existen dos formas de aceptar la herencia, por un lado, la aceptación pura y simple y por otra la aceptación a beneficio de inventario. La aceptación pura y simple regulada en el artículo 1003 del Código Civil, establece que el heredero **asume todas las cargas de la herencia forma ilimitada**, respondiendo no solo con los bienes de la herencia, sino también con sus propios bienes. En cambio, la aceptación de la herencia a beneficio de inventario, regulada en el artículo 1023 del Código Civil, supone que el heredero únicamente queda obligado a pagar las deudas y cargas hasta el límite que alcancen los bienes de la herencia.

Cabe destacar que, en caso de que el causante estuviera sujeto a la vecindad civil vasca, se deberá atender a los artículos 19 y siguientes de la Ley 5/2015, de 25 de junio, del Derecho Civil Vasco. Concretamente, el artículo 19 de dicha norma establece que se considera heredero el designado a título universal en todo o en una parte alícuota de la herencia, el heredero adquiere los bienes y derechos del causante, continúa su posesión, se subroga en sus obligaciones y queda obligado a cumplir las cargas de la herencia. El artículo 21 de la Ley 5/2015, de 25 de junio establece la **responsabilidad limitada** del heredero de las cargas y deudas hasta el valor de los bienes heredados en el momento de la delación. A diferencia de lo que ocurre en el ámbito del Código Civil, en el que el heredero responde de todas las obligaciones y de todas las cargas de la herencia sin límite alguno, incluso con su propio patrimonio, salvo que acepte la herencia a beneficio de inventario, en el ámbito del derecho civil vasco solo responde de dichas obligaciones y cargas hasta el valor de los bienes heredados. Así lo señala la resolución del Tribunal Económico Administrativo Foral de Bizkaia, n.º 14033, de 22 de mayo de 2017.

En cambio, el **legatario** es aquel que adquiere únicamente bienes concretos y determinados, sin responder del pasivo de la herencia. Sucede al causante a título particular. No responde de las deudas y cargas de la herencia, salvo en los casos especiales en que se le atribuya alguna carga concreta o se distribuya toda la herencia en legados. Además, cuando proceda la aplicación del derecho civil vasco, conviene tener en cuenta que el artículo 20 de la de la Ley 5/2015, de 25 de junio, especifica que, salvo disposición en contrario del testador, el instituido a título particular como sucesor en un patrimonio familiar o profesional, cuyo valor sea superior a las tres cuartas partes de la herencia, será tenido, a todos los efectos, como heredero universal; si fuera heredero forzoso, la institución se imputará a la legítima, si el testador no ha dispuesto lo contrario.

2. A efectos fiscales, habrá diferencias según se suceda a título universal o a título particular con respecto a la deducibilidad de determinadas deudas, cargas y otros gastos; así como en lo relativo a la adición de ciertos bienes o del ajuar doméstico a la masa hereditaria.

Según indica el artículo 38 de la Norma Foral 2/2005, de 10 de marzo, General Tributaria del Territorio Histórico de Bizkaia, a la muerte de los obligados tributarios, las obligaciones tributarias pendientes se transmitirán a los herederos sin perjuicio de lo que establece la legislación civil en cuanto a la adquisición de la herencia y, en particular, la limitación de responsabilidad a que se refiere el artículo 21 de la Ley 5/2015, de 25 de junio, de Derecho Civil Vasco.

Las referidas obligaciones tributarias se transmitirán a los legatarios en las mismas condiciones que las establecidas para los herederos, cuando la herencia se distribuya a través de legados y en los supuestos en que se instituyan legados de parte alícuota. En ningún caso se transmitirán las sanciones. Tampoco se transmitirá la obligación del responsable salvo que se hubiera notificado el acuerdo de derivación de responsabilidad antes del fallecimiento.

Por lo demás, en el ámbito del ISD de Bizkaia, por lo que se refiere a las deudas deducibles, el artículo 32.1 de la Norma Foral 4/2015, de 25 de marzo, determina que, en las transmisiones *mortis causa*, a efectos de la determinación del valor neto patrimonial, podrán deducirse, además de las deudas del causante reconocidas en sentencia judicial firme, las demás que dejase contraídas el causante de la sucesión siempre que su existencia se acredite por documento público o por documento privado que reúna los requisitos del artículo 1227 del Código Civil o se justifique de otro modo la existencia de aquélla, salvo las que lo fuesen a favor de los herederos o de los legatarios de la parte alícuota y de los cónyuges, miembros de las parejas de hecho, ascendientes, descendientes o hermanos de aquéllos aunque renuncien a la herencia. La Administración tributaria podrá exigir que se ratifique la deuda en documento público por los herederos, con la comparecencia del acreedor.

Por otra parte, en las adquisiciones *mortis causa*, a efectos de determinar la participación individual de cada causahabiente, se presumirá que forman parte del caudal hereditario del causante los bienes que resulten adicionados por el juego de las presunciones establecidas en los artículos 24 a 27 de la Norma Foral 4/2015, de 25 de marzo, salvo que con arreglo a las mismas deban ser imputados en la base imponible de personas determinadas (artículo 23 de la Norma Foral 4/2015, de 25 de marzo). Lo anterior no se aplicará para determinar la participación individual de aquellos causahabientes a quienes el testador hubiese atribuido bienes determinados con exclusión de cualesquiera otros del caudal hereditario.

En el caso de que les atribuyera bienes determinados y una participación en el resto de la masa hereditaria, se les computará la parte de bienes adicionados que proporcionalmente les corresponda, según su participación en el resto de la masa hereditaria.

En el caso de los legados en los que por disposición testamentaria se ordene que la entrega sea libre del impuesto, o que el pago de este sea con cargo a la herencia, el importe del impuesto no incrementará la base imponible de la liquidación a girar a cargo del legatario y no será deducible, en ningún caso, a los efectos de determinar la de los demás causahabientes.

3. Sí, la adquisición de bienes y derechos por legado constituye hecho imponible del ISD en Bizkaia, como se extrae de los artículos 4 y 5 de la Norma Foral 4/2015, de 25 de marzo.

Caso práctico | Tributación beneficiario seguro de vida por fallecimiento del contratante, ¿ISD o IRPF? (Gipuzkoa)

PLANTEAMIENTO

En Gipuzkoa, ¿cómo tributará el beneficiario de un seguro de vida por los importes que perciba como consecuencia del fallecimiento del asegurado? ¿Tributará por IRPF o por ISD?

RESPUESTA

En el supuesto mencionado en el planteamiento (fallecimiento del asegurado), cuando contratante y beneficiario sean personas distintas, las cantidades derivadas del seguro estarán sujetas al Impuesto sobre Sucesiones y Donaciones. Y es que, en términos generales:

- Cuando contratante (tomador) y beneficiario coincidan en la misma persona, las cantidades derivadas del seguro estarán sujetas al IRPF.

- Cuando contratante y beneficiario sean personas distintas, las cantidades derivadas del seguro estarán sujetas al Impuesto sobre Sucesiones y Donaciones.

En ese sentido, señala el artículo 4 de la Norma Foral 2/2022, de 10 de marzo, del Impuesto sobre Sucesiones y Donaciones:

> «Constituye el hecho imponible del impuesto:
> (...)
> c) La percepción de cantidades por las personas beneficiarias de contratos de seguro sobre la vida, cuando la **contratante sea persona distinta de la beneficiaria, salvo en los supuestos expresamente regulados en la letra a) del artículo 18 de la Norma Foral 3/2014, de 17 de enero**, del Impuesto sobre la Renta de las Personas Físicas del Territorio Histórico de Gipuzkoa.
> La percepción de cantidades por la persona beneficiaria de un seguro de accidentes estará incluida en el hecho imponible definido en esta letra, cuanto tenga su causa en el fallecimiento de la persona asegurada».

A TENER EN CUENTA. Para cierto supuesto concreto, el artículo 5.1.f) de la Norma Foral 2/2022, de 10 de marzo, prevé que, entre otros, son títulos sucesorios a los efectos del ISD «los que atribuyan el derecho a la percepción de las cantidades que, cualquiera que sea su modalidad o denominación, las empresas y entidades en general entreguen a los familiares de miembros o personas empleadas fallecidas, siempre que no esté dispuesto expresamente que estas percepciones deban tributar de acuerdo con lo dispuesto en la letra c) del artículo 4 o en la Norma Foral 3/2014, de 17 de enero, del Impuesto sobre la Renta de las Personas Físicas».

En esa medida, cuando el contratante o tomador del seguro y el beneficiario sean personas distintas, en principio, las cantidades percibidas del seguro estarán sujetas al Impuesto sobre Sucesiones y Donaciones.

Por su parte, el artículo 8 de la Norma Foral 3/2014, de 17 de enero, del Impuesto sobre la Renta de las Personas Físicas del Territorio Histórico de Gipuzkoa, dispone que **no estarán sujetas al IRPF aquellas rentas que se encuentren sujetas al ISD**.

Y, finalmente, en relación con las normas especiales en materia de seguros, el artículo 37 de la Norma Foral 2/2022, de 10 de marzo, dispone lo siguiente:

> «1. Cuando el seguro se hubiera contratado por cualquiera de los cónyuges con cargo a la sociedad de gananciales y la persona beneficiaria fuese el cónyuge supérstite, ascendiente y descendiente por consanguinidad, la base imponible estará constituida por la totalidad de la cantidad percibida.
>
> 2. Lo dispuesto en el apartado anterior será igualmente de aplicación a las parejas de hecho cuando el régimen económico patrimonial establecido por los miembros de la pareja sea el de gananciales.
>
> 3. Resultará igualmente de aplicación lo establecido en los dos apartados anteriores de este artículo, cuando el régimen económico del matrimonio o pareja de hecho hubiera sido el de comunicación foral de bienes regulado en la Ley 5/2015, de 25 de junio, de Derecho Civil Vasco, y el seguro se hubiese contratado con cargo a los bienes ganados o a bienes procedentes del cónyuge o miembro de la pareja de hecho fallecido, siempre que en este último caso se hubiera producido la consolidación de la comunicación foral de bienes establecida en el artículo 132 de la citada ley».

Caso práctico | Devengo del ISD en legado de vivienda con derecho de habitación vitalicio a favor de un tercero (Navarra)

PLANTEAMIENTO

En Navarra, un causante ha dejado en legado una vivienda a una persona, atribuyendo un derecho de habitación vitalicio a favor de un tercero.

Según la normativa navarra del ISD de Navarra, ¿el devengo del impuesto para el legatario se produce con el fallecimiento del causante o con el del habitacionista?

RESPUESTA

El hecho de que se deje en legado la vivienda con un derecho de habitación a favor de un tercero no supone que la adquisición de la propiedad quede suspendida, en los términos del artículo 36.3 del Decreto Foral Legislativo 250/2002, de 16 de diciembre. Por lo tanto, esa circunstancia no afectaría al devengo del ISD: la propiedad del bien se transmite el día del fallecimiento del causante y en esa misma fecha se produce el devengo del impuesto, con la consiguiente obligación de declaración por el mismo. El legatario que recibe la vivienda liquidará el impuesto por el valor de su nuda propiedad y el habitacionista lo hará por el valor del derecho de habitación que adquiere.

Dispone el artículo 36 del Decreto Foral Legislativo 250/2002, de 16 de diciembre, lo siguiente con respecto al devengo del impuesto:

> «1. En las adquisiciones por causa de muerte y en la percepción de cantidades, cualquiera que sea su modalidad, por los beneficiarios de contratos de seguro sobre la vida para caso de muerte del asegurado, el Impuesto se devengará el día del fallecimiento del causante o del asegurado, o cuando adquiera firmeza la declaración de fallecimiento del ausente, conforme al artículo 196 del Código Civil, todo ello sin perjuicio de lo dispuesto en el artículo 6 de esta Ley Foral referente al cumplimiento de las condiciones resolutorias y siempre que concurran las circunstancias determinadas en el artículo 197 del Código Civil.
> (...)
> 3. Sin perjuicio de lo dispuesto en los apartados anteriores, toda adquisición de bienes o derechos cuya efectividad se halle suspendida por la concurrencia de una condición, un término, un fideicomiso, una fiducia sucesoria de las reguladas en el título XI del libro II de la Compilación del Derecho Civil Foral de Navarra o cualquier otra limitación, se entenderá siempre realizada el día en que dichas limitaciones desaparezcan, atendiéndose a este momento para determinar el valor de los bienes y los tipos de gravamen».

La previsión contenida en este último apartado no resultaría de aplicación en un supuesto como este, de transmisión *mortis causa* a título de legado de una vivienda con constitución de un derecho de habitación vitalicio a favor de un tercero, dado que la vivienda legada se integra en el patrimonio del legatario desde el momento de la muerte del causante y dicho legatario tendrá que tributar por esa adquisición en el ISD dentro de los plazos correspondientes.

Sin embargo, de cara a la determinación de la base imponible del ISD sí se tendrá en cuenta que sobre el bien que se recibe pesa ese derecho de habitación vitalicio en favor de otro. En tal sentido, el artículo 38 del Decreto Foral Legislativo 250/2002, de 16 de diciembre, establece:

«1. Para la valoración de los derechos de usufructo, uso, habitación y nuda propiedad se aplicarán las reglas siguientes:

(...)

b) En los usufructos vitalicios se estimará que el valor es igual al 70 por 100 del valor total de los bienes cuando el usufructuario cuente menos de 20 años, minorándose el porcentaje a medida que aumenta la edad, en la proporción de un 1 por 100 menos por cada año más, con el límite mínimo del 10 por 100 del valor total.

c) **El valor de la nuda propiedad se computará por la diferencia entre el valor del usufructo, uso y habitación y el valor total de los bienes.** En los usufructos vitalicios que, a su vez, sean temporales, la nuda propiedad se valorará aplicando, de las reglas anteriores, aquella que le atribuya menor valor.

(...)

e) **El valor de los derechos reales de uso y habitación será el que resulte de aplicar al 75 por 100 del valor de los bienes sobre los que fueren impuestos las reglas correspondientes a la valoración de los usufructos temporales o vitalicios**, según los casos.

(...)

Al adquirirse los derechos de usufructo, uso y habitación se le exigirá el Impuesto al adquirente, conforme a la naturaleza jurídica de su título de adquisición, sobre la base del valor de estos derechos.

Al adquirente de la nuda propiedad se le exigirá el Impuesto, conforme a la naturaleza jurídica del título por el que adquiere, sobre la base del valor de la misma y aplicándose el tipo que corresponda al valor íntegro de los bienes.

(...)».

Caso práctico | Donación de un usufructo con consolidación del dominio en el ISD (Navarra)

PLANTEAMIENTO

Una persona, que es usufructuaria de un inmueble, dona a su hijo (nudo propietario) su derecho al usufructo. Su adquisición del usufructo, vitalicio, se produjo en el año 1995, fecha en la que el usufructuario tenía 52 años de edad, por lo que el valor actual del inmueble es muy superior al que tenía en aquel momento.

¿Cómo se calcula el valor de esa donación a efectos del Impuesto sobre Sucesiones y Donaciones en Navarra?

RESPUESTA

A efectos de liquidación del impuesto, se producen dos momentos en cuanto a la exigencia del pago: el del desmembramiento del dominio, cuando el inmueble se reparte entre el usufructuario (el padre) y el adquiriente de la nuda propiedad (el hijo); y el de la consolidación del dominio en el hijo, que aquí se produciría cuando el usufructuario le dona su derecho de usufructo. En ambos momentos procede la liquidación del Impuesto sobre Sucesiones y Donaciones.

Al liquidar la operación actual, el hijo debe calcular lo que correspondería pagar por la parte que quedó pendiente de liquidar en el momento en el que se desmembró el dominio (en 1995) y la que correspondería por el negocio jurídico en cuya virtud se extingue el usufructo (la donación del usufructo en su favor). Tendrá que liquidar el impuesto por el mayor de esos dos valores.

Por una parte, el artículo 14 del Decreto Foral Legislativo 250/2002, de 16 de diciembre, determina que:

> «1. Estarán obligados al pago del impuesto a título de contribuyentes:
> (...)
> b) En las donaciones y demás adquisiciones lucrativas «inter vivos» equiparables, el donatario o el favorecido por ellas».

Por otro lado, al adquirir el hijo el derecho de usufructo por donación se estaría produciendo la consolidación del dominio en su favor, quedando por ello obligado a la liquidación del impuesto. A dicho respecto, el artículo 38 del Decreto Foral Legislativo 250/2002, de 16 de diciembre, señala:

> «4. Al adquirente de la nuda propiedad se le exigirá el Impuesto, conforme a la naturaleza jurídica del título por el que adquiere, sobre la base del valor de la misma y aplicándose el tipo que corresponda al valor íntegro de los bienes.
> Sin perjuicio de lo anterior, al extinguirse el usufructo, el primer nudo propietario viene obligado por el mismo título de adquisición a pagar por el concepto de extinción de usufructo, sobre el tanto por ciento por el que no se haya liquidado el Impuesto al adquirirse la nuda propiedad, cuyo porcentaje se aplicará sobre el valor que tuviesen los bienes en el momento de la consolidación del

dominio, con sujeción a las tarifas vigentes en tal fecha y por el tipo que corresponda al valor íntegro de los bienes.

Cuando en la extinción de un usufructo no se acredite el título del primer nudo propietario se presumirá, a los efectos fiscales de dicha extinción, que el título fue el de herencia entre extraños.

Las obligaciones del nudo propietario nacidas de los apartados anteriores son, en todo caso, transmisibles a los adquirentes de la nuda propiedad, que tendrán que pagar, en el momento de la extinción del usufructo, lo que hubiera tenido que satisfacer el primer nudo propietario.

a) Si se transmite el usufructo o la nuda propiedad se practicará una nueva autoliquidación evaluándolos con arreglo a las reglas anteriores y teniendo en cuenta el vínculo jurídico entre el transmitente y el adquirente, con independencia de las liquidaciones procedentes con arreglo a los apartados anteriores.

b) **Si el usufructuario transmite su derecho al nudo propietario se le exigirá a éste la mayor de las liquidaciones entre la que se encuentre pendiente de ingreso por la desmembración del dominio y la correspondiente al negocio jurídico en cuya virtud adquiere el usufructo.**

Si el nudo propietario transmite su derecho al usufructuario, o si ambos lo transmiten a un tercero, se exigirán únicamente las liquidaciones correspondientes a tales adquisiciones.

c) La renuncia, aunque sea pura y simple, de un usufructo ya aceptado se considerará a efectos fiscales como donación del usufructuario al nudo propietario, aplicándose lo dispuesto en la letra b) anterior».